TEXTBOOKS
TSUKAMU

コミュニケーション論を
つかむ

辻 大介・是永 論・関谷直也──著

有 斐 閣
YUHIKAKU

はじめに

コミュニケーション論をつかむためには

「コミュニケーション論をつかむ」ために大事なことは何だろうか？ いろいろなことが挙げられるだろうが，私としてはまず，身近なところでコミュニケーションにつまずいたり，疑問をもったりすることではないかと思う。

例えば，就職活動や社会人には「コミュニケーション力」が求められるという声をよく耳にする。自分はコミュニケーション力に自信がないとか，身につけたいとか，そう思って，この本を手にとった人もいるかもしれない。だが，そこで求められるコミュニケーション力とは，いったいどういう能力なのだろう？ 初対面の人ともすぐ打ち解けられて，話を楽しく盛り上げられることだろうか？ 自分の考えを整理して話すことができ，説得力のあるプレゼンができることだろうか？ いや，話し上手でなくても，一緒にいるとホッとする人もいる。そういう聞き上手もまた，ある種のコミュニケーション力をもっているのではないだろうか？

こんなふうに考え始めると，ひとくちに「コミュニケーション」といっても，そこにはじつにさまざまなことが含まれ，深い奥行きがあることに気づかされるだろう。それが，コミュニケーション論をつかむための入り口になるはずだ。

個人的な話になってしまうが，私自身がコミュニケーション研究の道を進むきっかけになったのも，もとをたどれば，コミュニケーションに悩み，疑問を抱えていたことにあったように思う。高校時代の私は，人付き合いが苦手で，友だちも少なかった。話をパッと盛り上げて笑いをとれるクラスメイトがうらやましく，劣等感を抱えながら，休み時間は1人暗く小説を読んだりしていた。話をするのが苦手という以上に，自分が他人に理解され，受け入れられる自信がまるでなかったし，他人のことを理解できる気もさっぱりしなかった。どうすればうまくコミュニケーションできるのだろうという疑問は，そのころの私にとっては，どうすれば自分が理解され，他人を理解できるのだろうという疑問でもあった。

今から思うと気恥ずかしい限りだが，この疑問が私のコミュニケーション研

究者としての出発点になっている。その後、いろいろと本を読み、自分なりに考え、それなりに人生経験を積むなかで、少しずつ考え方も変わっていった。

高校生の私は、コミュニケーションとは、自己が他者を理解し、他者に自己が理解される過程であると、どこか当然のように考えていた。一面ではたしかにその通りかもしれない。だが、そのような理解のプロセスが続けば、最終的には、自己は他者をすっかり理解しつくしてしまい、自己も他者に理解しつくされてしまうだろう。そこに現れるのは、自／他の区別が消えてしまった世界であり、その意味で自分だけしか存在しない、徹底的に孤独な世界である。

だから、コミュニケーションは、理解のプロセスであるばかりではない。理解できない存在としての他者が、理解されない存在としての自己が、そこで浮かび上がってくることもまた、コミュニケーションの重要な一側面なのである。こう言い換えてもいいかもしれない。コミュニケーションとは、自己と他者をつなぐと同時に、あるいはそれゆえに、切り離すものでもあるのだ、と。

本書のねらいと構成

そういうふうに見方を変えられたことによって、コミュニケーションが苦手だった私には、ちょっとした解放感があった。「理解できなくても、理解されなくても、それはそれで大事なことなんじゃないか」と考え直すことができたからだ。それとともに、異なる視点からコミュニケーションをとらえることのおもしろさにも気づくことができた。それまでとは違った世界が見えてくるおもしろさ、と言ってもいいかもしれない。本書のねらいは、コミュニケーション論のもつ、そうした複眼的な視点のおもしろさを知ってもらうことにある。

コミュニケーション論は「学際的」な研究分野であるとよく言われる。社会学、心理学、言語学を始めとして、哲学、歴史学、政治学、人類学、生物学、情報工学など、さまざまな研究がコミュニケーション論には関係する。そのすべてを網羅的に紹介することはできないが、本書では、それらの視点をかけ合わせることによって見えてくるもののおもしろさを伝えるように心がけた。

それぞれの unit では、なるべく身近で具体的なトピックから始めて、より抽象的な理論やマクロな社会現象に話をつなげていくようにしてある。冒頭でも述べたように、コミュニケーション論をつかむコツの1つは、まずは身近なところから考え始めてみることだと思う。

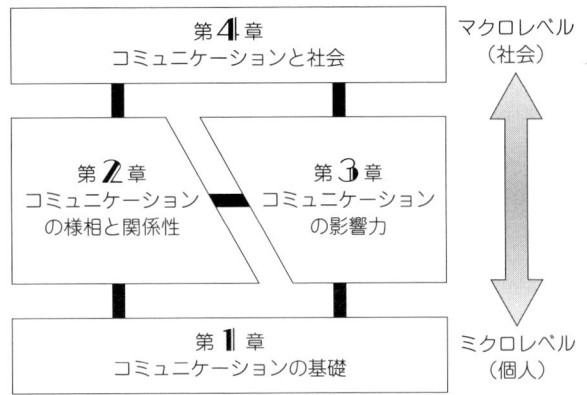

図 0-1　本書の全体構成

全体は大きく4章に分かれ，各章は6 unit ずつで構成されている。

第1章では，個人あるいは個人間でメッセージや行為が理解される基礎的な仕組みについて，できるだけ噛みくだいて説明する。第2章では，音声・文字・映像などの伝達様相や，コミュニケーション参与者の関係性（親疎など）に視野を広げて，それぞれの特徴を検討する。第3章では，コミュニケーション自体からその影響力に視線を転じる。具体的なトピックとしては説得，うわさ，流行などを取り上げる。第4章では視野をもっとも大きく，社会のレベルに設定して，企業活動や文化，情報技術などとコミュニケーションの関係について考察する。

全体のおおまかな流れとしては，上の図 0-1 に示したように，基礎から応用へ，ミクロな個人レベルからマクロな社会レベルへと，順に少しずつ進むように配列してある。ただし，それぞれの unit は，独立して読めるように書かれているので，どこから読み始めてもらってもかまわない。もっとも興味をもったところから読んでみてほしい。

また，各 unit には，関連する他の unit への参照指示をなるべく入れるようにした。それをたどっていけば，どこから読み始めても，コミュニケーション論の基礎から応用まで，ひと通り学習できるはずだ。重要な概念や用語，学説などについては，別々の箇所で説明の仕方や視点を変えながら，繰り返し取り上げたものも多い。それによって，コミュニケーション論をはじめて学ぶ人にも，しっかり基本が身につくように，また，それぞれの研究分野・動向の相互

関連がわかるように配慮した。

　一方で，入門書という性格上，コンパクトにまとめる必要があり，十分に盛り込みきれなかった研究テーマやトピックもある。各 unit の末尾には「読書案内」を付けてあるので，それを手がかりにさらに学習を進めて，コミュニケーション論の広がりと奥の深さを知ってほしい。「ホームワーク」は，unit の内容が理解できたかを確認し，自学自習を促すために設けた。講義やゼミのテキストとして本書を使われる場合には，小レポートの課題等に利用していただいてもよいのではないかと思う。

　本書は，3 人の著者と有斐閣編集部の櫻井堂雄さん，岡山義信さんとの間で繰り返されたコミュニケーションの成果でもある。それが今ここで，読者のみなさんとのコミュニケーションにつながっていくのは，私たちにとって本当にうれしいことだ。

　ようこそ，コミュニケーション論の世界へ！

　　　2014 年 1 月

　　　　　　　　　　　　　　　　　　　　　　著者を代表して　辻　大介

著者紹介

辻　大介（つじ　だいすけ）　　　　執筆分担：unit 1〜5, 7, 10, 18

1965年生まれ。東京大学大学院人文社会系研究科博士課程中途退学。

現在，大阪大学大学院人間科学研究科教授。

主な著作：

『基礎ゼミ　メディアスタディーズ』（分担執筆，世界思想社，2020年），

『日本人の情報行動2020』（分担執筆，東京大学出版会，2021年），

『ネット社会と民主主義──「分断」問題を調査データから検証する』（編著，有斐閣，2021年），など。

是永　論（これなが　ろん）　　　　執筆分担：unit 6, 8, 9, 11〜13, 21, 22

1965年生まれ。東京大学大学院社会学研究科博士課程単位取得退学。

現在，立教大学社会学部教授。

主な著作：

『コミュニケーション学への招待』（分担執筆，大修館書店，1997年），

『メディアコミュニケーション学』（分担執筆，大修館書店，2008年），

『見ること・聞くことのデザイン──メディア理解の相互行為分析』（新曜社，2017年），など。

関谷直也（せきや　なおや）　　　　執筆分担：unit 14〜17, 19, 20, 23, 24

1975年生まれ。東京大学大学院人文社会系研究科博士課程単位取得退学。

現在，東京大学大学院情報学環総合防災情報研究センター長・教授／東日本大震災・原子力災害伝承館上級研究員。

主な著作：

『風評被害──そのメカニズムを考える』（光文社，2011年），

『「災害」の社会心理──うわさ・流言の仕組みから報道の負の効果まで』（KKベストセラーズ，2011年），

『災害情報──東日本大震災からの教訓』（東京大学出版会，2021年），など。

目 次

第1章　コミュニケーションの基礎 ──────── 1

Introduction 1 （2）

unit 1　コミュニケーションとは何か ──────── 3
「コミュニケーション」のとらえがたさ（3）　情報伝達としてのコミュニケーション（5）　意図の理解としてのコミュニケーション（7）　関係形成・維持としてのコミュニケーション（9）

unit 2　ことばとコミュニケーション ──────── 12
"hat" と「帽子」は同じ意味か（12）　「は」と「が」はどう違うか（14）　発話の理解と背景的知識（16）　言語行為という考え方（18）

unit 3　ことば以前のコミュニケーション ──────── 21
動物のコミュニケーション（21）　動物の〈ことば〉と人間の言語の違い（23）　表情のコミュニケーション（25）　赤ちゃんのコミュニケーション（26）

unit 4　身体とコミュニケーション ──────── 30
ウソはどうしてばれるのか（30）　相手との距離，身体接触，視線（32）　うなずき，シンクロニー，ジェスチャー（33）　ことばと身体の関わり合い（35）

unit 5　談話・文章を理解するメカニズム ──────── 39
コミュニケーションにおける協調原則（40）　談話はどのように構造化されるか（42）　「カメラアングル」と「フレーム」のもたらす効果（44）

unit 6　会話のダイナミクス ──────── 48
「人工無脳」と会話についての考え方（49）　会話の仕組みによってなされる「あいさつ」（49）　行為連鎖とその単位（51）　行為をデザインすること（52）　コミュニケーションにおける指し手（53）

第2章　コミュニケーションの様相と関係性 ──────── 57

Introduction 2 （58）

unit 7　文字のコミュニケーション ──────── 59
グーテンベルクの印刷革命（59）　声の文化から文字の文化へ（61）

読み書き能力の習得は思考様式を変えるのか（62）　電子的な文字のコミュニケーション（64）

unit 8　映像のコミュニケーション ── 68
映画の普及と身振りへの注目（68）　擬似社会的相互作用と映像技法（70）　カテゴリー集合による映像理解（72）

unit 9　自己とコミュニケーション ── 77
身近な会話に見られる自己（77）　関わりの中にある自己（78）　有意味シンボルと一般化された他者（79）　自己の操作と演技（80）　「本当の自分」を見せること（81）　キャラによる自己操作と創発性（83）

unit 10　社会関係とコミュニケーション ── 86
「毛づくろい」としてのコミュニケーション（86）　ことばづかいと上下関係（87）　コミュニケーションにおけるジェンダー（89）　ポライトネス──「近づきすぎず，離れすぎず」という関係への配慮（91）

unit 11　親密性とコミュニケーション ── 95
親しさを表すこと（96）　親しくなることと社交（97）　親しさを確かめること（99）

unit 12　都市空間とコミュニケーション ── 104
共在の技法としての儀礼的無関心（105）　都市空間の視角（107）　関わりをもつこと（109）

第3章　コミュニケーションの影響力 ── 113

Introduction 3　（114）

unit 13　説　得 ── 115
説得とは（116）　コミュニケーションの流れがもつ力（117）　コミュニケーション上の立場を守ること（120）　希少なものに対する態度（121）

unit 14　うわさ ── 124
「うわさ」の分類（125）　「うわさ」の社会的機能と制御（127）　「うわさ」の心理学（129）　「うわさ」の社会学（130）

unit 15　流行と普及 ── 133
流行と普及（133）　流行の定義と分類（134）　流行の心理（135）　「コミュニケーション二段の流れ」研究（137）　普及（139）　流行，普及と社会（140）

unit ⑯ 世　　論 ──────────────────────── 142
　　世論の状態（144）　　世論の変化──「沈黙の螺旋」理論（147）　　世論の変化に影響を与えるもの──アナウンスメント効果（147）　　世論の意味を考えること（149）

unit ⑰ メディアの影響力──理論・学説を中心に ───────── 151
　　戦争と「メディアの影響力」（151）　　消費行動，投票行動と「メディアの影響力」──メディアの限定効果説（153）　　選挙とメディアの影響力──議題設定効果，フレーミング効果，プライミング効果（155）　　暴力，学習と「メディアの影響力」──培養効果，知識ギャップ研究（156）　　マスメディアの影響力と今後（159）

unit ⑱ メディアの悪影響──検証の方法論を中心に ─────── 161
　　実験による研究方法（161）　　調査による研究方法（164）　　社会的・文化的な背景要因を考慮することの重要性（166）

第4章　コミュニケーションと社会 ──────────── 171

　　Introduction 4　（172）

unit ⑲ マーケティング・コミュニケーション ─────────── 173
　　マーケティングとコミュニケーション（174）　　IMC（統合的マーケティング・コミュニケーション）（177）　　メディアとマーケティング・コミュニケーションの関係（177）

unit ⑳ コーポレート・コミュニケーション ──────────── 182
　　コーポレート・アイデンティティ（183）　　マーケティング・コミュニケーションとコーポレート・コミュニケーション（184）　　パブリック・リレーションズとコーポレート・コミュニケーション──広報の2つの訳語（185）　　不祥事とコーポレート・コミュニケーション（187）　　さまざまな組織とコーポレート・コミュニケーション（189）

unit ㉑ スポーツ文化とコミュニケーション ──────────── 191
　　近代スポーツ文化の成り立ち（191）　　身体的な接触と密集（192）　　個人の身体への注目（194）　　専門的にスポーツを見ること（195）　　スポーツを語ること（198）

unit ㉒ バーチャル空間のコミュニケーション ─────────── 200
　　バーチャル空間（200）　　社会的空間の融合と共有感覚（202）　　日本社会におけるメディア上の共有経験（204）　　メディアを解読し，操作するリテラシーの広がり（206）

unit 23　情報社会とコミュニケーション・ネットワーク ── 209

電話と人間関係（209）　なぜ電話が使われるようになったのか（210）　電話，携帯電話と親密な人間関係（211）　ソーシャルメディアと「弱い紐帯」（213）　人間関係とコミュニケーションのネットワーク（215）

unit 24　災害とコミュニケーション ── 218

災害時の情報伝達（218）　災害時の心理──人は逃げない，怖がらない（219）　災害時のメディア利用（220）　災害直後の情報ニーズ──安否確認（223）　そして，災害は忘れられる（225）

事　項　索　引　　229
人　名　索　引　　236

コラム・用語解説一覧

家族的類似　5
言語相対性仮説　14
文　と　発　話　16
協調原則への異論・批判　42
ス テ ィ グ マ　84
儀　　　礼　100
儀礼的無関心　105
ウ　　　ソ　122
風　評　被　害　128
ミドルメディア　138
模倣犯とメディアの「少数者」への影響　158
統計学的に有意　162
プロレスとメディア　179
想像の共同体　204
ソーシャル・キャピタル（社会関係資本）　216
パニックとパニック神話　221

本書のコピー，スキャン，デジタル化等の無断複製は著作権法上での例外を除き禁じられています。本書を代行業者等の第三者に依頼してスキャンやデジタル化することは，たとえ個人や家庭内での利用でも著作権法違反です。

第1章

コミュニケーションの基礎

1 コミュニケーションとは何か
2 ことばとコミュニケーション
3 ことば以前のコミュニケーション
4 身体とコミュニケーション
5 談話・文章を理解するメカニズム
6 会話のダイナミクス

第1章 コミュニケーションの基礎

Introduction 1

この章の位置づけ

　第1章「コミュニケーションの基礎」では，言語的なメッセージ・相互行為の理解の仕組みを中心に，非言語行動や動物・赤ちゃんのコミュニケーションまで幅広く取り上げ，私たちがコミュニケーションにおいて，どのように行為し，また，それをどのように解釈しているかを考察する。哲学，言語学（語用論），社会学，心理学などの分野を中心に，いくつかの重要な理論を紹介しながら，コミュニケーション論の基本となる考え方を学ぶことが，ここでの目的である。

この章で学ぶこと

unit 1　私たちはきわめて多様なものを「コミュニケーション」と呼んでいるが，ここではまず，情報伝達，意図の理解，関係の形成・維持という3つの側面からあらためてとらえ直す。

unit 2　ことば（言語）の理解には，日本語・英語などの言語的知識だけでなく，コミュニケーションの文脈や状況を考慮することも必要になる。その仕組みに関する理論を紹介する。

unit 3　ことばをもたない動物はどのようにコミュニケーションしているのか。ことばを話し始める前の赤ちゃんはどうなのか。表情研究などの話題も交えながら，ことば以前の段階のコミュニケーションについて考える。

unit 4　視線や相手との距離，身ぶり手ぶりなどの身体的動作も，ことばと同じくらい何ごとかを伝える。こうした非言語的メッセージの意味を，身体論的な観点から読み解く。

unit 5　ひとまとまりの文章や談話は，気づかれにくい要素によって構造化されており，それによって理解が促され，場合によっては特定の方向へ誘導されてもいる。その隠れた構造を，いくつかの理論を援用しながら分析する。

unit 6　私たちが普段何気なく行っている会話にも，そこでの相互行為を構造化する仕組みが潜在している。エスノメソドロジーの概念装置と会話分析という手法を紹介しながら，会話の精妙なダイナミクスを明らかにする。

unit 1

コミュニケーションとは何か

🔲 「コミュニケーション」のとらえがたさ

　私たちは日々コミュニケーションしながら暮らしている。だから，あらためて「コミュニケーションとは何か」と問われても，あたりまえすぎて答えるまでもないように思われるかもしれない。けれども，「コミュニケーション」をきちんと定義しようとすると，これがなかなか難しい。研究者によってなされた定義だけでも軽く 100 は超える（F. E. X. Dance & C. E. Larson, 1976）。それは，あまりにさまざまなものが「コミュニケーション」と呼ばれていて，それらに一貫する特徴や要素を見出すことがきわめて困難だからだ。

　友だちと「やあ」「よう」とあいさつを交わす。これはコミュニケーションと言っていいだろう。居酒屋に電話して「3 日の 7 時から 8 名で」とコンパの予約を入れる。これもコミュニケーションの一例と言えそうだ。では，これら 2 つの事例に共通していること，つまり，コミュニケーションを定義するのに使えそうな特徴とは，何だろう。

　情報やメッセージを伝えているということだろうか。コンパ予約の例はそう言えるかもしれない。しかし，あいさつはそもそも情報を伝えるために行うようなものではあるまい。ならば，"情報"とか"メッセージ"とか堅苦しいものではなく，思いや感情，意思など，いわゆる"気持ち"を伝えるのだと考えてはどうだろう。友だちへのあいさつは，親しみの気持ちを伝えているというわけだ。だが，これもうまくいかない。親しみも何もこもっていない機械的なあいさつだって，あいさつには違いないし，コンパの予約にせよ気持ちなんかこめなくても十分にできてしまう。

　それなら，どちらの例もことば（言語）を使っていることくらい，せめて共

通点とは言えないだろうか。これもだめだ。ことばによらないコミュニケーションはいくらでもある。「やあ」と言う代わりに，手を振るだけであいさつは交わせる。黙ってじっと見つめ合うことも，恋人たちにとっては重要なコミュニケーションの1つだろう。

こうしてどんどん考え続けていくと，「コミュニケーション」と呼ばれるものすべてに共通する特徴を探りあてるのは，ほとんど絶望的に思えてくる。そして，おそらくそれは正しい。これが欠けると「コミュニケーション」ではなくなるというような決定的な何かがあるわけではなく，「コミュニケーション」という概念は，複数の特徴が折り重なってできている――ただしそれらの特徴の一部は欠けていてもいい――のである。このような概念のことを，専門用語で家族的類似（→用語解説）による概念という。

ここでは，そのような特徴として，①人と人との間（関係）で，②意図をもってなされる，③情報伝達の，営み・過程であるという3点を取り出して，「コミュニケーション」の緩やかな定義としておきたい。

これをもとにみると，先のあいさつの例は，③の情報伝達にはあてはまらないが，①と②は満たしている。緩やかな定義とは，このくらいは許容しようということだ。ならば，1つしか満たさない場合はどうか。例えば，パソコンが自動的にサーバからメールをダウンロードするような場合は，③情報伝達とは言えるかもしれないが，①人ではなく機械であり，②機械に意図などもちようもなく，ただプログラムされた通りにダウンロードしているだけだ。しかしこれも，情報工学やIT社会論などでは「コミュニケーション」に含められることがある。ただ一般的には，友だちとのあいさつの場合と比べると，「コミュニケーション」らしくない感じがするだろう。こういうふうに，どれくらい特徴を満たしているかによって，より「コミュニケーション」らしい／らしくないという相対的な度合いをとらえられることも，家族的類似による緩やかな定義のもつメリットの1つである。

これら①〜③のいずれも満たさないけれども，「コミュニケーション」と呼ばれる例も，ひょっとしたら見つかるかもしれない。だが，これ以上細かな特徴をリストアップしていくよりも重要なのは，これら3つの大きな特徴をうまく見通せるパースペクティブを確保することだ。そしてじつは，それぞれの特徴に応じてそれぞれ違ったパースペクティブが必要となるのである。本書冒頭

> **用語解説**
>
> **家族的類似**（family resemblance）
> 　顔のよく似た家族だな，と感じるときでも，1人ひとりを見比べていくと，似方が違っていることがある。例えば，息子は目元が母親とそっくりだが，鼻の形は父親と同じで，逆に，娘は母親とは鼻が，父親とは目元が似ている，というふうに。全員に共通する特徴はないのだが，いくつかの特徴をそれぞれが部分的に分けもっていて，全体として何となくひとまとまりをなしている。これを，哲学者のL.ウィトゲンシュタイン（1976）は「家族的類似」と呼んだ。家族的類似による概念の研究は認知心理学の分野でも行われているが，例えば「ゲーム」という概念などはその典型といえる。ビリヤードとボーリングには共通点をみつけられても，すべてのゲーム（チェス，トランプ，パズル等々）に共通するものをみつけるのは，およそ不可能だろう。

の「はじめに」でも述べたように，コミュニケーション論がさまざまな研究分野にまたがる学際性をもたざるをえないのは，そのためでもある。そこで以下では，③情報伝達，②意図の理解，①対人関係の形成・維持，という逆順に，それぞれの特徴からコミュニケーションがどうとらえられるかを見ていこう。

情報伝達としてのコミュニケーション

　コミュニケーションを情報伝達の過程としてとらえる立場から打ちだされたもっとも有名なモデルは，情報科学者のC. E. シャノンとW. ウィーバーによる**コード―メッセージ図式**である（シャノン＆ウィーバー，2009，原著1949年）。一度は見たことのある人もいるだろうが，図1-1にそって簡単に説明していこう（図中の用語はわかりやすさを考えて一部変更してある）。

　"SOS"（救助求む）というメッセージを，モールス信号で伝える場合を例にとろう。送り手の入力した"SOS"は，信号化装置において短い信号「・」と長い信号「―」の組み合わせに変換される。この信号が電線や電波（伝送路）を伝わって相手先に届き，復号装置で"SOS"というメッセージに戻され，受け手に出力される。ここでメッセージがうまく伝わるために重要なのは，"S"が短い信号の3連続「・・・」に，"O"が長い信号の3連続「―――」に対応するという取り決め・約束ごと――これを**コード**という――が，送り手側と受け手側とで共有されていることである。このコードが食い違っていて，受け手側では「・・・」が"D"に，「―――」が"A"に対応づけられたりする

図 1-1 コード―メッセージ図式

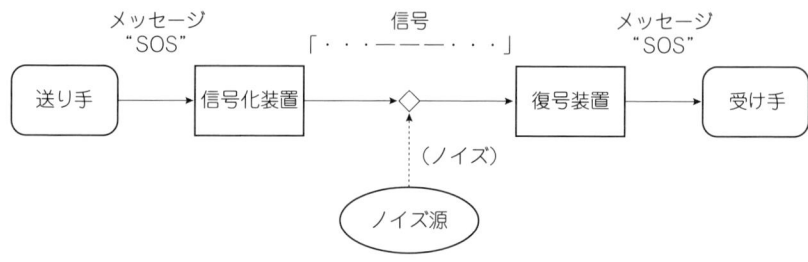

(出典) シャノン&ウィーバー，2009。

と，"DAD"（父さん）というまったく別のメッセージを受け取ることになってしまう。情報伝達としてのコミュニケーションが成立するためには，コードの共有・一致がまず必要とされるわけだ。

このモデルは，もともとは工学的な観点から機械間の通信のために提唱されたものだが（ちなみに英語では「通信」のこともcommunicationという），情報伝達の仕組みを明確に図式化したことによって，工学以外の分野にも大きなインパクトを与え，人間のコミュニケーションも，これにあてはめて考えられるようになった。例えば英語や日本語などの言語は，私たちがコミュニケーションに用いるコードの1つとみなすことができる。日本語で「りんご」と言い表す果物を，英語では"apple"と言い表すように，言語が違うと，何にどういうことばを対応させるかという決まりごと，すなわち**意味論**的なコードが異なる。加えて，ことばの組み合わせ方の決まりごとである**統語論**的なコード（いわゆる文法）も異なっている。これらのコードをまず共有しないと，ことばを介したコミュニケーションは成立しない。

その一方で，相手の話すことばはわからなくとも，表情によって怒っているか喜んでいるか容易に理解できることもあるだろう。こうした表情によるコミュニケーションは，それぞれの文化ごとに規定された言語とは違って，人類に普遍的な基盤をもつコードによって理解されるのかもしれない（→unit 3）。

さて，図1-1のような見方をしたとき，コミュニケーションの成立にとって，コードの共有の次に問題となるのは，ノイズの混入である。通信経路の途中で信号の一部がノイズによって消されてしまうと，受け手はメッセージをうまく復元できなくなる。シャノンが優れていたのは，ノイズが混入しても，きちんとメッセージを復元できるようなコードをつくり上げるための数学的理論を考

えだしたことだ。

　ことばを介した人間のコミュニケーションにも，じつはもともと，それと同様のノイズに強い仕組みが備わっている。例えば，相手が話している最中に騒音がして，とぎれとぎれに「あな＊の言っていることはおか＊い」としか聞こえなかったとしよう。それでも多くの人は，文の全体的なパターンを手がかりに，"あなたの言っていることはおかしい"だろうとわかるはずだ。このように全体的な文脈から部分の情報が補われることを，認知心理学では（パターン認識における）文脈効果という（U. ナイサー，1981）。

　ここからわかるのは，私たちは，1つひとつのことばの理解を足し上げていって，文や発話の全体の理解にたどりつくわけではない，ということである。むしろ，まず全体をざっくりと理解したうえで，そこから部分の理解に至るという面もある。このように，全体との兼ね合いから，部分のありようや理解が定まるという考え方を，**全体論**（ホーリズム）という。私たちがコミュニケーションにおいて行っている理解は，全体論的な性格をもつのである。このことを押さえたうえで，次に進むことにしよう。

意図の理解としてのコミュニケーション

　相手の言うことがはっきり聞き取れて，ことばの意味も文法もよく知っていたとする。つまり，コードは共有されており，ノイズも混入していないという状況である。このとき，コミュニケーションはうまく成立するものだろうか。じつは必ずしもそうとは限らないのである。この点には，工学的な通信モデルとして発案されたコード―メッセージ図式では説明しきれない，人間のコミュニケーションならではの特質が関わっている。

　あなたが電車内で座っていたら，前に立っていた見知らぬ人から突然「私の趣味は料理です」と話しかけられた，と想像してほしい。その発言には日本語として意味不明な単語はないし，文法的に間違っているわけでもない。でも，あなたは何が何だかわけがわからず，面食らってしまうだろう。同じ正しい日本語でも，「席をゆずってもらえませんか」と言われるのとは大違いだ。

　それは，電車内の見知らぬ者同士という状況で，どういうつもりで「私の趣味は料理です」と言っているのか，相手の**意図**が理解できないからである。言い換えるなら，私たちのコミュニケーションとは，ことばそのものの意味を理

解するというよりも，そのことばがどういうつもり＝意図で使われているのかを理解する営み・過程なのだ。この意図の理解にとって重要なのは，ことばの発せられた状況や会話の流れ・脈絡など——ひっくるめて**コンテクスト**と呼ぶ——である。例えばサークルに初参加したときの自己紹介というコンテクストであれば，見知らぬ相手に「私の趣味は料理です」と言われても，意図はすんなりと理解できるだろう。

それゆえ，同じことばが使われたとしても，コンテクストが違うと，意図の理解も異なってくる。たまたま道で会った友だちとの会話として，次のような2通りの例を考えてみよう。

（a）「急いでどこに行くんだい」「頭が痛いんだ」
（b）「これから遊びに行こうよ」「頭が痛いんだ」

どちらの返事も，まったく同じ「頭が痛いんだ」ということばでなされている。しかし，（a）は"病院に行こうとしている"ことを，（b）は"遊びに行かない"ことを伝えようと意図していると理解されるだろう。こうした理解の違いがどのような仕組みによって生じるかは unit 5 で説明するが，意図を理解するためには，このように，ことばだけでなく，ことばの置かれたコンテクストも含めて全体的に考慮しなければならない。この点でも，やはり全体論の考え方は，コミュニケーションをとらえるための基本になるのである。

さらに言えば，ことばの意味や文法などわからなくても，意図さえ理解できれば，コミュニケーションはうまくいくことがある。こういうケースを想像してみてほしい。あなたがコンビニで働いていたら，外国人らしい男性が入ってきて，あなたに向かって何度も同じことばを繰り返す。でも，知らない外国語なので，何を言っているのかさっぱりわからない。ただ，顔をしかめ，股間を押さえて，もぞもぞしているところを見ると，トイレを貸してくれというような意図がありそうだ。そう思ってあなたが案内してあげると，彼は用を足し，あなたに向かって笑顔を見せた。

このとき，彼が発した（あなたには意味のわからない）ことばは，何かを伝えようとする意図があるらしいことを気づかせる役割を果たしただけだ。何を伝えようとしているのかを推測（理解）する手がかりになったのは，もっぱらその場の状況や彼の動作などのコンテクストである。だから，かりに彼が一言も

発さなかったとしても，何かを伝えようとする意図があることを，別のやり方で気づかせることができれば（あなたと視線を合わせながらもぞもぞするとか），やはり同じように意図の理解はうまくいったはずだ。

　私たちの社会で行われる複雑なコミュニケーションは，たしかに言語によって大きく支えられている。ことばを使わずに裁判や商談をすることは，まず不可能だろう。しかしだからといって，言語さえわかればコミュニケーションがうまくいくわけではないし，言語なしにはコミュニケーションがうまくいかないわけでもないのである。

🔲 関係形成・維持としてのコミュニケーション

　それでは，「やあ」というあいさつには，どういう意図があるのだろうか。これに答えるのは案外難しい。いつもどういう意図であいさつしているかと聞かれても，ちょっと困ってしまうだろう。別にたいした意図があるわけではなく，友だちや知り合いに会ったら，あいさつくらいしておかないと気まずい。その程度のものじゃないか，と。

　じつはそこに答えのヒントが隠されている。どうして気まずくなるのだろうか。それは，あいさつしないことによって，口をききたくないとか，もう付き合いたくないとか，相手との関係を拒絶するような意図があると思われるからだ。裏を返せば，あいさつすることには，関係を保とうとする意図が潜在しているのである。初対面の相手に私たちがまずあいさつすることから始めるのも，これから互いの関係をつくり出していこうという意図の表明に他ならない。

　あいさつに限らず，私たちの交わすことば・コミュニケーションは，多かれ少なかれ，対人関係の形成・維持に向けられている面がある。これをコミュニケーションの**交話的機能**という（R. ヤーコブソン，1973）。いくつかの調査によれば，人々の日常会話の大半は，とりとめのない世間話やうわさ話（→unit 10）で占められているという。こうしたおしゃべりでは，話題など何でもいいのであって，話を交わすこと（交話）自体に主眼がある。現在ではそこに，友だちとのたわいないメールやSNSでのやりとりなども含められるだろう（→unit 7）。何を話すか伝えるかということよりも，話を交わして関係を結ぶこと自体が，私たちには楽しみや喜びでありうるのだ。

　逆に言えば，コミュニケーションを絶たれることの苦しさやつらさも，そこ

から生まれてくる。話しかけたのに，完全にシカト（無視）された。そのとき，まるで自分の存在が，その場から消えてなくなってしまったかのような気がしないだろうか。たとえ，相手のことばが意味のわからない外国語であったとしても，意図がさっぱり理解できなかったとしても，ことばでなくてもいいから何か反応さえ返ってきたなら，そんな思いをすることはあるまい。

　私たちの行うコミュニケーションとは，だから何よりもまず，他者から自分の存在を認めてもらう——それによって自らもまた自己の存在をはじめて実感できる——営みであると言っていい。私たちはコミュニケーションにおいて他者と出会い，また，その他者を通して自己とも出会う。社会学的な自己論が，"私"（自己）とはそれ単体で成り立つのではなく，本質的に他者との関係性において形づくられるものであると考える理由も（→unit 9），そうしたところにある。

　もちろん，コミュニケーションがもたらすのは，楽しみや喜びばかりではない。私たちはコミュニケーションにおいて傷つけ合いもする。どれだけ話してもわかり合えないことだってあるだろう。時には，誰とも話したくない，1人にしておいてほしい場合もあるだろう。哲学者のH. アレント（1994）は，そのようなときに，1人になれる／してもらえる独居（ソリチュード）というものの大切さを説いている。しかし同時に，そのような独居と，他者から無視されて自己の存在を認めてもらえない孤独（ロンリネス）を，区別してもいる。

　私たちは誰もが，この世界に1人で生まれてきて，1人で死んでいく。それは道ばたの雑草であれ，同じことかもしれない。しかし幸か不幸か，私たち人間の多くは，雑草のように，誰からも存在を認められることのない生に耐え続けられるほど，強い生き物ではない。だから，コミュニケーションを交わし，他者との関係を築き，社会をつくって生きる。時には孤独に耐えることのできる強さもまた，その中で獲得されていくものなのではないだろうか。

　コミュニケーションを続けていけば，いつかはお互いわかり合える。世の中は，あるいは人間というものは，そんなに甘くはないかもしれない。それでも投げ出さずに，コミュニケーションに応じていくこと。わかり合えなくても，他者の存在を——ひいては自己の存在を——無視しないこと。お互いの存在を認めることのできる社会のありようを考え続けていくこと。コミュニケーション論の実践はそこから始まる。

ホームワーク

- [ ] **work 1** 機械の情報伝達と，人間のコミュニケーションとは，どういう点がどう異なっているだろうか。整理してみよう。
- [ ] **work 2** 同じことばが使われていても，コンテクストの違いによって理解される意図が異なってくる例を考えてみよう。
- [ ] **work 3** コミュニケーションの交話的機能とはどういうものか。身近なところから具体例を取り上げて，説明してみよう。

読書案内

　コミュニケーションとは何かを徹底的に考えてみたい人にはL. ウィトゲンシュタインの著作をおすすめするが，難解さでも有名なので，まずは永井均『ウィトゲンシュタイン入門』（筑摩書房，1995年）や，橋爪大三郎『はじめての言語ゲーム』（講談社，2009年）を読むといいだろう。R. ヤコブソン『一般言語学』（みすず書房，1973年）に収められた「言語学と詩学」という論文は，コミュニケーションとことばの機能について，さまざまな示唆に富む。日本のコミュニケーション研究のパイオニアとしては加藤秀俊『文化とコミュニケイション〔増補改訂版〕』（思索社，1977年）を挙げておきたい。古典ともいえる著作だが，今なお十分通用する内容であり，おもしろく読めるはずだ。

参考文献

アレント, H.／志水速雄訳（1994）『人間の条件』筑摩書房
ウィトゲンシュタイン, L.／藤本隆志訳（1976）『哲学探究』（ウィトゲンシュタイン全集8）大修館書店
シャノン, C. E. & W. ウィーバー／植松友彦訳（2009）『通信の数学的理論』筑摩書房（原著1949年）
ナイサー, U.／大羽蓁訳（1981）『認知心理学』誠信書房
ヤーコブソン, R.／川本茂雄監修・田村すゞ子・村崎恭子・長嶋善郎・中野直子訳（1973）『一般言語学』みすず書房
Dance, F. E. X. & C. E. Larson (1976) *The Functions of Human Communication: A Theoretical Approach*, Holt, Rinehart and Winston.

unit 2

ことばとコミュニケーション

　海外旅行をしていて困ることが多いのは，やはりことばが通じないときだろう。ことばが理解できないと，コミュニケーションは不可能とは言わないまでも，きわめて難しくなる。人間と動物のコミュニケーションでもっとも大きく違う点も，ことばが使えるかどうかである（→unit 3）。

　では，ことばが通じる・わかるとは，どういうことだろうか？ ここでは，次のような3つの例をもとに考えてみたい。

　例①　"hat"を「帽子」と訳せる中学生サトコさん
　例②　「私はマイクです」と自己紹介できる留学生マイクくん
　例③　訪問客に「お母さんはいますか」と尋ねられ，「はい，います」と答えられる3歳児のカナちゃん

　3人ともそれぞれ単語や文，発話の意味を理解できているように表面的には思えるのだが，じつは理解し損ねているというケースである。これらの例を順に取り上げながら，コミュニケーションにおけることばの理解について考えていくことにしよう。

"hat"と「帽子」は同じ意味か

　まずは例①のような，単語レベルの意味理解から話を始めよう。英語を勉強し始めたサトコさんが，"hat"と「帽子」を対応づけて，完全に覚え込んだとする。このとき，彼女は他の英単語の意味は知らないが，とりあえず"hat"に関しては意味を理解できるようになったといってよさそうに思える。だが，じつはそうではない。日本語と英語は，必ずしも"hat"＝「帽子」というように1対1で対応するわけではないからだ。

図2-1を見てほしい。(a)も(b)も日本語では「帽子」である。だから、"hat"=「帽子」と対応づけて覚えたサトコさんは、(b)のことも"hat"と言ってしまうだろうが、それでは英語話者には通

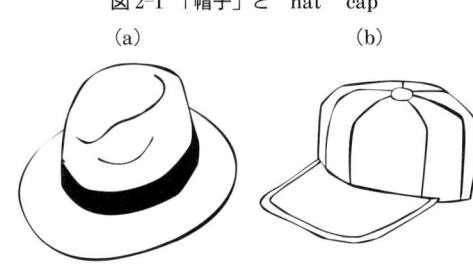

図2-1 「帽子」と"hat""cap"
(a)　　　　　　　(b)

じない。英語では、たしかに(a)は"hat"だが、(b)は"cap"だからだ。日本語ではこれらを区別せず、いずれも「帽子」と呼ぶが、英語ではつばのあるなしによって、別の単語で表すのである。

　他にもこうした例は数多くある。例えば、ゴリラやオランウータンのように大型で尾の短い「サル」は"ape"で、小型で尾の長い「サル」は"monkey"と呼び分けられる。「ひげ」も、口ひげは"mustache"、あごひげは"beard"だ。

　日本語を基準に考えると、たいして違いのないものをなぜ英語ではわざわざ区別するのか、奇妙に思えるかもしれない。しかし逆にいえば、英語では"brother"の1語で表すのに、日本語では年齢の上下によってわざわざ「兄」「弟」と区別する（→unit 10）。「水」と「湯」だって、温度が違うだけで同じ物質だろう（英語では「湯」も"〔hot〕water"という）。何が自然な区別に思えるかは、基本的には、それぞれ日本語や英語へのたんなる慣れの問題にすぎない。

　ただ、私たちは普段そのことに気づきにくい。むしろ、まず対象や概念の間に自然な区別があって、ことばはそれに貼りつけられたラベルのようなものと考えがちだ。こうした考え方からすれば、日本語と英語の違いは、どんなラベルが貼りつけられるかの違いにすぎないことになろう。

　しかし先に見たように、ことばには、たんなるラベルという以上に、対象や概念をどう切り分けて区別するかを決めるナイフのような働きがある。このことをはじめて明確に指摘したのは、構造主義言語学者のF. ソシュール（1972）だ。**構造主義言語学**では、そうしたナイフのような働き――ことばによる対象や概念の切り分け――のことを、**分節**という（→コラム）。日本語と英語では、何にどんな名前をあてるかだけでなく、そもそも分節の入れ方が異なっているのだ。あるものを「帽子」と名づけるか、それとも"hat"と名づけるか、そ

> **コラム**
>
> **言語相対性仮説**
>
> 　言語によって対象や概念の分節の仕方が異なることに注目する構造主義言語学の出発点になったのは、言語によってそもそも音声の区別の仕方が異なるという事実だった。例えば英語ではrとlの音を区別するので、"right"と"light"では異なる語に聞こえるが、日本語話者にはいずれも同じように「ライト」と聞こえる。日本語ではrとlを区別して聞き取る認知能力が育たないのである。
>
> 　さて、そうだとすれば、音のレベルだけではなく、対象や概念のレベルで分節の仕方が違うことも、人間の認知能力や思考様式に影響するのではないだろうか。つまり、身につけた言語が違うと、認知・思考そのものが変わってくるのではないか。このように考えるのが言語相対性仮説であり、提唱者の名をとって「サピア―ウォーフの仮説」とも呼ばれる（B. L. ウォーフ，1993）。unit 7 でみる大分水嶺理論のように、文字言語を習得した人と音声言語しか知らない人では認知能力に差が生じるとする説も、言語相対性仮説の一種である。
>
> 　この仮説を実証する研究も進められており、いくつか肯定的な知見が提示されている一方で、否定的あるいは言語相対性の影響は限定的とする研究も多い。

こに必然的な結びつきはない。同様に、"hat"と"cap"を区別するか、ひとまとめに「帽子」として区別しないかも、言語ごとに恣意的である。単語とその意味との関係は、こうしたラベルの位相とナイフの位相において、二重の恣意性をもっているのである。

　それゆえ、ことばの意味を理解するためには、個々の単語に分解して覚えるのではなく、言語体系が全体として対象や概念をどう分節しているかを知らなければならない。ことばを理解するとは、その言語文化において世界がどう切り分けられ、とらえられているかを知ることでもあるのだ。

「は」と「が」はどう違うか

　次に、単語を組み合わせて文をつくることができるレベルの例②を考えてみよう。

　留学生のマイクくんは、日本語を勉強して「私はマイクです」と自己紹介できるようになった。初歩的な文法もわかっていて、「ケイトは20歳です」「彼は大学生です」などの応用的な文もつくれるとしよう。では、このマイクくんは「○○は××です」という日本語を十分に理解できていると言えるだろう

か？

次の会話を見てほしい。

「この中にマイクくんはいますか」
「私はマイクです」

この「私はマイクです」という返答は，文法的に間違っているわけではないし，言いたいこともわからなくはない。だが，どこか不自然に感じられるはずだ。この場合は，「私は」ではなく，「私がマイクです」と答えるのが自然だろう。つまり，**文**としては正しく組み立てられていても，具体的なコンテクストにおいて発せられたことば，すなわち**発話**としては不適切なのである（→用語解説）。

「は」も「が」も，文を形づくる文法のうえでは，主語を示すという共通の働きをもっている。だが，それだけではない。会話や文章などの，複数の文のまとまりを専門用語では「**談話**」（→unit 5）というが，この談話のレベルでは，「は」と「が」はそれぞれ果たす機能が異なっているのである。言語学者の久野暲（1973）によれば，「が」「は」には**情報の新旧性**を示す機能に違いがあるという（「は」「が」の機能については他にも多くの考え方があるが，ここではくわしく説明できないので，野田尚史〔1996〕などを参照してほしい）。

例えば，先生が「あなたは誰ですか」と尋ねて，「私はマイクです」と答える場合を考えてみよう。この返答の中で「私」がさしている人物のことを，相手（先生）はすでに質問したときに「あなた」と呼んで話題にしている。この意味で「私」は聞き手にとって既知の旧情報といえる。「は」は，こうした旧情報であることを示す**標識（マーカー）**として用いられる。

一方，先にみた例のように，「この中にマイクはいますか」と尋ねられて，「私がマイクです」と答える場合，質問した相手は，目の前にいる人たちの中に「マイク」がいる（かもしれない）ことはすでに知っているが，それが誰かは知らない。「私」と返答することによって，はじめてどの人物のことなのかが特定される。ここでは，「私」のさしている人物は聞き手にとって未知の新情報であり，新情報であることを示す標識の「が」が用いられるのである。

日本語の母語話者は，こうした「が」と「は」の使い分けを意識せずに行っている。あらためて「が」と「は」はどう違うのかと問われても，うまく説明

> **用語解説**
>
> **文と発話**
>
> 　ある文の意味と，それが具体的なコンテクストのもとで用いられた発話の意味は，どう違うのか？　その違いは直感的にはわかりにくいかもしれない。「地球は丸い」という文は，誰がいつどこで発話しても，意味は変わらないように思える。しかし，「昨日は雨が降った」という文は，いつ発話されるかによって真偽が違ってくる。同様に「私は男だ」という文も，誰が発話するかによって真偽が変わるだろう。つまり，これらの文は，発話のコンテクストによって「昨日」や「私」が何をさすか，意味が異なってくるのである。また，例えば「君は天才だね」という文が，アイロニー（皮肉）として述べられた場合には，その発話は文の意味とは相反するような意味をもつことになる。このような点において，文（の意味）と発話（の意味）を区別することが必要になるわけだ。

できないくらい身に染みこんでしまっている。どうすれば倒れずに自転車を運転できるのか，なかなか口では説明しにくいのと似たようなものだ。この点で，「が」と「は」のような，ことばの機能に関する知識は，身体的な暗黙知（→unit 4）に近いところがあるといえるだろう。

　このことが示唆しているのは，ことばが理解できるとは，必ずしもその意味を心の中でイメージできたり概念化できたりすることではない，ということだ。コミュニケーション論では，むしろ個々の具体的な場面・状況でことばが適切に使用できるかに注目する。そのような使用能力こそが，ことばを理解できていることの重要な規準であると考えるのである。

発話の理解と背景的知識

　続いて例③に移ろう。お母さんの昼寝中にインターホンが鳴って，玄関のドアを開けた3歳児のカナちゃんと，訪問客との会話である。

「お母さんはいますか」
「はい，います」

　このやりとりには，例②のような発話レベルでの不自然さもなく，カナちゃんは相手の言ったことを十分理解できているように思えるだろう。だから訪問客も，当然お母さんを呼びに行ってくれるものと思って待っていたのだが，カナちゃんはじっとこちらを見たまま動こうとしない。そこで「お母さん，呼ん

できてくれる」と頼むと，ようやくお母さんを呼びに行ってくれた。

　小さな子どもと話していると，こうしたちぐはぐなやりとりは実際にときどき起きる。子どもには，ことばの**文字通りの意味**は理解できても，相手の発話の意図がわからず，"お母さんがいたら呼んできてほしい"という**言外の意味**（→unit 5）を理解し損ねてしまうことがあるからだ。

　カナちゃんは，相手が自分に質問していること，そしてお母さんが家にいるかどうかを知りたがっていることは，わかっている。だから，それに対しては十分な情報を答えており，質問―回答という適切な行為の組み合わせ・交換――「隣接ペア」（→unit 6）という――が成り立っている。

　しかし，訪問客は，それだけではなく，お母さんがいるなら呼んできてほしいとも思っている。つまり，たんなる質問ではなく，依頼でもあるわけだが，その意図はカナちゃんには理解できていない。そのため，依頼という行為と隣接ペアをなすはずの応諾（あるいは拒否）という行為が続かず，ちぐはぐになってしまっているのである。

　このようなことばによる行為――**言語行為**――に限らず，非言語的な行為であっても，何か意図をもってなされる行為の理解には，**背景的知識**が必要となる場合が多い。

　例えば，外国人のお客さんを食事に招いたとき，お客さんが料理を残したとしよう。満腹というわけではなく，どうも意図的に残したようだ。日本文化では，出された料理は基本的に残さず食べることが礼儀とされるので，この行為は料理やもてなしへの不満を表すものと理解されかねない。ところが，中国などでは"食べきれないほど十分にもてなしていただいた"という意味になるため，むしろ少し残すことが礼儀とされる。料理を残すという単純に思える行為であっても，このような食事のマナーに関わる背景的知識がないと，理解し損ねたり，逆の意味に誤解してしまったりするわけだ。

　カナちゃんの場合には，訪問客の意図を推し量るための背景的知識が十分でなかったと言えるだろう。通常，在宅しているかどうかを確認するだけのために，家を訪ねてくることはあまりない。何か用事があって話したいから訪ねてくることを，私たちは常識として知っている。この背景的知識が"在宅しているならば"→"呼びに行く"というふうに，推論をつなげる接着剤のような役割を果たしている。生まれて3年しか経っていないカナちゃんには，まだこの

接着剤の蓄えが足りなかったのだ。

　このことからわかるように，私たちがコミュニケーションにおいてことばを理解する際には，(「帽子」が何を意味するか，「は」「が」がどのような機能をもつか等の) 言語に直接関わる知識だけでは不十分であり，人々の生活様式や文化などに関する背景的な一般知識もまた，重要な役割を果たしている。それゆえ言語学とは違って，コミュニケーション論においてことばを研究する場合は，ことばと生活や文化，社会との関わりに注目することが，ポイントの1つになるのである。

言語行為という考え方

　最後に，先に少し触れた言語行為という概念について，いくらか説明を補っておきたい。ことばを行為として考察する**言語行為論**を打ち出したのは，イギリスの哲学者 J. L. オースティン (1978) である。

　従来の考え方では，ことばはもっぱら，「雨が降っている」のように外界の物事を写し取ったり，「私は宇宙人の存在を信じている」のように内面の思考や概念，感情を表現したりするものと考えられてきた。しかし，例えば「こんにちは」は，物事を写し取っているわけではないし，思ったことを表出しているわけでもない。「は」「が」のような機能語もそうだろう。

　かといって，それらが無意味なことばというわけでもあるまい。それらは，あいさつに使われたり，情報の新旧性を示すのに使われたりする。そうした用法こそが，その意味だといえるだろう。このように，ことばの意味をその使用・用法という観点からとらえ直したのは，L. ウィトゲンシュタイン (1976) であった。オースティンは，その観点を引き継ぎながら，より体系だった言語行為論を展開していったのである。

　言語行為論では，発話がどのような事柄・内容を表しているかとは別に，どのような行為として行われているかに着目する。例えば，「雨が降っているよ」という発話は，降雨という出来事を表す一方で，外の天気を知らずに家を出ようとしている人にそう声をかける場合には，傘を持っていった方がよいと〈忠告〉する行為になるだろう。また，植木の水やりを頼まれた人が相手に「雨が降っているよ」と言う場合には，依頼を〈拒否〉する行為にもなるだろう。同じ内容を表す発話であっても，状況やコンテクストが異なると別の行為になり

うるわけだ。このように、行為としてのことばはコミュニケーションの場面と密接に関係するものであり、コミュニケーションを分析するための基本的な視座の1つにもなっている。

言語行為論の分析枠組の基礎をなすのは、**発語行為、発語内行為、発語媒介行為**という3つの位相の区別である。「課題を出せば授業の単位はあげます」という発話を例にとろう。ここで、「カダイヲ……」という音声を発する行為が発語行為にあたる。これは日本語を話せる者なら誰でも行えるだろう。

話し手はまた、そう述べることにおいて、同時に〈約束〉という行為を行ってもいる。これが発語内行為である。発語内行為の場合は、たんに「カダイヲ……」と述べるだけで、直ちに〈約束〉という行為が成立するというわけではない。例えば、学生同士でそう言ったとしても冗談にしかなるまい。話し手がその授業を担当する教員であること等、一定の背景的な条件（**適切性条件**という）が必要になる。つまり、この発語内行為の位相において、ことばはコミュニケーションの状況・コンテクストと密に関係するのである。

さらにまた、話し手はそう述べることによって、聞き手の学生を〈安心させる〉という行為も行うことになろう。これが発語媒介行為である。発語媒介行為は、あくまで発話の結果として生じることになる。かりに相手が疑い深い学生だとすれば、何か裏があるに違いないと〈警戒させる〉ことになるかもしれない。このように発語媒介行為は、発語内行為とは違って、話し手の関与できる範囲を超えたところで結果的に成り立つ行為なのである。

先の例③のような発話は、さらに複雑な行為の構造をもっている。「お母さんはいますか」と述べることで、〈質問〉という発語内行為を行いつつ、それを通して、別種の〈依頼〉という発語内行為を行ってもいるからだ。これを間接言語行為というが（→詳しくは unit 5）、このような複雑な構造をもつ言語行為でも、私たちはさほど難なく理解することができる。それはじつは驚くべきことではないだろうか。

逆に言えば、私たちは自分たちの行っているコミュニケーションの複雑さに、普段は気づいていないのだ。人間と同等のことばの理解能力をもったコンピュータがいまだに開発できないのも、1つにはその複雑さが解明しきれていないことによる。私たちは日常生活の中で、ことばをどのようにやりとりして、理解しているのか。それを地道に考察することもまた、コミュニケーションの研

究にとっては重要なことなのである。

ホームワーク

- [ ] **work 1** 「帽子」と"hat""cap"，「水」「湯」と"water"のように，日本語と英語（それ以外の外国語でもよい）で，分節の仕方が異なる単語の例を探してみよう。
- [ ] **work 2** 具体的な発話の例を取り上げながら，発語行為，発語内行為，発語媒介行為の区別を説明してみよう。
- [ ] **work 3** ことばを理解することに，人々の生活様式や文化，社会は，どのように関係するか。整理してまとめてみよう。

読書案内

ソシュールの構造主義言語学については，丸山圭三郎『言葉とは何か』（筑摩書房，2008年）に平易な解説がある。伊藤公雄編『コミュニケーション社会学入門』（世界思想社，2010年）の第6章では，言語行為論がコンパクトに解説されている。これを手引きに，J. R. サール『言語行為──言語哲学への試論』（勁草書房，1986年）に進むとよいだろう。言語行為論を社会学的に展開した重要な研究者にJ. ハーバーマスがいるが，J. G. フィンリースン『ハーバーマス』（岩波書店，2007年）はその理論展開を手際よくまとめた入門書である。

参考文献

ウィトゲンシュタイン，L.／藤本隆志訳（1976）『哲学探究』（ウィトゲンシュタイン全集8）大修館書店
ウォーフ，B. L.／池上嘉彦訳（1993）『言語・思考・現実』講談社
オースティン，J. L.／坂本百大訳（1978）『言語と行為』大修館書店
久野暲（1973）『日本文法研究』大修館書店
ソシュール，F.／小林英夫訳（1972）『一般言語学講義』岩波書店
野田尚史（1996）『「は」と「が」』くろしお出版

unit 3

ことば以前のコミュニケーション

　トリのさえずりは，何かを仲間と伝え合っているように思える。まだことばを話せない赤ちゃんも，声や表情を通していろいろなことを伝えてくるように感じられる。こうしたことば以前のコミュニケーションにはどのようなものがあり，また，ことばを用いたコミュニケーションとは何がどう異なるのだろうか？　まずは，動物のコミュニケーションから見てみることにしよう。

動物のコミュニケーション
　神社などでハトが1か所に飛び集まってくるのを見て，"あそこにエサがあるんだな"とわかることがある。群れをなして暮らすトリも，同様に，仲間が飛んで行く方向を見て，エサのありかを知るという。そのようにしてエサにありつきやすくなることが，単独で生活せずに群れをなす理由だとも考えられている。もっとも，こういうケースは，コミュニケーションによって伝えられたというより，仲間を見て知ったという方が適当だろう。エサのありかを教えるために飛んだわけではないからだ。では，情報を伝えるために行われる動物の行動には，どのようなものがあるだろうか？

　ミツバチが「ダンス」をして仲間に蜜のありかを教えることは，比較的よく知られている。蜜を巣の近くで見つけたときは，図3-1の(a)のように円を描くように踊り，仲間は巣の周辺を手あたり次第に探しまわる。蜜が遠くにあるときは踊りが変わり，(b)のように8の字を描くようになる。このとき，2つの円が交わる直線部の向きが，巣から蜜のありかへの方向を示している。また，蜜が巣から遠くにあるほど踊りはゆっくりしたものになり，近いほど速くなる（K. v. フリッシュ，1997）。このダンスは，いわば「蜜がこの方向へこれくらい

行ったところにあるよ」と伝えることばの代わりをしているわけだ。

他に，昆虫のコミュニケーションの例によく挙げられるものには，ホタルの光の明滅がある。

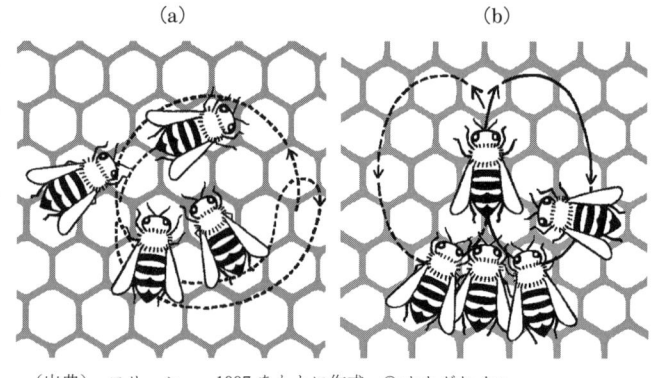

図3-1 ミツバチの「ダンス」

(出典) フリッシュ，1997をもとに作成。© オカダケイコ

オスのホタルが光を発するのは，メスを引きつけるためだが，その明滅パターンは種ごとに異なり，メスは同種のパターンにしか反応しない。別の種と交雑してしまうと，子孫を残せる確率が低くなってしまうからだ。繁殖期のカエルの鳴き声やトリのさえずりもまた，種によってそれぞれ固有の特徴をもち，「同種の相手を求めています」と伝える信号の役割を果たしている。

おもしろいのは，そうした「動物のことば」（以下，私たち人間の使う言語と区別して〈ことば〉と表記する）にも方言のようなものがあることだ。コシジロキンパラというトリを調査した研究によれば，さえずりの複雑さは生息地域によって異なっていたという。別の種と群れをなして暮らしている場合は，さえずりが単純化し，種の特徴をわかりやすく表すものとなっていた。これは，交雑を避ける必要性がより高いためだろうと考えられている（岡ノ谷一夫，2010）。

群れを営む動物では，天敵や捕食者を見つけたとき，**警報音声**を発して仲間に危険を伝えることも多い（藤田和生，1998）。ニワトリなどのキジ類では，この警報音声が幅広い種にわたってみられる。ニワトリが警報を発する鳴き声には2種類あり，タカなどの空からの敵に対する警報音声を聞いた場合は上方を見るが，ネコなどの地上からの敵に関する警報の場合は首を水平に振って周辺を見まわす。アフリカに生息するベルベットモンキーの場合は，3種類の警報音声を出すことが知られている。ヒョウに対する音声を聞くと木に登り，ワシに対する音声のときは茂みに隠れるか空を見上げ，ヘビに対する音声には立ち上がって草むらをのぞくという。

つまり，こうした動物の警報音声は，恐怖からたんに叫び声をあげているのではなく，どのような敵や危険が迫っているかを区別して，情報を伝達しているのである。この点で，これらの音声は「ヒョウ」「ワシ」「ヘビ」などの単語に近いものと言えるだろう。それでは，このような動物の〈ことば〉と，私たち人間の使う言語の違いは，どこにあるのだろうか？

動物の〈ことば〉と人間の言語の違い

　1つの大きな違いは，動物の〈ことば〉が特定の状況と密着していることだ。人間の言語の場合，例えば「ヘビ」という単語は，「ヘビがいるぞ」と警告するときに用いることも，逆に「ヘビはいなくなったよ」と安心させるために用いることもできる。それに対して，ベルベットモンキーの「ヘビ」にあたる音声は，およそ警報以外に用いられることはない。ミツバチのダンスは，巣を修理する材料のありかや新しく巣を引っ越す際の候補地を教えるときにも転用されることがわかっているが，やはり人間の言語に比べると，応用の範囲や柔軟性はきわめて限られる。動物の〈ことば〉は融通がきかないのである。

　動物の〈ことば〉とその意味との固定的な結びつきは，生まれつき遺伝子にプログラムされているところが大きい。例えば，たまたま周囲に別の種のホタルが多い環境に生まれた個体が，その光の明滅パターンをまねる（後天的に学習する）とすると，自分の子孫を残せなくなってしまう。敵を知らせる警報音声にしても，即座に反応できなくては生死にかかわる。人間の言語のように，覚えるのに生まれてから何年もかかっていては間に合わないのだ。

　もっとも，一から十まで完全に生得的に決まっているかといえば，そうでないケースもある。例えば飼育されているジュウシマツは，近くにいる成鳥の鳴き方をまねて学習していくという（岡ノ谷，2010）。また，先に紹介したコシジロキンパラの例のように，同じ種でも生息環境によって「方言」がみられることもある。しかしながら，それは求愛のために日本語では「私はあなたを愛している」と言い，英語では"I love you"と言うほどの大きな違いではない。同じ物事を伝えるのにも日本語と英語で異なる言い方をする――ことばと意味の結びつきの恣意性（→unit 2）――のは，文化による差である。これに対して，コシジロキンパラの「方言」は，あくまで子孫を残す（種の保存）可能性を高めるという生物学的・生態学的な要因によって生じた差だ。こうした点で，動

物の〈ことば〉と人間の言語の違いは，生物としての営みか，文化の営みかの違いであると言ってもよいだろう。

　また，人間の言語では，「ワシがヘビを襲った」のように複数の単語が組み合わせて用いられる。そして，同じ単語でも組み合わせ方によって，「ヘビがワシを襲った」というように，異なる意味を伝えることができる。すなわち，統語論的な構造・**文法**を人間の言語は有しているのに対して，動物の〈ことば〉はもっぱら単体で発せられ，組み合わせ方によって意味が変わるような構造・文法をもたないのである。私たち人間が，限られた数の単語を用いながらも，無限ともいえる情報を伝えることができ，複雑なコミュニケーションが可能なのは，文法の存在によるところが大きい。とりわけ，「ヘビはいない」という否定形や，「ヘビがいるか？」という疑問形を表現できるのが，文法をもった言語の大きな特色である。動物の〈ことば〉は，ヘビがいる状況に密着しているので，こうした否定や疑問を表すことができない。

　さて，それでは動物に人間の言語を覚えさせることはできないのだろうか？これに関しては，ヒトに近い種であるゴリラやチンパンジーなどを対象にした研究が行われてきた。ただし，ヒトとは発声器官の構造が異なるため，音声言語を教えるのはそもそも不可能だ。そこで，**手話**や，図形記号の書かれたプラスチック片を単語の代わりにすることが試みられた。

　チンパンジーに手話を教えた初期の研究では，132の語を使えるようになり，人間でいえば2～3歳にあたる文法能力を習得したという。他にも類人猿に言語を教えた研究はいくつかあるが，日本では京都大学霊長類研究所のアイというチンパンジーが有名だろう（松沢哲郎, 2000）。アイが覚えたのは図形記号であり，それらを順番に並べて，AがBに近づいたときには A 近づく B，BがAに近づいたときには B 近づく A といったように，簡単な文法規則をマスターするに至っている。

　とはいえ，これまでの研究において，類人猿が習得したとされる言語能力は，人間でいえばせいぜい幼児レベルにとどまる。近年はイルカを対象とした研究も行われているが（村山司, 2012），それらの結果も同様である。あなたが今読んでいるような，長く複雑なことばを理解し，用いることのできる動物は，少なくとも現時点ではヒト以外に存在していない。

表情のコミュニケーション

動物は,「腹が立つ」とか「怖い」とか,人間のように感情をことばにするわけではない。それでも,例えばイヌの顔を見て,怒っているとか,おびえているとわかることがあるだろう。それは,動物の表情と人間の表情に共通性があるからではないか。進化論で有名なC. ダーウィン(1931)もそのように考え,人間の表情は,ことばのように文化的な差のあるものではなく,進化の過程に起源をもち,生物学的に決定されたものだと主張した。

表3-1 エクマン&フリーセン(1987)の実験結果

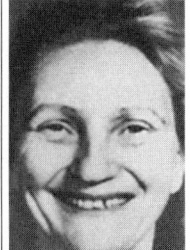

提示された顔写真		
	「嫌悪」の表情と判断された率	「幸福」の表情と判断された率
アメリカ	92%	97%
ブラジル	97%	95%
チリ	92%	95%
アルゼンチン	92%	98%
日本	90%	100%

(出典) エクマン&フリーセン, 1987より。Paul Ekman, Ph. D./Paul Ekman Group, LLC.の許諾を得て掲載。

これに対しては,表情の文化差を示すさまざまな反論が提出され,論争がくり広げられることになったが,P. エクマン&W. V. フリーセン(1987)の研究によって,ダーウィン派の見方を支持する有力な証拠が提示された。彼らはさまざまな文化圏で調査を行い,人々の表情を撮った写真や映像を分析して,「驚き」「恐怖」「嫌悪」「怒り」「幸福」「悲しみ」の6つの感情に対応する表情が,どの文化圏でもよく似ていることを見出したのである。これらの基本的な表情がどういう感情を示すものかという認識が,文化の違いを超えて一致することは,実験でも確認されている。その実験では,ある表情をした顔写真が示され,先の6つの感情のうちどれを表しているかの選択が求められた。その結果の一部を抜粋したものが表3-1である。どの文化圏でもよく一致した判断がなされていることがわかるだろう。

ここで注意しておきたいのは,エクマンらが明らかにしたのは,例えば悲しいときにはどの文化圏でも同じ表情をすることであって,悲しいという感情をどれくらい表情に出すかどうかには,やはり文化差がみられることだ。

この点について有名なのは，明治期に日本へ来たラフカディオ・ハーン（小泉八雲）の書いた「日本人の微笑」というエッセイである。ハーンが不可解に思ったのは，夫が死んだので仕事を休ませてほしいと頼みにきた日本人女性がほほえみを浮かべていたことだ。もちろん，彼女は夫が死んでうれしいからほほえんだわけではない。日本では人前であまり悲しみを表すべきではないという暗黙の規範がある。だから彼女は，ハーンの前では悲しみを隠すためにほほえんだのだ。このような感情表出に関する決まり・規範のことを，**社会的表示規則**というが，それには文化による違いがあるため，西欧人から見ると日本人のほほえみは不可解に映るのである。

　こうした社会的表示規則の違いは，男女間でも見られる。エクマンらによれば，アメリカでは男性が人前で悲しみを強く表出するのはよくないとされ，家族の葬式であっても声をあげて泣くことは抑制されるという。また，怒りを代わりに表すことで，悲しみの表出を避けることもある。女性の場合は，悲しみの表出に対する社会的制約は男性ほど強くないが，怒りをあらわにすることは慎むべきとされる。これらはジェンダー間の表示規則の差といえるだろう。

　人間の表情は，このように実際の感情を隠すために，時には相手を欺くために，意図的にコントロールされることがある。しかし，そうしたコントロールは，ことばの場合ほど容易ではない。ことばの上では「怒ってないよ」と言っていても，ぎこちない表情から内心ではムッとしていることがわかってしまう。こういった経験は誰にでもよくあるだろう。社会学者のE. ゴッフマンは，このように思わず**表出**（express）される情報と，意図的に**伝達**（communicate）される情報とを，性質の異なるものとして区別している（Goffman, 1969）。

赤ちゃんのコミュニケーション

　この区別で言えば，人間の赤ちゃんが泣くのも，不快感の"表出"であって，お腹がすいたことを意図的に"伝達"しているわけではない。また，赤ちゃんは出生直後からほほえみを見せることがあり，親は「赤ちゃんが笑った」とうれしくなったりするのだが，これは「生理的微笑」とか「反射的微笑」と呼ばれるもので，リラックスした心理状態が表出されたものにすぎない。しかし，生後3か月くらいになると，目覚めた赤ちゃんが母親を見つけたり，ミルクをもらって満足したりしたときには，はっきりと相手に向けてほほえみを浮

かべるようになる。これを「社会的微笑」という。そこには、たんなる"表出"ではない"伝達"の萌芽が認められよう。

自分に向けられた赤ちゃんのほほえみに、大人はかわいらしさを感じ、うれしくなって、あやしたり、（まだことばはわからないと知ってはいても）話しかけたりする。それによって、赤ちゃんとの情緒的なつながり、関係性が形づくられていく。コミュニケーションの交話的機能（→unit 1）は、ことばが現れる以前の段階から認められるのであり、その後の成長に伴うコミュニケーション発達の基盤をなすものと言える。

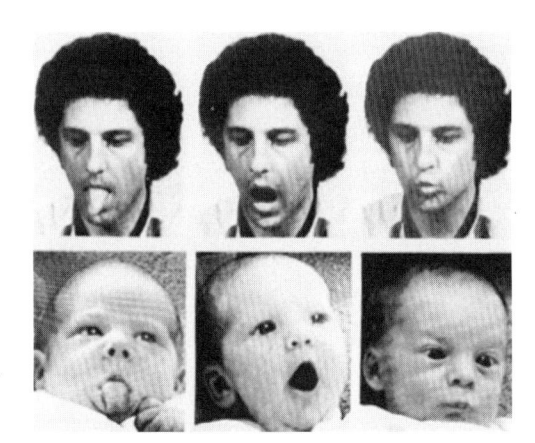

新生児の顔の模倣行動（Meltzoff & Moore, 1977 より許諾を得て掲載）

こうした周囲の人とのさまざまな関わりの中で、赤ちゃんが特徴的に示す行動の1つに、**模倣**がある。一般に気づかれやすいのは生後7〜8か月くらいだろう。この頃には、親が拍手すると、まねをして手をたたくといった行動が見られる。だが、発達心理学者のA. N. メルツォフらは、生後12〜21日しか経たない新生児でも、大人の顔の動きを模倣することを見出した（Meltzoff & M. K. Moore, 1977）。上の写真がその実験の際に撮られたものだ。大人が舌を出すと赤ちゃんも舌を出し、口を大きく開くと同じように口を開いている様子がわかるだろう。その後、いくつか否定的な研究結果も提示されたが、現在ではやはり新生児も模倣能力をもつという見方が優勢になっている（明和政子, 2004）。

これらの模倣行動は、意味のない遊びのように思えるかもしれない。しかし、例えば私たちが新しいスポーツを習うときには、まずコーチや先輩のまねをすることから始めるだろう。同様に、赤ちゃんの模倣行動は、さまざまなことを学習していく基礎をなすものと考えられている。

これは言語習得に関してもあてはまり、行動学者の正高信男（1993）は次のような興味深い研究を行っている。生まれてからしばらくの間、赤ちゃんは、のどの構造が成人とは違っているため、「ア」「ウ」などの言語音が出せない。

むしろ動物の発する音声に近い。しかし生後3か月ごろになると、のどの構造が変化し、言語音に近い音が出せるようになってくる。この赤ちゃんの発声に対して、親の側はしばしば「アゥ」というように、そのままオウム返しに答える。さらにそれに続く赤ちゃんの発声を記録して分析してみると、親の音声をまねして、より言語音に近い音声を出していることが確認された。つまり、赤ちゃんをあやすことを通して、知らず知らずのうちに、言語発達を促すトレーニングがなされているわけだ。

これとは別に、正高は、言語音に近い声を出している赤ちゃんの映像と、そうでない音声を出している映像を大人に見せて、かわいらしさを評価させる実験も行っている。その結果、言語音に近い映像の方が、よりかわいいと認知されることがわかった。大人・親の側は、赤ちゃんの出す音声の質の違いまで、いちいち意識できるわけではない。その違いは、何となく赤ちゃんのかわいらしさの違いとして感じ取られるだけだ。しかし、かわいらしく感じられたとき——すなわち、赤ちゃんが言語音を出したとき——大人は赤ちゃんに関わりたくなり、あやしてやることも増える。そうした反応が赤ちゃんを喜ばせ、より言語的な音声を発するように自然に促されることになるのだ。

大人と赤ちゃんの何気ない関わりの中には、このような精妙なコミュニケーション・トレーニングの仕組みが、それと意識されることなく組み込まれている。言語を用いた複雑なコミュニケーションは、いわば水面下に隠れたトレーニングの積み重ねの上に成り立っているのである。

ホームワーク

- □ *work 1* 動物の〈ことば〉と人間の言語とでは何が異なるか。ポイントを整理してまとめてみよう。
- □ *work 2* 感情を表情に出すことについて、男女間でどういう社会的表示規則の差があるか。エクマンらが挙げた以外の例を考えてみよう。
- □ *work 3* ドラマの短いシーンなどを取り上げて、意図せざる情報の表出と意図的な伝達の区別に注意しながら分析してみよう。

読 書 案 内

　T. R. ハリデイ＆P. J. B. スレイター編『動物コミュニケーション──行動のしくみから学習の遺伝子まで』(西村書店，1998年)には，この分野の先行研究が幅広く詳細に紹介されている。S. S. ランバウ『チンパンジーの言語研究──シンボルの成立とコミュニケーション』(ミネルヴァ書房，1992年)は，霊長類に〈ことば〉を教える研究を生き生きと伝える。P. エクマン＆W. V. フリーセン『表情分析入門──表情に隠された意味をさぐる』(誠信書房，1987年)は表情研究の原典ともいえる一冊。赤ちゃんのコミュニケーションについては，下條信輔『まなざしの誕生──赤ちゃん学革命〔新装版〕』(新曜社，2006年)を読むと，さまざまな発見と驚きがあるだろう。

参 考 文 献

エクマン，P. ＆ W. V. フリーセン／工藤力訳 (1987)『表情分析入門──表情に隠された意味をさぐる』誠信書房
岡ノ谷一夫 (2010)『さえずり言語起源論──小鳥の歌からヒトの言葉へ〔新版〕』岩波書店
ダーウィン，C./浜中浜太郎訳 (1931)『人及び動物の表情について』岩波書店
藤田和生 (1998)『比較認知科学への招待──「こころ」の進化学』ナカニシヤ出版
フリッシュ，K. v./桑原万寿太郎訳 (1997)『ミツバチの生活から』筑摩書房
正高信男 (1993)『0歳児がことばを獲得するとき──行動学からのアプローチ』中央公論社
松沢哲郎 (2000)『チンパンジーの心』岩波書店
明和政子 (2004)『なぜ「まね」をするのか──霊長類から人類を読み解く』河出書房新社
村山司 (2012)『イルカの認知科学──異種間コミュニケーションへの挑戦』東京大学出版会
Goffman, E. (1969) *Strategic Interaction*, University of Pennsylvania Press.
Meltzoff, A. N. & M. K. Moore (1977) "Imitation of Facial and Manual Gestures by Human Neonates," *Science*, 198, 75–78.

unit 4

身体とコミュニケーション

🔲 ウソはどうしてばれるのか

　口ではうまいこと言っていても，直感的に「ウソだな」とわかることがある。それはなぜなのだろうか？ 人はウソをつくとき，口調やしぐさ，表情などが，どこか不自然になりがちだ。いつもより早口だったり，目が泳いでいたり，手がそわそわ動いていたりする。こうしたことば以外の，いわば身体の発するメッセージを，私たちはウソを見抜くときの手がかりにしている。

　このような**非言語的**（ノン・バーバル）な情報の手がかりは，**言語随伴的**なものと，**言語外的**なものに大別される（表4-1）。

　言語随伴的な手がかりとは，声の抑揚や大きさ，話す速度，間の置き方やタイミングなど，ことばを発する際に伴う特徴のことをいう。ウソをつくときの言語随伴的な特徴としては，声が高かったり，早口だったり，言いよどみが多かったりすることが，これまでの研究でも確認されている。

　一方，表情やしぐさなど，ことばを発することとは独立にとらえられるものが，言語外的な手がかりにあたる。これはさらに，**キネシクス**と**プロクセミクス**に分類される。キネシクスとは，情報の手がかりとなる身体の動作のことであり，具体的には，視線やジェスチャー，姿勢，身体接触，表情などが挙げられる。プロクセミクスとは，相手とどれくらいの距離を置くか，どういう角度で向き合うかなど，空間的な配置のことをさす。ウソをつく場合の言語外的な特徴としては，手で服や体をさわっている時間が長い，あまり視線を合わせない，などの傾向があるという（大坊郁夫，1998）。

　ウソをつくときに見られがちなこれらの行動は，もちろん意識的なものではなく，後ろめたさや不安感が知らず知らずのうちに表れ出たものだ。このよう

表 4-1　非言語的なコミュニケーション要素の分類

```
┌─ 言語随伴的（para-linguistic）
│      ・音声的特徴：声の高さ，大きさ，抑揚，速度など
│      ・発話の時系列的特徴：間の置き方，発話のタイミングなど
└─ 言語外的（extra-linguistic）
   ┌─ プロクセミクス（空間的近接）：相手との距離，位置など
   └─ キネシクス（身体動作）
         ・視線，アイコンタクト
         ・ジェスチャー，うなずき，あいづち
         ・表情
         ・身体接触，姿勢
```

(注)　この他にも，分類の仕方はいくつかあり，これらに加えて，衣服や化粧などの装い行動や，部屋・家具のレイアウト，照明などを含める立場もある。

に，内面的な心理が身体動作になって表れるのは，ウソに限ったことではないだろう。その点で，身体は，ことばで語られたこと以上に多くの情報を発していると考えられよう。

　ある研究者は，人間の行動を記録した映像・テープの分析から，ことばによる伝達量は 30～35％ にとどまり，残りは非言語によると推計している。また別の研究者は，好意の伝達において，言語が担う部分は 7％ にすぎず，38％ は言語随伴的な声の特徴によって，55％ は言語外的な表情によって伝えられるという実験結果を報告している（A. マレービアン，1986）。むろん，「明日午後 2 時に第 3 会議室で打ち合わせしましょう」といった情報を，ことばを使わずに伝えるのはきわめて困難だろうが，これらの研究からも，非言語的な情報の果たす役割の大きさは十分にうかがえよう。

　身体は，ウソの場合のようにことばを裏切るようなメッセージを発することもあれば，ことばを助け，補う働きをすることもある。また，心理状態が無意識のうちに**表出**された身体動作もあれば，人さし指と親指を丸めた「OK」のジェスチャーのように，意識的にメッセージを**伝達**するものもある（表出と伝達については unit 3 を参照）。以下では，そうしたことばと身体の関係や，意識的か無意識的かという点に注意を払いながら，コミュニケーションにおいて非言語的要素がどのような働きをしているかを見ていくことにしたい。

相手との距離，身体接触，視線

すいている電車に乗り込んだとき，知らない乗客のすぐ隣に座ることはまずあるまい。自然といくらか距離を置くだろう。では，友人と一緒に乗り込んだときはどうか？ 今度は距離を置かずに隣に座るだろう。このように，空間的な距離をどれくらいとるかは，相手との親しさや顔見知りの度合いによって，無意識のうちに調整されている。

人類学者のE. T. ホール (1970) は，アメリカ人の観察から，こうした**対人距離**を4つに分類している。まず，50 cm 程度までの**密接距離**であり，これは一般に家族や恋人のような親密な間柄でとられる距離だが，逆に，ケンカするときなど，攻撃をしかける準備行動としてとられることもある。次に，容易に相手に触れられる 1 m くらいまでを**個体距離**といい，友人や知り合いと歓談するようなときに見られる。3～4 m くらいまでは**社会距離**という。パーティなどで見知らぬ人がまわりにいるときの，つかず離れずの距離と考えればよい。これより遠いのが，講義や演説などの場合にみられる**公衆距離**である。満員電車でストレスを感じるのは，本来なら社会距離か公衆距離を保つはずの他人に，密接距離まで踏みこまれることが一因だと考えられよう。

ホールは，こうした相手との親疎による距離のとり方を，動物のなわばり行動に起源をもつものと考える一方で，文化による違いにも着目する。例えばドイツ人は，アメリカ人よりも距離を置きがちで，2 m 程度でも私的空間（個体距離）に入ってこられたという感覚をもつという。逆に，アラブ人はかなり距離を近くとり，話すときは相手に息を吹きかけるのが礼儀だという。ホールの指摘する文化差には疑問の余地が残るものも多いが，空間的な距離感覚が文化によって異なること自体は確かだろう。

距離がゼロになる身体接触にしても，アメリカでは，あいさつとして握手したり肩を抱き合ったりするが，日本ではあまりしない。あいさつとしてのキスもそうだ。これらに限らず一般に，日本人の身体接触量はアメリカ人の約半分という研究結果もある (D. C. バーランド, 1979)。

視線による接触も，基本的には，親しい間柄であるほど多くなる傾向にある (→unit 11)。ただし，視線量が親密性の表示に結びつくのは，相手が自分のことを肯定的にとらえている場合であって，否定的な態度をもった相手の場合はあまり視線を向けない方が好ましく評価されるという研究結果もある (P. C.

Ellsworth & J. M. Carlsmith, 1968)。ケンカを売るときに「ガンを飛ばす」ことを考えてみればよい。相手をじっと見ることは攻撃性を表示することにもなるわけだ。そこまででなくても，他人にずっと見られていると，落ち着かない気持ちになるだろう。それは視線によって自分の「なわばり」へ侵入されるように感じられるからだと考えられる。

　視線はこの他にもさまざまな働きをする。中でも重要なものに，会話の自然な流れをつくり出す合図（キュー）としての役割がある。話し手は，自分の発話を終えようとするタイミングで，聞き手に視線を向け直し，アイコンタクトをとろうとする（A. Kendon, 1967）。それとなく交わされる視線が，発言の順番を相手にわたすときの合図になっているわけだ。

　一方，聞き手の側も話し手に視線を向けることで，ちゃんと話を聞いていることを伝える（C. Goodwin, 1981）。これを「受け手性」の表示という。逆に，聞き手が話し手から視線を外すことは，話に興味がないことを示すことになり，会話の流れを滞らせたり，話題を変えたりすることにつながる。聞き手は，ただ受け身で話を聞いているばかりでなく，相手が話すのを視線によって裏支えしてもいるのである。

うなずき，シンクロニー，ジェスチャー

　このように，聞き手が話し手との会話を裏支えするのに用いる非言語的行動のことを"backchannel"といい（S. Duncan, 1972），「裏チャネル」または「支持回路」と訳される。裏チャネルの主だったものとしては，他にうなずきやあいづちがある。これらは相手に賛成・同意する場合だけでなく，たんに話を聞いていることを示すためにも行われる。心理学者の J. D. マタラッツォらは，就職面接を想定した実験結果から，聞き手（面接官）のうなずきが多いほど，話し手（就職志望者）の発言量が増えることを明らかにした（Matarazzo & A. N. Wiens, 1972）。これは，うなずきによって聞き手が話に関心をもって聞いていることが表示され，話し手が安心して話せるためだと考えられよう。

　マタラッツォらはまた，一方の発言が多いほど他方の発言も増え，逆に一方が沈黙することが多くなると他方も沈黙が多くなることを見出し，これを「シンクロニー（同調）」と呼んでいる。こうした同調現象は，よりミクロな局面でも見られる。W. S. コンドンは会話する2人の様子を記録したフィルムを1コ

マずつ分析し，発せられた音声に呼応して，話し手と聞き手の身体の細かい動きが 0.1 秒にも満たない単位で精密に同期していることを発見した（Condon, 1976）。これを「相互(インタラクション)シンクロニー」という。この同調現象は，生後間もない赤ちゃんにも見られるものであ

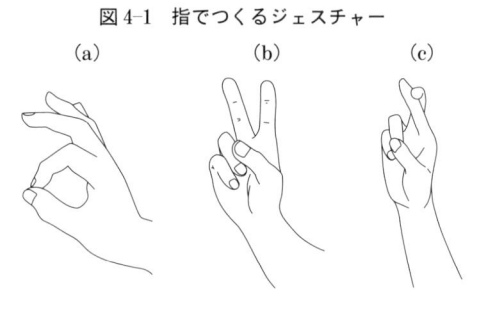

図 4-1　指でつくるジェスチャー
(a)　　　　(b)　　　　(c)

り，人間のコミュニケーションの基盤を形づくるものとも言えるだろう（→ unit 3）。

　私たちは，こうした視線やうなずき，身体的同調によって，知らず知らずのうちに会話のスムースな流れをつくりだしているわけだ。また，身振り手振りによるジェスチャーもまた，会話の中で，ことばを補ったり，助けたりする重要な役割を担っている。

　人さし指と親指を丸めた「OK」サインのように（図 4-1 の (a)），ことばと同様，文化的・社会的な慣習によって意味をもつものを**エンブレム**という。これは，ことばで「OK」と言う代わりを果たすが，かつての日本ではもっぱらお金を意味していた。人さし指と中指をまっすぐ立てた V サインは（同図 (b)），多くの国で勝利もしくは平和(ピース)を表すが，イギリスでは手の甲を向けてこのサインをすると相手への侮辱になってしまう（最近は少し変わってきているようだが）。また，人さし指と中指をからめると（同図 (c)），日本ではいわゆる「エンガチョ」（汚い，あるいは汚さから身を守る）だが，英語圏では「幸運を祈る」を意味し，ときによっては，ウソや邪悪さから身を守るまじないにもなる。このように，同じジェスチャーでも文化圏によって意味が変わってくることがある。

　これに対して「それ」と言いながら，その対象を指さす動作などは，**直示的**または**指標的**なジェスチャーと呼ばれる。また，物の形を手でなぞって示すような動作は，**描写的**または**図像的**なジェスチャーという。これらも，ことばを代替・補足するという点ではエンブレムと同様だが，ジェスチャーとその意味するものとの間に，方向の指示や形の類似性という結びつきが認められる。その点で，ジェスチャーと意味の結びつきが文化によって異なるエンブレムより

わかりやすく，普遍性が高い。

しかしながら，こうしたジェスチャーにも言語文化の影響が表れることがある。喜多壮太郎(2002)は，アニメを見た人がそれぞれのシーンを他の人にどう伝えるかという実験を行い，次のような興味深い発見をしている。あるキャラクターが，ひもを振り子のように使ってビルからビルへ飛

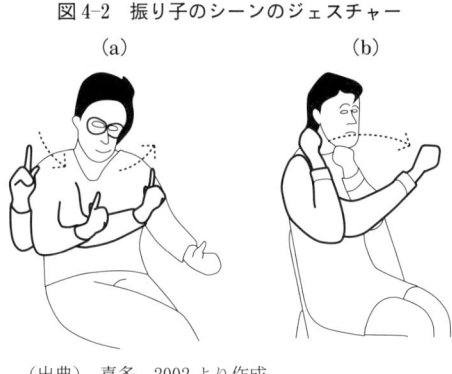

図4-2　振り子のシーンのジェスチャー
(a)　　　　　　　(b)

（出典）喜多, 2002 より作成。

び移る場面を伝えるとき，英語話者は，図4-2の(a)のように，手を振り子のように動かして弧を描くことがほとんどだった。それに対して，日本語話者は，(b)のようにまっすぐ手を動かすことが多かったのである。これは，英語には"swing"という振り子の動きを1語で表すことばがあるのに対して（実際，そのジェスチャーをする際には"swing"という語が発せられている），日本語にはそうした単語がないことが影響していると考えられる。ことばとジェスチャーは，独立した2つの伝達経路というよりも，互いに関係しながら複合的に思考を表現し，コミュニケーションを織りなしていくものなのだ。

ことばと身体の関わり合い

こうした言語と身体のからみ合いは別の面でもみられる。「ga」と発音している顔の映像に「ba」の音声をつけると，どう聞こえるかを実験した研究がある。その結果は，おもしろいことに「ga」でも「ba」でもなく「da」と聞こえる人がもっとも多かったのである (H. McGurk & J. McDonald, 1976)。実際に発音してみるとわかるが，「b」は唇を破裂させ，「d」は舌先を，「g」は舌の奥の方を破裂させて発音する。つまり，耳には「b」の音が伝わるのだが，目は「g」ととらえ，これらが干渉し合って，脳は中間の「d」の音と判断するのである。私たちは，いわば目でも音を聞き取っているのだ。この現象は，発見者の名前をとって**マガーク効果**と呼ばれる（実験に用いられる動画はネット上にもいくつかアップロードされているので，「マガーク効果」か"McGurk effect"をキーワードに検索して実際に確認してみるとよいだろう）。

音象徴といわれる現象にも，発音するときの口の動きが関わっている。例えば，意味のない「mal」と「mil」という音声を聞かせ，いずれも机を意味するがどちらが大きく感じるかと尋ねると，「mal」の方が挙げられる傾向にある。また，角張った図形を表す擬態語を，無意味な音声の中から選ばせると「ゼザゾザ」などの濁音があてられ，なめらかな曲線図形を表す擬態語には「ムルムル」などの流音があてられることが多い（詳しくは苧阪直行，1999）。これには，「a」を発音するときの方が「i」より大きく口を開けることや，濁音・流音を発する際の口内や唇の感触が関係していよう。

　口以外の身体部位でも，ことばの意味が感じ取られることがある。例えば「山をのぼる」と「山にのぼる」の意味がどう違うかと聞かれても，ほとんどの人は明確に説明できまい。ところが，足の裏に感じる山道のゴロゴロした感触を想像しやすいのはどちらかと尋ねると，大多数の人は「山をのぼる」の方だと答える（深谷昌弘・田中茂範，1996）。このとき私たちは，頭で考えるとうまく説明できなくても，身体では意味の違いを感じ取れるのだ。

　これは，自転車の乗り方や泳ぎ方を知っていることに似ている。うまく乗る・泳ぐにはどうすればいいか，なかなかことばではうまく説明できない。それでも，私たちは自転車の乗り方や泳ぎ方を身体で覚えている。このような，言語化しにくい意識下の身体的な知識が，むしろ逆に，ことばの理解を支えているのではないかという観点からの研究も，最近は盛んになっている。

　認知意味論という研究分野を切りひらいたG. レイコフとM. ジョンソン（1986）は，さまざまな言語において，気持ちのよさを表す表現には上方向を示すことばが，不快さを表すときには下方向を示すことばが，系統的に用いられることに注目した。日本語と英語の場合でいえば，次のようなものだ。

今日は上々の気分だ。　　I'm feeling up today.
気持ちが高揚してきた。　My spirits rose.
やる気が低下した。　　　I've got low motivation.
彼は落ち込んでいる。　　He is depressed.

　気分だけでなく，例えば序列を「高い／低い地位」，英語でも"high/low status"と表現したり，道徳的な評価を「高潔／下劣」，"high/low-minded"と言い表したりするように，一般に好ましいことは上方向に，好ましくないことは下方向に結びつけられる。また，このような関連づけは，日本語・英語に

限らず，さまざまな言語にわたって見られるという。

　彼らはこうした表現を「**方向づけのメタファ**」と呼び，その背後に言語文化の差を超えた人類共通の身体的基盤を見出している。私たちは通常，気分がよく爽快なときには上向きの姿勢をとり，気持ちがすぐれず憂鬱なときには下を向きがちになるだろう。こうした心と身体の結びつきに関する暗黙知が方向づけのメタファには投影されており，また，それを理解する基盤になっていると，レイコフらは考えるのである。

　このように，身体性に着目した研究は，言語学・心理学・哲学等のさまざまな分野にわたって，新たな理論展開や興味深い知見を生み出しており，コミュニケーション論にとっても得るところは大きい。

ホームワーク

- □ *work 1*　教室や食堂，電車内などで，人々がどれくらいの距離を置き，どういう位置にいるかを観察して，プロクセミクスの観点から分析してみよう。
- □ *work 2*　トーク番組やバラエティ番組を録画して，視線（アイコンタクト）やうなずき，ジェスチャーがどのように用いられているか，分析してみよう。
- □ *work 3*　上／下以外に，心理状態や感情を表すメタファとして用いられる空間的表現がないか（例えば「開く／閉じる」など），日本語と英語で考えてみよう。

読書案内

　非言語的な行動・メッセージとその研究に関する概要は，V. P. リッチモンド & J. C. マクロスキー『非言語行動の心理学——対人関係とコミュニケーションの理解のために』（北大路書房，2006 年）でつかめるだろう。D. モリス『マンウォッチング』（小学館，2007 年）は，この分野の世界的ベストセラーである。野村雅一『身ぶりとしぐさの人類学——身体がしめす社会の記憶』（中央公論社，1996 年）も，手軽におもしろく読める。認知意味論を含む，ことばと身体の研究書としては菅野盾樹『新修辞学——反〈哲学的〉考察』（世織書房，2003 年）を挙げておきたい。

参考文献

苧阪直行（1999）『感性のことばを研究する――擬音語・擬態語に読む心のありか』新曜社

大坊郁夫（1998）『しぐさのコミュニケーション――人は親しみをどう伝えあうか』サイエンス社

喜多壮太郎（2002）『ジェスチャー――考えるからだ』金子書房

バーランド，D. C.／西山千・佐野雅子訳（1979）『日本人の表現構造――公的自己と私的自己・アメリカ人との比較〔新版〕』サイマル出版会

深谷昌弘・田中茂範（1996）『コトバの〈意味づけ論〉――日常言語の生の営み』紀伊國屋書店

ホール，E. T.／日高敏隆・佐藤信行訳（1970）『かくれた次元』みすず書房

マレービアン，A.／西田司・津田幸男・岡村輝人・山口常夫訳（1986）『非言語コミュニケーション』聖文社

レイコフ，G. & M. ジョンソン／渡部昇一・楠瀬淳三・下谷和幸訳（1986）『レトリックと人生』大修館書店

Condon, W. S. (1976) "An Analysis of Behavioral Organization," *Sign Language Studies*, 13, 285–318.

Duncan, S. (1972) "Some Signals and Rules for Taking Speaking Turns in Conversation," *Journal of Personality and Social Psychology*, 23, 283–292.

Ellsworth, P. C. & J. M. Carlsmith (1968) "Effects of Eye Contact and Verbal Content on Affective Response to a Dyadic Interaction," *Journal of Personality and Social Psychology*, 10, 15–20.

Goodwin, C. (1981) *Conversational Organization: Interaction between Speakers and Hearers*, Academic Press.

Kendon, A. (1967) "Some Functions of Gaze-direction in Social Interaction," *Acta Psychologica*, 26, 22–63.

Matarazzo, J. D. & A. N. Wiens (1972) *The Interview: Research on its Anatomy and Structure*, Aldine-Atherton.

McGurk, H. & J. McDonald (1976) "Hearing Lips and Seeing Voices," *Nature*, 264, 746–748.

unit 5

談話・文章を理解するメカニズム

　ある日，あなたがテレビを見ていたら，アナウンサーが次のようなニュースを読み上げたとしよう。

　　「ナイフを持った男がコンビニで現金 30 万円を奪って逃走しました。男は信号を無視して道路を渡ろうとしてトラックにひかれ，重傷を負って現在入院中です」

　これだけなら，とくにわかりにくいところはあるまい。しかし，アナウンサーが次のように続けたとしたらどうだろうか。

　　「警察はコンビニから現金を奪って逃げた男のゆくえを追っています」

　あれ？ 男はトラックにひかれて入院中なんじゃないの？ 奇妙に思ってテレビ局に問い合わせてみたら，次のような説明があったとする。

　　「コンビニ強盗の男と，トラックにひかれた男は別人なんです。2 つの事件を一緒に報道しただけで，ニュースの中では強盗した男とトラックにひかれた男が同一人物だなんてひと言も言ってません」

　この説明にあなたは納得できるだろうか。たしかに同一人物とは言っていないけれど，普通そう思うだろうと文句の 1 つも言いたくなるに違いない。
　あくまで架空の話なので，実際にこんなおかしなニュースが流されることはまずありえないが，ここでのポイントは，私たちが文章を理解するときには，そこに直接はっきりと書かれていないことまでくみ取って解釈している，ということだ。「男が金を奪って逃げた」という文にも「男はトラックにひかれた」という文にも，それらの男が同一人物であることは述べられていない。だが，

私たちは，これらの文がひとまとまりになった文章——専門用語では談話(ディスコース)という——からは，そのことを知らず知らずのうちに読み取っている。それはどのような仕組みによって成り立っているのだろうか。

🔲 コミュニケーションにおける協調原則

1つは常識的なことである。私たちは通常，例えば「今日は暑いですね。このあいだのテストの成績が悪かったんです。しばらく焼き肉を食べてないなあ」というように，互いにバラバラで関係のないことを立て続けに言ったりはしない。コミュニケーションの中では，そのときどきの話の流れや目的に合ったことを言うことが期待される。そうした暗黙のうちに期待される決まり・規則のことを，言語哲学者のP. グライス（1998）は**協調原則**と呼び，次のような4つに大別している。

① **量の格率**：必要とされるだけの量の情報を伝えよ
② **質の格率**：偽りや無根拠なことを伝えるな
③ **関係の格率**：関連のあることを伝えよ
④ **様態の格率**：あいまいでなく，簡潔に順序立てて伝えよ

ここでいう格率とは，ルールや規則のことだと考えてもらえばよい。さて，「男が金を奪って逃げた」に続けて「男はトラックにひかれた」と述べられたとすれば，関係の格率によって，後者は前者に関連することを伝えているとみなされるだろう。そこで，もっとも自然な想定として，「金を奪って逃げた」男と「トラックにひかれた」男は同一人物であることが引き出される（同一人物でなければ，関連のないことを伝えていることになるから）。こうした解釈を，私たちはとりたてて意識することもなく行っているのである。

協調原則について少し補足的に説明しておこう。私たちは時にはウソをついたりする（偽りを伝える）ことがある。しかし，それは必ずしもコミュニケーション上で，質の格率を破っていることにはならない。ウソをついているときも，表向きは質の格率を守っているようにふるまうからこそ，相手は偽りを伝えていないと期待して，だまされるのである。話し手の内心・内面において協調原則に違反することと，聞き手とのコミュニケーション上においてあからさまに違反することは，区別して考えなければならない。

コミュニケーション上において協調原則に違反しているケースとは，例えば，

幽霊でもない人物が「私は3週間前に死にました」と言うときのように，偽りを伝えている（質の格率を破っている）ことが聞き手にとっても明白な場合である。冗談や劇中のセリフでもない限り，このような発言はおよそ相手が錯乱しているとしか思えないだろう。つまり，協調原則は私たちのコミュニケーションにおける理性・合理性に関わるものでもあるのだ。

　ただし，協調原則に表面的に違反することによって，言外に別のことを伝えるケースもある。「最近調子どうなんだい」と聞かれて，「バイトがきつくて，俺はもう3週間前から死んでるよ」と答える場合，この返事を文字通りにとれば，先の発言・発話と同じくあからさまに偽りである。だが，この会話の流れの中では，まず錯乱しているとは受け取られないだろう。「死んでいる」をまったく元気がないことを表す比喩の一種（隠喩(メタファー)）と解釈することができるからだ。つまり，その発話を文字通りにとると質の格率に違反することがヒントとなって，"死んでいるものはまったく元気がない"という背景的知識をもとに"私はまったく元気がない"ことを伝えたいのだと推論される——隠喩的な意味がくみ取られる——のであり，この言外に伝えられる偽りでないことによって表面的な質の格率の違反は埋め合わされるのである。

　同様のことは，他の格率に表面的に違反している場合にも認められる。次のような会話におけるBの発話は，直接的にはAの誘いにイエスと言っているわけでもノーと言っているわけでもないが，間接的に断りの返事をしているものと受けとめられよう。

　　A：これから飲み会があるんだけど，一緒に行かない？
　　B：明日1限に試験があるんだよ。

　Bの返答を文字通りにとるならば，Aの質問に無関連なことを述べているにすぎず（関係の格率の違反），また，Aの求めるだけの情報を与えてもいない（量の格率の違反）。しかし，そのことがヒントとなり，"明日試験があるならば勉強しなくてはならず，飲み会に行っている余裕はない"という背景的知識から，"Bは飲み会に行かない"ことを伝えているという言外の意味が推論されるのである。

　一方，次の例の場合，Bはまったく同じことを言っているが，とくに言外に伝えていることがあるとは受けとられないだろう。

> **コラム**
>
> **協調原則への異論・批判**
> 　協調原則がどのような文化・社会でも普遍的であるかどうかには，研究者の間で議論がある。マダガスカルの社会では量の格率が必ずしも守られないという研究がある一方，それに対する反論もなされている（J. L. メイ，1996）。D. スペルベル & D. ウイルソン（2000）の提唱する関連性理論ではグライスの協調原則を，社会的な決まりではなく，人間が発話を理解する際の認知的な原理ととらえなおし，関連性原則として提唱し直している。

　　A：どうしてそんなに必死に勉強してるんだい？
　　B：明日1限に試験があるんだよ。

　この場合には，Bの返答を文字通りにとっても，量・関係およびその他の格率を破ってはいないため，とりたてて言外の意味を引きだす必要がないのである。このように，コミュニケーションの状況・場面に応じてくみ取られる言外の意味のことを，専門用語では**会話上の含み**という（グライス，1998）。また，直接的には試験があるという事実を"陳述する"言語行為を行いつつ，間接的には誘いを"拒否する"言語行為も行っているという点で，このようなものを**間接言語行為**ともいう（J. R. サール，2006，原著1979年）。

談話はどのように構造化されるか

　話をもとに戻そう。冒頭のようなニュースを聞いて，自然に"コンビニ強盗とトラックにひかれた男は同一人物である"と解釈されるのは，1つには，私たちのコミュニケーションに協調原則という仕組みが働いているからだった。しかし，それだけではなく，そのような解釈を導く手がかりが，このニュースの談話にはもう少し隠されている。
　次の①はニュースの談話を単純化したものだ。その1つ目の文と2つ目の文の「が」と「は」を入れ替えたのが②である。これらを読み比べてみてほしい。

　　① 「ナイフを持った男が金を奪って逃げた。男はトラックにひかれた」
　　② 「ナイフを持った男は金を奪って逃げた。男がトラックにひかれた」

　②には，やや違和感というか，逃げた強盗とトラックにひかれた男が別人で

あるような感じが少ししないだろうか。

　unit 2 でふれたように，「が」「は」は，文のレベルにおいては主語を示す働きをもつものだが，談話のレベルにおいては，聞き手にはじめて伝えられる新情報か，すでに伝えられた旧情報かを示す働きも有している。①の1つ目の文で「男が」が用いられているのは，ニュースの聞き手にとってはじめて知る男（新情報）だからであり，2つ目の文で「男は」になっているのは，すでに1つ目の文で伝えた男のこと（旧情報）をさしているからだ。それに対して②では，これら「が」「は」による新旧の順序が入れ替えられているため，ちぐはぐな印象を与えてしまうのである。

　昔話が「あるところにおじいさんとおばあさんが」で始まり，「おじいさんは山へ，おばあさんは川へ」と続くのも，同じ理屈による。文における主語─述語ほどの明確な文法構造はないものの，談話もまた，こうした情報の新旧を始めとするさまざまな仕組みによって構造化されているのである。

　談話（文章）を構造化する働きをもつ典型的な語としては，接続詞がある。例えば「だから」という接続詞は，「今日はいい天気だった。だから，洗濯物がよく乾いた」のように，前に述べられていることが後に述べられていることの原因・理由となっているという関係（構造）を明示する働きをする。

　ただし，「だから」の前に述べられていることが，常に原因・理由としてふさわしく思えることだとは限らない。「彼は日本人だ。だから，礼儀正しいのだ」と述べられたとしよう。あなたが"日本人は礼儀正しい"とは思っていなかったとしても，発言した相手が言外にそう想定していることは伝わってくるはずだ。このとき，「だから」という接続詞は，談話にもともと備わっている構造をはっきりさせているだけではなく，あなた（聞き手）に対して，談話を原因・理由─結果という関係で構造化するよう，働きかけているのである。それによって生じる言外の意味（日本人は礼儀正しい）は，コミュニケーションの状況・場面によるというより，「だから」のもつ言語慣習上の働きによってもたらされるものであり，会話上の含みとは区別して，**慣習的な含み**と呼ばれる（グライス，1998）。

　ここでかりに次のような新聞記事があったとして，この観点から少し考察を加えてみよう。

「財政赤字の深刻化にともない、福祉予算を削減するかどうかが、大きな問題になっており、次の選挙でも最大の争点になりそうだ。しかし、首相は昨日、削減しない意向を表明した」

「しかし」は逆接の接続詞であり、前に述べられていることと後に述べられていることが対立・相違する関係にあることを示す。だが、「しかし」の前の文が述べているのは、福祉予算を削減すべきという世論が高まっているといったことではない。たんに「問題になっている」と言うにすぎず、賛否の態度・判断は何ら含まれていない。それにもかかわらず、「しかし」で構造化することによって、言外に"福祉予算を削減すべき"という前提がほのめかされるのである。

削減すべきかどうか、とくに意見をもちあわせていない人は、これを読んで削減すべきだという方向へ誘導されてしまうかもしれない。直接的には「問題になっている」「首相は削減しない意向を表明した」という事実しか書かれていなくても、談話をどう構造化するかによって、暗に意見や価値判断を伝えることもできるのである。

「カメラアングル」と「フレーム」のもたらす効果

直接的には事実しか述べていない談話であっても、構造化の仕方によって、その事実の見方・視点が変わることもある。この点について、言語学者の久野暲 (1978) は「**カメラアングル**」という示唆的な概念を提唱している。次の③と④を読み比べてみてほしい。

③　太郎は花子にプレゼントをあげた。
④　太郎は花子にプレゼントをくれた。

どちらも同じことについて述べているが、③は太郎の側、④は花子の側に視点をおいて、その出来事を記述している。いわば図5-1のように、対象を写し取るカメラアングル（視点）が異なっているのである。

同様のカメラアングルの違いは、「AはBを殴った」「AにBは殴られた」という能動態／受動態の場合や、「CはDのところへ行った」「CはDのところへ来た」という対称的な意味の語の場合にもあてはまる。

さてここでも、次のような架空のニュース報道について考えてみたい。

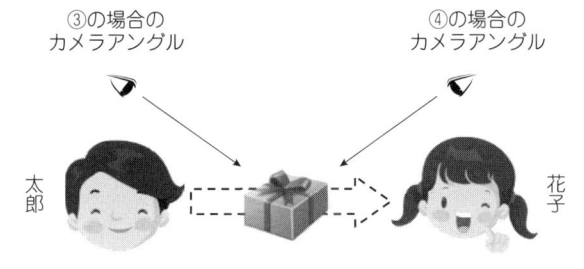

図5-1 記述における「カメラアングル（視点）」の違い

③の場合のカメラアングル　　　　④の場合のカメラアングル

太郎　　　　　　　　　　　　　　　　　　　花子

⑤「本日，大規模なデモがありましたが，警察がデモ隊を監視し，行動を抑制しました。幸い大きな混乱はなく，デモは終了した模様です」
⑥「本日，大規模なデモがありましたが，デモ隊は警察に監視され，行動を抑制されました。幸い大きな混乱はなく，デモは終了した模様です」

　どちらも同じ事実を述べたものだが，⑤は警察の側，⑥はデモ隊の側に視点をおいている。それによって，あなたが受ける印象は多少なりとも異なってはいないだろうか。大きな混乱なくすんだのは，警察が監視したおかげなのか，それとも，監視されることをデモ隊の側が我慢したからなのか。どうだろう？
　談話の構造化の仕方が，伝える内容の見方・視点を規定するという例は，これとは別の面でもみられる。経済誌に次のような論説が載っていたとしよう。

　　「かつて日本は電子機器市場において大きな勝利を収めた。しかし今日のインターネットにおける覇権争いでは，すでにアメリカに敗北したと言ってよい。技術力という武器だけで戦える時代は去り，発想力を味方につけなければ勝てない時代がやってきたのだ」

　この談話は，「勝利」「覇権争い」「敗北」「武器」「味方」など，たがいに関連する語から構成されている。いわば談話の全体が"戦い""競争"の隠喩(メタファ)によって構造化されているのである。それによって読み手は，"戦い"として見る・考える視点に立つように促されることになる。
　"戦い"とは"敵味方"に分かれ，"勝敗"を決めるものであり，等々の構造化された知識のことを，認知心理学では，スキーマとかスクリプト，あるいは**フレーム**というが（川﨑恵里子，1995），そのような知識を背景として，この談話は構造化されている。談話をあるフレームに基づいて構造化する（フレーミングする）ことは，背景的知識の助けによって理解が容易になる反面，そのフ

レームにうまくあてはまらないものには注意が向きにくくなる傾向をもたらす。この例でいえば，日本とアメリカが協調してインターネットに関わる技術やサービスを開発したり，マーケティングを行ったりすることも当然ありうるはずだが，"戦い"のフレームが用いられることによって，対立的な側面ばかりが強調され，協力的な側面には目が向きにくくなるのだ。

用いられるフレームの違いは人々の判断にも大きく影響することが，次のような心理学実験の結果からわかっている（A. Tversky & D. Kahneman, 1981）。そこでは実験協力者が2グループに分けられ，ある伝染病によって600人の生命が危険にさらされているという設定のもとで，それぞれ2通りの対策のどちらを選ぶかの判断が求められた。

一方のグループに提示されたのは，「200人が確実に助かる」という対策Aと，「600人全員が助かる確率が3分の1で，全員が助からない確率が3分の2」という対策Bである。この場合は，多くの人が確実性を重視して200人が助かる対策Aを選んだ。他方，別のグループには，「400人が確実に死ぬ」という対策Cと，「誰も死なない確率が3分の1で，600人全員が死ぬ確率が3分の2」という対策Dが提示された。こちらの場合には，誰も死なない可能性に賭けて対策Dを選ぶ者が多数派であったのである。

少し落ち着いて考えてみればわかることだが，じつは対策AとC，対策BとDはそれぞれ同じことを逆向きの視点から表現しているにすぎない。同一の内容を，一方は生存率に，他方は死亡率に焦点をあててフレーミングしている。そのフレームの違いが人々の選択・判断を逆方向に誘導したわけだ。

私たちは日頃メディアの報道に接するなかで，知らず知らずのうちにこうした誘導作用を受けているかもしれない。メディアの伝えることを批判的に読み解く力——**メディアリテラシー**——を身につけるためにも，以上に見てきたような談話を理解するメカニズムを知っておくことは重要だろう。一見，細かいことのように思える違いであっても，そのメカニズムの中では，暗に伝えられる内容や与える印象が大きく変わってくることもあるのだ。

ホームワーク

□ **work 1** 本文中で取り上げた協調原則の1つ，様態の格率の表面的な違反によって，言外の意味（会話上の含み）が伝えられる例を考えてみよう。

- ☐ *work 2*　「カメラアングル（視点）」に注目して，小説や物語を分析してみよう。
- ☐ *work 3*　実際のニュースや新聞記事を取り上げて，どのようなフレームで談話・文章が組み立てられているか，考えてみよう。

読書案内

　談話研究や語用論の概要を知るには，高原脩・林宅男・林礼子『プラグマティックスの展開』（勁草書房，2002年）が手頃だろう。隠喩や会話上の含みなどに関心がある人には，菅野盾樹編『レトリック論を学ぶ人のために』（世界思想社，2007年）を挙げておきたい。岡部朗一編『言語とメディア・政治』（朝倉書店，2009年）は，メディア報道における言語表現やレトリックの研究を幅広く概観している。ニュース等におけるフレーミングの分析・研究について日本語で読めるものは未だに少ないが，W. R. ニューマン，M. R. ジャスト＆A. N. クリグラー『ニュースはどのように理解されるか——メディアフレームと政治的意味の構築』（慶應義塾大学出版会，2008年）に簡潔な紹介がある。

参 考 文 献

川﨑惠里子（1995）「長期記憶Ⅱ　知識の構造」高野陽太郎編『認知心理学2　記憶』東京大学出版会
久野暲（1978）『談話の文法』大修館書店
グライス，P./清塚邦彦訳（1998）『論理と会話』勁草書房
サール，J. R./山田友幸訳（2006）『表現と意味——言語行為論研究』誠信書房（原著1979年）
スペルベル，D. & D. ウイルソン/内田聖二・中逵俊明・宋南先・田中圭子訳（2000）『関連性理論——伝達と認知〔第2版〕』研究社出版
メイ，J. L./澤田治美・高司正夫訳（1996）『ことばは世界とどうかかわるか』ひつじ書房
Tversky, A. & D. Kahneman (1981) "The Framing of Decisions and the Psychology of Choice," *Science*, 211, 453-458.

unit 6

会話のダイナミクス

　まず，AとBによる次のような会話から，AとBがどのような関係にあり，どういった状況で話しているのかについて推測してみてほしい。

　　［例1］
　　A：海にでも行く？
　　B：私．水泳得意だから大丈夫！　スキューバダイビングもできるのよ！
　　A：じゃ．決まりだ。
　　B：決まりだ？　やりたいなーって思うけど実際にはなかなかね。
　　A：今行けばいいじゃないか。
　　B：機嫌直して。
　　A：最初から怒ってなんかないよ。
　　　　（出典）　橋元良明，1990。

　じつは，これはあるゲームソフトの中で，プレイヤー（A）と，ゲーム上のキャラクター（B）によって交わされた文字によるやりとりの一部である。つまり，人間と機械上のプログラムによる，そもそも「会話」と呼べるかどうかもあやしいものであるといえる。しかし，実際にこうした情報を与えないで，人々に話し手を推測させた結果などからは，人間による「会話」として認識される可能性がある程度示されている（橋元，1990）。
　以上のような話から，いわゆるbot（ボット）と呼ばれる，機械（プログラム）があたかも自ら考えてつぶやきや会話をしているように見せかけるネット上のサービスのことを思い出す人もいるだろう。このようなシステムは，**会話ボット**（Chatterbot）と呼ばれ，文字の他に音声による会話など，さまざまなシステムが研究され，ヒト型のロボットなどにも搭載されている。

「人工無脳」と会話についての考え方

さらに興味深いことに，会話ボットの研究者からは，人工知能ならぬ「人工無脳」という別名とともに，機械が会話をすることへの独自の立場が示されている。それはつまり，通常は会話をする機械を考える場合，あたかも機械に人のような知能（人工知能）が備わっており，そうした知能を生み出す，脳や心といったシステムを開発することが目的とされるのに対して，人工無脳では，あくまで会話をしているように利用者から見えるようにするのが目的であり，そのような知能の開発自体を目指しているわけではない，ということだ（冨坂亮太・鈴木崇史，2010）。

したがって，こうした目的にとっては，とりあえず利用者（操作者）が人工無脳との会話を通じて何かを行うことが可能で，その状態が通常の人間との会話で何かを行うのと同じように自然であると判断できればよい（この判断は**チューリング・テスト**と呼ばれる）ことになる。

現在の人工無脳の元祖といわれるELIZA（イライザ）というシステムは，50年近くも前に開発されたこともあり，相手の発言をそのまま疑問文にして返すような単純な仕組みしか備わっていなかった。しかし，自分の疑問に対してあらかじめ自分なりの答えを用意しているような人が操作した場合は，対話が非常に自然なものであると判断されたという（橋元，1990）。それもそのはずで，そのような仕組みは実際に，トラブルを抱えた患者が一方的に話すことに耳を傾けること（傾聴）を中心とした精神療法（セラピー）の対話において見られたもので，イライザはこの仕組みをプログラムにそのまま取り入れたものだった。

以上から，ここで会話についての1つの考え方を示すことができる。つまり会話が可能かどうかということは，会話に関する能力（知能）が話し手にどの程度備わっているかということとは別に，会話を通じてなされること（行為）と，会話を成り立たせる仕組みに基づいて独自に判断できるということだ。

そこでまず，私たちが会話を通じて何かを行っていること，そのことから考えていくことにしよう。

会話の仕組みによってなされる「あいさつ」

まず，次のある家庭での会話（例2）を見てもらいたい。

この会話は，エリ（仮名）という幼児が，食事の前に母親に悪態をついたと

ころで，父親に怒られそうなった場面からとられている。この例で興味深いのは，エリが3行目からの会話を通じて何かを行おうとしていて，その行為により「父親から叱られる」という別の行為を回避しようとしていることが，この2人についてあまりよく知らない立場にいる私たちにも理解できるということだ。

［例2］
E：エリ（2歳6か月児），F：父親
1　F：そんなこと言ってるとお父さん怒りますよ。
2　　　（.）
3　E：おかえり！
4　　　（.）
5　F：ただいま！
6　E：おかえり！
7　F：ただいま。
8　E：おかえり！
9　F：ただいま。
10　E：おかえり！
11　F：もう　エリ，ちゃんとごはん（.）　座って食べて。
（出典）高木智世，2012を改変。
（注）左端数字は行番号，（.）内は0.2秒以上の無音状態を示す。

後で詳しく確認することになるが，例2の3行目からの会話を通じて，エリは「あいさつ」という行為を行っており，実際にそのことによって1行目に始まりかけた「叱られる」という行為を回避していたのだった。

じつはこうした理解をもたらしているのが，行為連鎖と呼ばれる，会話の内容とは別に，手順について独自に示されるコミュニケーションの仕組みである。

この仕組みについて確かめるために，次の例3を見てみよう。

例3の中で，同じ女性が同じように「スイマセーン」を発言していても，2コマ目までと，3コマ目では違う意味をもたらしてしまっている。その違いは，まさに手順の違いとしてみることができる。

つまり，2コマ目までの「スイマセーン」の発言は，

相手による注意（質問）→女性による謝罪（応答）

という形で，相手による発言を受けた形での，女性による発言として理解できるし，それぞれの相手にもそのように理解されているものと考えられる。

これに対して，3コマ目では，手順における注意の部分が抜けたままの形で，謝罪の発言がなされている。これらの違いは，相手による発言の後で発言をしているかどうかという，あくまで手順の違い（間違い）でしかない。

このように，会話からコミュニケーションついて考えるということは，会話の手順に注目して，コミュニケーションの成り立ちを考えることにつながる。

行為連鎖とその単位

この手順についてもう少し考えてみよう。このとき，例2でエリによって始められた会話もまた，このような手順について行われている。

　　エリによる「おかえり」→父親による「ただいま」

この手順は，例3と少し違っていて，どちらが先かということはあまり問題ではない。ここで重要なのは，相手が先に言ったことに対して，答える内容とその言葉について，"こうなるはずだ"という期待をもたらすような関係がみられることである。かりに，帰宅して会った家族に「おかえりなさい」と言われた場合，普通はまず「ただいま」から自分の発言を始めようとするだろうし，それ以外の言葉で話し出すことは不自然な印象をもたらすだろう。

会話の中では，このような特定の発言同士の関係を基礎的な単位として，"おかえりと言ったら，ただいまと言うはずだ"といった，"そうなるはずだ"という期待が生じるなかで，さまざまな行為がなされている。これが会話を通じて何かを行っているということであり，例3の2コマ目までに行われていたことについても，質問と応答という発言同士の関係を単位としたなかで，「注意に対する謝罪」という行為がなされていると，言い表すことができる。

［例3］（秋月りす『OL進化論』第3巻「スイマセン」）

© 秋月りす／講談社

こうした行為の理解を生じる，特定の発言同士の単位を**隣接ペア**，その単位についての特定の結びつきをもった行為を**行為連鎖**(シークエンス)と呼ぶ（E. シェグロフ & H. サックス，1997；串田秀也，2010）。隣接ペアによる発言の構成は，人が会話において何をしようとしているところであるかを理解するための単位となるだけではなく，真面目にしているのかどうか，あるいはその行為をするうえでの適切な資格があるのかどうか，といった理解をもたらすことがある。例3の4コマ目でこの女性に皆が白い目を向けているように，3コマ目での手順の間違いは，それまで女性が行っていた謝罪の意味だけでなく，女性に対する信用にも関わるものとなる。このような手順による謝罪の意味の違いは，3コマ目までの謝罪の発言が「スイマセーン」というカタカナによって軽い印象をもって表現されているのに対して，4コマ目で「すいませんっ」と真面目さを伴う形で表現されていることからもわかるだろう。

 この例にとどまることなく，日常の社会生活の中で誰かが"謝っている"あるいは"謝っていない"ことを理解する場合などのように，隣接ペアを単位として発言を構成することは，複数の人々がコミュニケーションを行ううえでの基本となっている。端的に言うなら，人は1人だけで「謝る」ということはできないし，あくまで一方が注意の発言をする後で，他方が謝罪の発言をするという形が保たれることによって，"謝っている"という理解が成り立つ。

行為をデザインすること

 ここであらためて，例2の場面でみられたことについて，考えてみよう。そもそも，エリが例2の3行目のところから，あいさつのような行為連鎖を始める前には，1行目の「怒りますよ」という発言によって，父親から，これからエリが叱られることが示されていた。しかし，実際には例2の最後までを通してわかるように，エリは叱られていないし，11行目の発言から，「食事をする」という別の行為が始まっている。

 つまり，エリは3行目の「おかえり！」で始まる隣接ペアを通じて，ただのあいさつをしていたのではなく，その場面でなされる行為をそのような行為連鎖の中でデザインすることによって，逆にそれ以外の可能性として"叱られる"という行為がなされるのを未然に防いだと考えることができる。

 このように，隣接ペアといった発言の単位を用いることは，それを通じて

「こうなるはずだ」という期待をもたらすことにより，これから行われる行為を一定の形にデザインすることを可能にする。

そしてこのようなデザインは，一方が他方の行動を一定の方向に導いたり（説得→unit 13），時には人をだましたりするような形で，コミュニケーションを行う場合に重要な意味をもつ。落語にある「時そば」という演目では，ある客が，そばの屋台でそばを食べてから勘定を支払うとき，小銭を数え上げる途中で，「いま何どき？」と言いながら，店主に時間を尋ねるという手口が用いられる。これは店主が答えるとき，その答えにある時間の数字の次（「四つです」と答えたら5枚目）から客が数えることによって，小銭1枚分の支払いをごまかすというテクニックで，実際の事件としても，両替を頼んで，相手がお札を数えている途中で時間を聞き，それで時計などを見ている隙にお金をとって逃げるという手口として行われていたという。

こうした手口からも，その場面でなされている勘定といった本来の行為に対して，時間を尋ねるという，質問と答えの行為連鎖を割り込ませることを通じて，本来の行為を操作したり影響を与えたりしようとする，会話を通じた行為のデザインという側面を指摘できる。

コミュニケーションにおける指し手

以上のようなデザインという点を確認したところで，さらに会話を通じたコミュニケーションについてのもう1つの側面を見ていくことにしたい。それは，コミュニケーションに参加する者それぞれが，自分の意図するデザインのもとで，行為連鎖に基づいた一定の理解を導くように競うという，一種のゲームとしての側面である。

次のような会話から考えてみよう。

　　［例4］
　1　A：スパゲッティ食べたでしょ。
　2　B：食べてないよ。
　3　A：(Bの口の辺りを見て) ケチャップついてるよ。
　4　B：食べました！
　5　A：私のクーポン券使って？
　6　B：使った…ような気がします。

ここで「クーポン券」ということばが出てくるのは、この会話が、レストランや居酒屋の割引券（クーポン券）付き広告を載せたクーポンマガジンのコマーシャルからとられていることによる。それ以外はとくに細かい状況が説明されてなくても、この会話の内容を読むだけで、Aがせっかくクーポンを自分が使うためにとっておいたのに、それをBがスパゲティを食べるために使ってしまったので、Aがそのことを非難していることがわかるだろう。つまり、例4は、1行目から6行目までの会話を通して、AがBを非難するということがデザインされている場面であるとみることができる。

ここで、AがBに対して非難をするために会話をデザインする場面として考えれば、Aが次の例5の発言から会話を開始することも、同じデザインとして理解できるかもしれない。

　　［例5］
　　A：Bさん，私のクーポン券使ったでしょう！

つまり、このように言った方が、AがBに何を伝えようとしているのかはすぐにわかるし、非難するという目的も手っ取り早く達成されるだろう。

しかし、例5のような発言によって開始されるデザインのもとでは、Bが「知らないよ」と答えた場合に、「その後」が続きにくい。つまり、それで会話が終わってしまえば、あくまでBが認めた形にはならず、Aが1人で言っているだけになる可能性がある。さらに、相手が認める余地がないところで一方的に非難する形になるのは、このような例に限らず、一般的に他人に対する態度としてはあまり適切ではないと考えられる。その点から、Bの立場としても、「いきなり何を失礼な……」という形で、さらにAが非難していること自体の意味をおとしめることもできるかもしれない。

これに対する例4のデザインのもとでは、1行目で「スパゲティ食べた」かどうかを「質問」しているだけなので、それだけでは「非難」ということにはならない。しかし、その後に続く会話からわかるように、Aの「質問」は「非難」と関係ないどころではなく、むしろ「非難」に導入するデザイン上の要（かなめ）ともなっている。詳しく述べれば、まずその質問は2行目ですぐにBから否定される。そして、さらに3行目と4行目のやりとりでその否定がウソであることが明らかになる。そのことによって、5行目でAは核心としての非難

を切り出すことができている。

　こうしたデザインからすると，1行目のAの質問は，すぐ否定されることを通じて，Bが「ウソ」をついているということに関連させながら，Bが非難される余地をつくり出すことにもなる。

　このように，行為連鎖によって特定の理解が導かれるようにコミュニケーションがデザインされることをE. ゴッフマンは**指し手**(ムーヴ)と名づけた（ゴッフマン，1985）。指し手という言葉は，将棋やチェスなどで，駒を進めながらある局面（例えば相手の王様を追い詰めるなど）をつくり出すことに由来している。例4と例5の違いとは，質問による開始と，非難による開始というそれぞれのデザインのもとで，相手がどのような行為を選び取る可能性の範囲をもたらすのかという，指し手の違いとしてとらえることができる。

　さらにこうした指し手の分析によって，会話に参加する人々が，会話の内容として直接に示されるものとは別に，行為連鎖を通じて何らかの意図や能力を他人に向けて発している部分をとらえることが可能になる。

　この点からすれば，例2で見たように，エリのような幼児が，語彙が少なく，また話し方も未熟な状態でありながら，行為連鎖を通じた独自のやり方として自分の意図を示す様子としてとらえることも可能になるだろう。この点で，エリはあいさつという行為連鎖を1つの指し手としながら，父親から叱られることを回避する意図（叱られたくない）を表示する一方で，実際に自らがデザインしたように，叱ることとは別の，食事という行為の導入を父親自身の言葉を通じて成し遂げている。

　このように，普段何気なく，たいした内容もないままに行われていると考えられるような会話からでも，会話を通して達成されようとしている行為連鎖を，指し手としてとらえることなどによって，会話の仕組みそのものがコミュニケーション全体をデザインするうえで大きな意味をもっていることが理解できるだろう。

ホームワーク

- **work 1**　ネット上などにある会話ボットと会話をしたものを記録し，それが自然な会話らしいものと判断できるかどうか，理由とともに考えてみよう。
- **work 2**　ドラマや映画で見られる会話を書き起こして，個々の発話が会話

全体に対してどういう役割を指し手としてもっているのか，考えてみよう。

読書案内

　本章で見てきたような，会話をはじめとした行為に対する考え方は，エスノメソドロジーという社会学によって独自に展開してきたものである。エスノメソドロジーについては，前田泰樹・水川喜文・岡田光弘編『エスノメソドロジー——人びとの実践から学ぶ』（新曜社，2007 年）でわかりやすく解説している。その考え方による分析手法は，会話分析と呼ばれており，G. サーサス，H. ガーフィンケル，H. サックス＆ E. シェグロフ『日常性の解剖学——知と会話〔新版〕』（マルジュ社，1997 年）にその基本となるアイデアが詳しく述べられている。指し手については，E. ゴッフマン『儀礼としての相互行為——対面行動の社会学〔新訳・新装版〕』（法政大学出版局，2012 年）でフェイス（→unit 10）をやりとりの中で相互的に扱うやり方として紹介されている（翻訳書では「指し手」ではなく「動作」と訳されている）。

参考文献

串田秀也（2010）「言葉を使うこと」串田秀也・好井裕明編『エスノメソドロジーを学ぶ人のために』世界思想社

ゴッフマン，E.／佐藤毅・折橋徹彦訳（1985）『出会い——相互行為の社会学』誠信書房

シェグロフ，E. & H. サックス（1997）「会話はいかにして終了されるか」G. サーサス，H. ガーフィンケル，H. サックス＆ E. シェグロフ／北澤裕・西阪仰訳『日常性の解剖学——知と会話〔新版〕』マルジュ社

髙木智世（2012）「大人と子どもの相互行為における間主観性の整序作業」（ワークショップ『子どもを理解／記述する実践の組織』発表データ）

冨坂亮太・鈴木崇史（2010）「人工無脳（会話ボット）」『映像情報メディア』64（1），64-66.

橋元良明（1990）「対話のパラドックス」市川浩・加藤尚武・坂部恵・坂本賢三・村上陽一郎編『交換と所有』（現代哲学の冒険 10）岩波書店

第2章

コミュニケーションの様相と関係性

7 文字のコミュニケーション
8 映像のコミュニケーション
9 自己とコミュニケーション
10 社会関係とコミュニケーション
11 親密性とコミュニケーション
12 都市空間とコミュニケーション

Introduction 2

この章の位置づけ

　第2章「コミュニケーションの様相と関係性」では，コミュニケーションにおいて，情報のやりとりの基盤となる様相（モード）と，コミュニケーションによって展開するさまざまな関係について考察する。

　まず，コミュニケーションの様相として，現代におけるメディアの技術的・社会的広がりによって重要な位置を占めるようになってきた，文字と映像のコミュニケーションについて見ていく。

　次に，コミュニケーションに見られる社会的な広がりについて，自己との関係に始まり，都市の空間に至るまで視野を拡大させながら，それぞれにおける特徴や考え方について見ていく。

この章で学ぶこと

- **unit 7** 中世における活字による文字文化の誕生と，近年における文字の電子化は，コミュニケーションに対してどのような変化をもたらしたのか。歴史を振り返りながら長期的な視点で学んでいく。
- **unit 8** 映画の映像や，広告の画像などに登場する人物は，それらを見るものに対してどのような理解をもたらしているのか。映像上の人物とのコミュニケーションを焦点に学んでいく。
- **unit 9** 自己とコミュニケーションの関係について，他者との関わりにおける自己という考え方を視点の中心におきながら，他人に対する自己のイメージの操作や情報の与え方などについて学んでいく。
- **unit 10** 社会関係におけるコミュニケーションの技法について，上下関係，男女間の関係，親しさの関係といった，それぞれの関係がもつ特徴に基づいて学んでいく。
- **unit 11** 親しさに関わるコミュニケーションについて，相手への好意の確認，親密になっていく過程，親しさの具体的な表示，といった実際のプロセスに即した形で学んでいく。
- **unit 12** 都市という空間を舞台に行われるコミュニケーションについて，人々がお互いに行う技法の特徴や，視覚的な情報のやりとり，関わりのもち方といった点を中心に学んでいく。

unit 7

文字のコミュニケーション

　インターネットや電子書籍の登場によって，文字のコミュニケーションの世界は大きく様変わりしつつある。新聞や本のように紙に印刷された活字メディアは，そのうち消えてしまうだろうと予想する人もいる。とはいえ，ネットで配信されるニュースでも文字情報が大きな比重を占めており，メールやSNSでもやはり文字メッセージのやりとりが主役であることに変わりはない。

　このように文字が広く一般に用いられるようになったのは，歴史的にみれば割と最近のことだ。きっかけは15世紀のヨーロッパにおける印刷技術の革新である。そこからは，現在進みつつある文字の電子化以上に，きわめて大きな社会的・文化的な変化が生じたと考えられている。それはいったいどのようなものだったのだろうか？　まずは歴史を振り返ってみることから始めよう。

グーテンベルクの印刷革命

　古代の文明圏はそれぞれ独自の文字を有していた。例えば，メソポタミアの楔形文字，エジプトの聖刻文字(ヒエログリフ)，漢字の祖先にあたる中国の甲骨文字などである。現在確認されているなかでもっとも古いのは，楔形文字のもとになったシュメール文字で，紀元前3000年ごろのものと推定されている（G. ジャン，1990）。

　ただし，こうした古代の社会において，文字の**読み書き能力（リテラシー）**を身につけていたのは，書記などの専門職か，貴族や聖職者などのエリート層に限られていた。その後，これらの文字は姿を変え，あるいは消滅し，また世界各地でさまざまな文字が登場したが，文字を用いていたのは何千年もの長きにわたって，こうした一部の人々だけであり続けていた。

　状況がようやく変わり始めたのは，15世紀のヨーロッパにおいてである。

J. グーテンベルクが1450年前後にマインツ（現在のドイツ南西部にある都市）で**活版印刷技術**を発明し，それによって正確かつ容易に文書を複製することができるようになって，本やチラシなどを大量生産する道が開かれたのである。

それまで，書物は「写字生」と呼ばれる専門家や僧侶が，手で書き写して作成していた。写し間違いがあったり，文章が脱落していたりする写本も少なくなかった。活版印刷によって写し間違いがなくなり，学者たちの間で知識や情報が正確に伝えられるようになったことが，16世紀半ばからの近代科学の発展を促したとも考えられている（E. L. アイゼンステイン，1987）。

写本は手書きのために部数も限られ，きわめて高価だった。例えば聖書にしても，庶民層が簡単に入手できるようなものではなかった。しかし，活版印刷による大量生産で聖書はより安価になり，続く16世紀の宗教改革の動きとも相まって，徐々に民衆の家庭にも普及していくことになる。それは，聖書を独占していた教会の権威を弱めることにもつながったのである。

ドイツ宗教改革の中心人物M. ルターは，それまではラテン語で書かれていた聖書を，当時の民衆が話していた言語に翻訳するとともに，自らの著作も出版し，精力的に活動を展開した。ある推計によれば，当時，彼の説話集は年に30万部ものペースで売れつづけたとされる（J. マン，2006）。これほど多くの人々に短期間で自らのメッセージを伝達することは，グーテンベルク以前には不可能だっただろう。この点において，活版印刷という大量複製技術は，宗教改革の大きな原動力ともなったのである。

事件や出来事などを"記録"するためではなく，多くの人々へ"伝達"するためのメディア，すなわち新聞が登場したのも，グーテンベルク以降のことだ。当初は不定期に年に何度か発行される程度だったが，印刷技術の進展とともに発行頻度は増えて定期的になり，1650年にはライプツィヒで世界初の日刊紙『アインコメンデ・ツァイトゥンゲン』が発刊される（A. スミス，1988）。新聞は西ヨーロッパを中心に各地へ広がっていき，18世紀半ばに至ると，ロンドンのような大都市では読者数が100万人にまで達していたという。

こうして，活版印刷技術は対面的な範囲をはるかに超える巨大（マス）なコミュニケーションの誕生を促し，また，見知らぬ人々の間にマスメディアを介して同じメッセージを共有する者同士の新たな社会的まとまり，「想像の共同体」（→unit 22）をつくりだすことにもなったのである。

声の文化から文字の文化へ

活版印刷によって書物の流通量は劇的に増加したが、ここで注意しておきたいのは、それとともに文字を読み書きできる識字人口も一気に増えたわけではないということだ。正確な推計はきわめて困難なのだが、16世紀末の西ヨーロッパでも識字率は50％程度だったのではないかと見積もられている。また、17〜19世紀のフランスの状況を調べた研究によれば、識字率には社会階層によって大きな差があり、地域差もかなりあったという（J. エブラール、1992）。貴族や富裕なブルジョア層に比べて、貧しい農民や賃金労働者は読み書きの教育を受ける機会に乏しく、それだけの生活の余裕もなかったからである。地域差も、学校教育が整っているかどうかの違いによるものだった。

現在でも、発展途上国では十分な教育制度が整っておらず、読み書きできない人が数多く存在している。日本でも江戸末期の時点では、男性の6割、女性の9割は簡単な読み書きすらできなかっただろうという（宗政五十緒、1984）。今のように皆が読み書きできてあたりまえという状況が生まれたのは、近代的な学校教育制度が導入された明治期以降の、割と最近のことなのだ。

こうした点からすれば、グーテンベルクの印刷革命は、何世紀もかけて進んでいく「長い革命」（R. ウィリアムズ、1983）であったといえるだろう。

さて、徐々に多くの人々が文字に慣れ親しむようになるにつれて、文字を巡る文化に、いくつか際立った変化が現れ始める。書物と読書の歴史研究においてしばしば注目されるのは、音読から黙読への移行だ。今日のメディア論の先駆けとなった M. マクルーハン（1986）は、写本の時代までは声に出して読み上げられることが一般的であり、黙読が広がったのは印刷本の普及以降のことであるとして、この聴覚モードから視覚モードへの移行が、人々の感覚比率や心理過程を大きく組み替えることになったと主張する。

マクルーハンの論を受け継いだ W. J. オング（1991）もまた、『声の文化と文字の文化』という著作において、音読から黙読への移行に伴う変化を詳細に検討している。例えば、音読が一般的だった写本時代の聖書には、

> 「はじめに神は天と地を創造された。そして地は形なく、むなしく、そしてやみが淵のおもてにあり、そして神の霊が水のおもてをおおっていた」

というように、「そして」による単純な接続表現が繰り返されていた。それに

対して，より最近の印刷本の聖書では同じ箇所が次のように表現されている。

「はじめに神が天と地を創造された<u>とき</u>，地は形なき荒地であり，<u>そして</u>やみが深淵をおおっていた。<u>一方</u>，力ある風が水のおもてを吹きぬけていた」

「そして」の繰り返しに代えて，「……とき」「一方」など，前後の文の関係を明確にする接続詞が用いられ，同じ内容がより分析的に構造化されていることがわかるだろう。オングはこの他にもさまざまな例を引きながら，表現・文体の特徴がどう変わったかを多岐にわたって指摘しているが，要点をおおまかに言えば，より論理的・理知的になったということに集約される。

声は発した途端に消えてしまうが，書いた文字は目の前に残るから，表現をじっくりと推敲することができる。このことからすれば，人々が音読から黙読へと，文字の文化に慣れ親しむにつれて，表現がより推敲され，論理的に構造化されるようになったのは，自然な流れだとも考えられよう。

しかしながら，オングの主張は，たんに文章表現が変わったということにとどまらない。「書くことを内面化した人は，書くときだけでなく話すときも，文字を書くように話す」のだという。つまり，黙読できるまでに読み書きに習熟し，内面化することによって，思考様式や知的能力まで（ひいては話し方も）変化するというのである。

読み書き能力の習得は思考様式を変えるのか

このように，読み書き能力を習得した場合としていない場合とでは，思考様式や認知能力に違いが生まれるという説を「**大分水嶺理論**」という（茂呂雄二，1988）。そのような差が生じる理由として挙げられるのは，文字のもつ**脱状況性**という性質である。例えば，一緒に歩いている友だちが「昨日，ここで交通事故があった」と言った場合には，いつどこで事故があったか，十分に理解できるだろう。対面的な音声のコミュニケーションでは，場所や時間などの状況が話し手と聞き手に共有されているからだ。だが，報告書に「昨日，ここで交通事故があった」と書かれていても，それだけでは時間も場所もわからない。文字は書かれたときの状況を離れて読まれるので，それを前提とした表現を考えることが求められる。そのことが具体的な状況に依存しない抽象的・論理的な思考の発達を育むというわけだ。

その実証的な根拠としてよくもちだされるのは，心理学者 A. R. ルリヤ (1976) の行った調査研究である。彼は，文字を読み書きできない者を集めて，知的能力を測るいくつかのテストを行った。一例を挙げると，次のようなものだ。「北極圏にいる熊はすべて白いです。○○地方は北極圏にあります。では，○○地方の熊は何色でしょうか？」
　これは初歩的な論理的推論に関する問題であり，容易に「白い」という正解にたどりつけそうに思えるだろう。ところが，読み書き能力をもたないある成人男性の答えは，「わからないな。黒い熊なら見たことがあるが他のは見たことないし。……われわれは見たことだけを話す。見たこともないものについてはしゃべらないのだ」というものだった。
　読み書きのできない者たちは，他の種類のテストにも，総じてうまく正解できなかった。オングらのような大分水嶺理論の支持者によれば，これは，彼ら彼女らが自分の置かれている具体的な状況から離れて抽象的・分析的に考える能力をもたないことを示すものであり，すなわち，読み書き能力の有無が思考能力の大きな差（＝分水嶺）をもたらすことの証拠だという。
　ルリヤの他にも同様の結果を示した研究はいくつかあるが，じつはこれらの研究には大きな見落としが 1 つあった。先述のように，文字の読み書きが広まる過程には学校教育が大きく関わっている。したがって，読み書きできる者とできない者を単純に比較しただけでは，その差が読み書きの習得によるのか，むしろ学校教育そのものの結果なのか，定かではないのである。
　そこで，この点を検証するための巧妙な調査研究が S. スクリブナーと M. コールによって考案された（Scribner & Cole, 1981）。調査対象になったのはアフリカ西部のリベリアに住むヴァイ族の人々である。ヴァイ族の間では，アルファベット，アラビア文字，そして土着的なヴァイ文字という 3 種類の文字が用いられていた。このうち，公的な学校教育によって学ばれるのはアルファベットだけで，アラビア文字はイスラム寺院で，ヴァイ文字は親族や知り合いから私的に学ばれる。
　かりに，学校教育の影響が大きいとすれば，知的能力のテスト成績は，アルファベットを学んだ人たちがとりわけ高くなると予想されよう。それに対して，読み書きの習得そのものの影響が大きいならば，いずれの文字を学んだかにかかわらず，成績にあまり差はないはずだ。実際の調査結果は，表 7-1 の通りで

表 7-1 読み書きできる文字のタイプと認知課題成績の関連

テスト課題の種類		アルファベット	ヴァイ文字	アラビア文字
カテゴリー化	形・数の分類	○	○	
記憶	順次再生			○
	自由再生	○		
論理的推論	三段論法	○		
符号化と解読	判じ絵解読		○	
	判じ絵構成	○		
意味的統合	単語の統合	○	○	
	音節の統合		○	
言語的説明	ゲームのルール	○	○	
	文法規則	○	○	
	幾何図形の分類	○		
	論理的三段論法	○		

(出典) Scribner & Cole, 1981.

あった。○印は、その文字を読み書きできる者が、読み書きができない者に比べて、当該のテスト課題の成績が高い傾向にあることを表している。一見して明らかなように、どの文字を習得したかによって課題成績にはばらつきがあり、また、アルファベットがもっとも多くの課題で高成績に結びついている。つまり、読み書きの習得そのものよりむしろ、それとともに行われる学校教育の方が大きく影響していることが確認されたわけだ。

私たちが現在学校で学ぶようなことを、まったく文字を使わずに教育することは不可能に近いだろう。その点で、たしかに文字は人間や社会に大きな影響を与えたといえる。しかし、その影響は文字のみによるのではなく、それが学校制度やその他さまざまな社会的要因と結びつくことで生じたのであり、それを大分水嶺理論は見落としていたのだ。これは、文字だけでなく、最近の新しいテクノロジーの影響を考える際にも十分注意すべき点であるだろう。

電子的な文字のコミュニケーション

最後に、文字の電子化が進みつつある現在の状況について、あらためて考え

ておこう。一般に注目を集めがちなのは，新聞や本などの電子化だが，ここではメールやSNSなどの個人的なコミュニケーションに目を向けたい。

文字によるパーソナルコミュニケーションとしては昔から手紙や交換日記などがあったが，今のメールやSNSほど日常的に頻繁にやりとりされることはなかった。「今日は疲れた（~_~;)」「がんばれ（^o^)/」といった日常会話が，声ではなく，文字によってなされるようになったのは，史上はじめてのことと言ってよい。メールやSNSでは，こうした短いやりとりが連続して繰り返され，音声の会話と同じような行為連鎖（シークエンス）（→unit 6）を形づくる。文体や表現も話しことばに近くなる。文字の文化の人間が「書くように話す」のだとすれば，電子的な文字の文化では「話すように書く」のである。この点で，電子化された文字の文化は，声の文化と新たな形で再融合しつつあると言えよう。

一方で，電子的な文字のコミュニケーションに特有の表現も登場している。なじみ深いところでは，「(^_^)」などの**顔文字**や「☺」などの**絵文字**である。メールやSNSでは相手の顔が見えず，表情や口調などの非言語情報（→unit 4）に乏しいため，誤解が生じやすいとされる。顔文字・絵文字は，そうした非言語情報の欠落を補うために用いられると考えられる。

しかしながら，メールを集めて分析してみると，表情や口調の代わりを果たすような用いられ方は少なく，むしろたんなる飾りのようにちりばめられているほうが多いという研究結果もある（三宅和子，2005）。こうした非言語的情報伝達の意味合いの薄い顔文字・絵文字は，文字だけの素っ気なさをやわらげ，明るさや親しみを演出するために用いられているのではないかと解釈されている（辻大介，2008）。私たちが贈り物をするときには，リボンをかけたり，きれいに包装したりするだろう。それと同じように，顔文字・絵文字でメッセージを「ラッピング」して，相手への気づかい・ポライトネス（→unit 10）を示すというわけだ。実際に行われた調査でも，メールに顔文字や絵文字をよく使う人たちの方が「友だちや知り合いにちょっとした贈り物をするのが好き」な割合が高いという結果が出ている（図7-1）。

個人間の日常的なコミュニケーションの中に，電子化された文字が浸透してくることによって，こうした顔文字・絵文字のような，新たな文化変容が少しずつ姿を現し始めている。また，ネット上でのユーザー同士のやりとりが編集・整理され，電子掲示板やTwitterのまとめサイトのように，雑誌や本な

図7-1　顔文字・絵文字の利用と「贈り物」志向

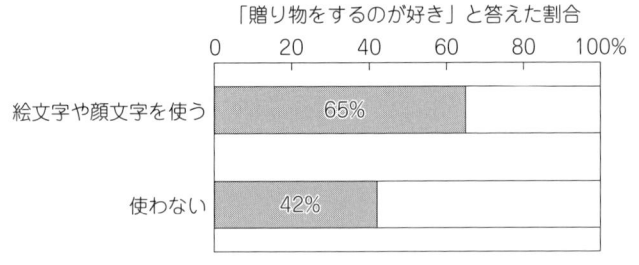

「贈り物をするのが好き」と答えた割合

- 絵文字や顔文字を使う：65%
- 使わない：42%

（出典）辻，2008。

どと同等のコンテンツとして消費されるようにもなってきている。

かつては，日常会話のようなパーソナルコミュニケーションの世界と，雑誌や本のようなマスコミュニケーションの世界は，明確に分離されていた。電子的な文字のコミュニケーションは，これらの世界を架橋し融合していく可能性をはらんでいる。私たちは次々に登場するデバイスやウェブサービスなど目の前の変化にとらわれがちだが，そこから生じる社会や文化の変化の本質を考えるためには，歴史を振り返って長期的な視野でとらえ直すことも重要だろう。

ホームワーク

- □ **work 1**　グーテンベルクの活版印刷技術が社会や文化にどのような影響を与えたか，関連文献にもあたって整理してみよう。
- □ **work 2**　ユネスコ統計研究所（UNESCO Institute of Statistics）のサイトでは，世界の識字率に関するデータが公開されている。ネットで検索して，先進国と発展途上国の差を調べてみよう。
- □ **work 3**　友人や知り合いからメールを集めて，顔文字・絵文字がどれくらい使われているか，どのように使われているか，性別や年齢によって差はないか，分析してみよう。

読書案内

D. クローリー＆P. ヘイヤー編『歴史のなかのコミュニケーション——メディア革命の社会文化史』（新曜社，1995年）は，文字・印刷技術を含むコミュニケーションの歴史的変容を広く見渡せる。山本武利『近代日本の新聞読者層』（法政大学出版局，1981年）では，日本での新聞の普及過程における興味深い事

実や変化が取り上げられている。大分水嶺理論とその批判については,茂呂雄二『なぜ人は書くのか』(東京大学出版会,1988年)にわかりやすい紹介がある。メールやウェブ等でのコミュニケーションについては,A. N. ジョインソン『インターネットにおける行動と心理——バーチャルと現実のはざまで』(北大路書房,2004年)を読むとよいだろう。

参考文献

アイゼンステイン,E. L.／別宮貞徳監訳（1987）『印刷革命』みすず書房
ウィリアムズ,R.／若松繁信・妹尾剛光・長谷川光昭訳（1983）『長い革命』ミネルヴァ書房
エブラール,J.（1992）「ヴァランタン・ジャムレ＝デュヴァルはいかにして読むことを学んだか」R. シャルチエ編／水林章・泉利明・露崎俊和訳『書物から読書へ』みすず書房
オング,W. J.／桜井直文・林正寛・糟谷啓介訳（1991）『声の文化と文字の文化』藤原書店
ジャン,G.／矢島文夫監修・高橋啓訳（1990）『文字の歴史』創元社
スミス,A.／仙名紀訳（1988）『ザ・ニュースペーパー』新潮社
辻大介（2008）「若者のコミュニケーションにおける配慮の現れ方」『文学』9（6），64–73, 岩波書店
マクルーハン,M.／森常治訳（1986）『グーテンベルクの銀河系——活字人間の形成』みすず書房
マン,J.／田村勝省訳（2006）『グーテンベルクの時代——印刷術が変えた世界』原書房
三宅和子（2005）「携帯メールの話しことばと書きことば」三宅和子・岡本能里子・佐藤彰編『メディアとことば 2』ひつじ書房
宗政五十緒（1984）「識字傾向と出版活動」『月刊言語』13（12），48–55, 大修館書店
茂呂雄二（1988）『なぜ人は書くのか』東京大学出版会
ルリヤ,A. R.／森岡修一訳（1976）『認識の史的発達』明治図書出版
Scribner, S. & M. Cole (1981) *The Psychology of Literacy*, Harvard University Press.

unit 8

映像のコミュニケーション

映画の普及と身振りへの注目

1930年代のアメリカで，当時一般に普及し始めた映画が最新のメディアだったころ，映画にまつわる体験について尋ねたインタビュー調査に対し，回答者の1人であった19歳の女子学生は次のようなことを語っていたという。

> 「当然のことですが，わたしは，映画を見たあとに，お気に入りの女優になって演じてみました。しばしば，鏡の前に立って，私が素晴らしいと思い，まねしてみたいと思っている女優たちの上品で優雅な身振りのまねをしたのです」（H. Blumer, 1933, 訳文の引用は原田健一，2007）

このような体験は，現代にいる読者の皆さんとっても，テレビで見たタレントの髪型をまねるとか，着ている服を参考にするなど，多少はあるかもしれない。しかしながら，パソコンや携帯電話のディスプレイなどに，さまざまな映像が氾濫する現代に比べ，当時唯一の映像メディアとして映画を見ることが社会的に広まりつつあったなかでは，女優の姿をまねるということは，非常に新鮮でエキサイティングな体験だったと考えられる。

とくに当時の人々にとって，身近では見られないような人物や，そのさまざまな身振りを目にすることは，強いインパクトがあった。さらに，この調査が行われた当時は，映画の登場人物が話す台詞が音声として再生されず，途中に字幕だけのカットを差し込んだ形で話が展開する，サイレント映画と呼ばれるものが一般的な形式だった。そのため，映画の中で登場人物が見られる部分としても，登場人物の音声が動作と一緒に入るテレビ映像などとは違って，画面に映る表情や身振りの1つひとつに対して注目が集まることになったと考えられる（原田，2007）。

しかしながら，このような映画における身振りへの注目は，たんなる映画というメディアへの見方としてではなく，コミュニケーションに対する考え方に対してもじつは深い意味をもっていた。このインタビュー調査を行ったブルーマーという社会学者は，その後に**シンボリック相互作用論**という考え方を広めることとなったが，その考え方にとって中心的な役割をもつのが，この身振りとしぐさによるコミュニケーションなのである（ブルーマー，1991）。

シンボリック相互作用論によれば，人々は**有意味シンボル**（→unit 9）をやりとりすることによって，共通した体験の基盤を維持し，それを通じて，個々が自己についての意識をもちながら，集団や組織を形成して社会を構成していると考えられている。この過程について重要なのが，シンボルとしての表情・身振りと，そのまね（模倣）によるコミュニケーションである（船津衛，2006）。母親が赤ん坊に笑いかけるコミュニケーションのところで見たように（→unit 3），赤ん坊と母親が笑いという表情をお互いにやりとりするのは，たんに笑いを通じて，笑いに伴う親しみや愛着といった感情をやりとりするだけではなく，笑いの交換を通じて相手が置かれている立場（役割）を自分の中に取り込むという意味ももつ。つまり，自分の笑いが相手に引き起こす反応を通じて，笑いという表情がもつ意味が表れ，その意味によって，相手が自分に笑いかけてくる際に，どういった反応をとることになるかを知ることになる。

シンボリック相互作用論ではこのように，自己のあり方をはじめとして，社会・集団の成り立ちが，こうした身振りのコミュニケーションを共通の基盤にしていると見ることに特徴をもっている。その点で，映像で見た他人のしぐさや身なりをまねるというのは，単純なまねごとのようで，じつは新たな他人の存在を，人間としての魅力や存在感などをさまざまに特徴づけながら自分の中で位置づけるプロセスとしても考えることができるかもしれない。魅力が高い人の身振りを身につけることは，自分が他人から魅力をもたれることにも関わってくるだろう。さらに映画は**複製技術**（→unit 22）として，そうした身振りを不特定多数の人に伝えるなかで，人々の中にさまざまな他人のイメージをつくり上げていったと考えられる。

以上のように，映画は人間の表情や身振りをそのままの形で視覚的に伝えることができた点で，大きな意味をもつものであった。そこから同時に映画とは，当時のシンボリック相互作用論の礎となった研究者たちに，コミュニケーショ

ンにおける身振りの重要性を再発見させたメディアであったと考えることができるかもしれない。

🔲 擬似社会的相互作用と映像技法

ただ，以上のことだけでは，映画と身振りの関係に対して，映画というメディアはそれほど積極的な意味をもたず，あくまで身振りの意味を考えるきっかけでしかないとも言える。その上でさらに映画がメディアとして重要であると言えるのは，映画の中での身振りが有意味シンボルになることにより，その身振りを通じて映画を見る受け手と，映画に映像として登場する人物がコミュニケーションしていると考えることが可能になるからである。

この考え方がより明確な形で出てくるのは，映画よりも後の1950年代にテレビがアメリカで本格的な普及を迎えることになってからである。映像上の登場人物と視聴者がもつ，こうした関係に注目したD. ホートンとR. ウォールは，受け手と画面上の登場人物のコミュニケーションを擬似社会的相互作用(パラ・ソーシャル・インタラクション)と呼んで，この相互作用が受け手に与える事後的な効果を，例えばいわゆる「癒し」的なものなどとして考察した。

この考え方を，実際の身振りやコミュニケーションのあり方に位置づけながら，さらに社会的なコミュニケーションの考え方として展開させたのが，J. メイロウィッツであった。彼は，登場人物を映すときの画面に対する相対的な大きさを，そのまま人々が対面で維持しているコミュニケーションの距離（プロクセミクス→unit 4）のとり方に対応させる擬似プロクセミクスという考え方をとり入れながら（Meyrowitz, 1979），映像における登場人物と視聴者のコミュニケーションを，より具体的な形で表そうとした。この考え方によれば，例えば，ドラマなどで人物の顔がアップになって表情が強調されるクローズアップは，視聴者と登場人物の距離が近いことを示し，そのプロクセミクスによって親しい，あるいは極度に敵対的な関係にあることなどが意味づけられる。逆に，遠景で人物像が映し出されるロングショットでは，そうした関係は表れず，一般的な他人あるいは，抽象的な場面として意味づけられる。

メイロウィッツはさらに，このような関係を社会的な場面と関連づけて，映像による表現の仕方が，人物がもたらす印象のあり方の操作に関わることを指摘した（メイロウィッツ, 2003）。例えば，ある政治家が映像上の人物として登

場するとき，壇上で記者会見や政治答弁に応じるような場面が遠巻きに映し出されるだけでは，その人物は，一般的な政治家という役割以外でイメージされることは少ない。これに対して，ソファにくつろいでペットとたわむれる様子や，にこやかに友人と談笑する様子などが比較的大きなショットで映し出されることで，その人物は何か親しげで身近なイメージをもった人物としての印象を与えることになる。メイロウィッツはテレビが映し出すこのような部分を表出（→unit 3）の次元と呼び，テレビはまさに，言語的な次元よりも，身振りや表情などを克明に描き出すことで，登場人物の生々しさ（いわゆる"素"の部分）を視聴者に否応なく突きつけ，登場人物を個人として強く印象づける効果をもつことを指摘する。実際にも，1980年代に映画俳優から転身して政治家になったロナルド・レーガンが大統領候補として出馬したとき，マイケル・ディーバーという政治コンサルタントは，このようなテレビ的効果を利用した演出をふんだんに行った。彼はレーガンの政治家「らしくない」場面でのふるまいを意図的にメディア側に取材させることで，その様子をテレビで見た視聴者に，政策よりも個人としての人柄や性格を強く印象づけ，政権の長期化をもたらしたという（BBCのドキュメンタリー番組『メディアと権力』より）。

　もちろん，こうした表出的な次元は，視聴者に対して常に画面の人物を都合のよい形で映し出すわけではない。休日でバーベキューをする場面のシャツの色がメディアにより酷評された鳩山由紀夫元首相の例などのように，もしこうした個人的な表出の部分が悪いイメージをもたらすことになると，それは生々しいものだけに，職務での失敗以上に印象の悪さを強く植えつけることになる。一方で，職務の場面で動揺したり，しどろもどろになる表情が映し出されると，それもまた否定的なインパクトを与えることになる。先にみたレーガン政権時代にも，大統領担当の報道記者たちはこのことを利用して会見以外の場で不意に質問を浴びせ，大統領に一泡吹かせるチャンスをうかがっていたというし，移動中の人物をカメラマンと取り囲んで不意に質問を浴びせるテレビの記者たちなども，こうした映像効果を強く意識していると考えられるだろう。

　したがって，映像を通じた表現の操作によって都合のよいイメージをつくり上げていることが問題であるというよりも，メイロウィッツ自身が指摘するように，このようなプロセスに表される操作的な他者のイメージが，テレビというメディアの普及とともに，ある意味で新たな**一般化された他者**（→unit 9）と

して人々に意識されることになったのが重要となる。こうしたさまざまなイメージが画面上で一望できるということは，同時に，それぞれが操作されていることが観察できることも意味する。つまり，テレビが普及した結果，目の前で映像によって提供されている他人の人物像には，常に「裏がある」という意識がつきまとうことになる。メイロウィッツによれば，テレビの普及以前は，公共の利益のために尽くす「公僕」としてのイメージが従来の政治家に期待されていたが，テレビの普及によって，政治家の個人的で利己的なイメージとの境界があいまいになったという。さらに，子どもについて大人に期待されるような，年長の立場から教育や指導をする役割も，あくまで裏を伴った表の顔として受け取られるようになり，その結果，大人と子どもの境界も揺らいでくると考えられた。この点は，個人的な感情を公の場で表明することが，大人の態度としては「子どもっぽい」として以前は一般的に慎まれていたのに対して，現在はそれが比較的寛容になされていることによって理解できるかもしれない。

　メイロウィッツはこうした他者イメージの変化について，メディア研究者のマクルーハンの考え方になぞらえて，電子メディアとしてのテレビが人間の身体感覚を変化させたものとしてとらえているが，その一方で，このような個人による**印象操作**（→unit 9）は，現実の対面コミュニケーションとしても行われている。その点から，メイロウィッツ自身が，社会が変化する源を，表情やしぐさといった個人の表出部分に求めているように，日常的な非言語手段が映像メディアによって広く社会的に伝達可能になったことが重要であると言える。

カテゴリー集合による映像理解

　さて，以上の考え方では，映像上の人物とのコミュニケーションが身振りや表情を読み取ることで可能になっていることを示したが，さらにここでは違った側面から，映像上の人物とのコミュニケーションについて考えたい。そのために，ここで1つの疑問を挙げることから始めよう。

　映像上の人物といっても，私たちは必ずしもはっきりと表情を映した人物だけを映像として見ているわけではないし，アニメなどのように，人物として描かれていても，実際の人間ほど細かい表情が描かれないような映像表現も考えられる。逆にキャラクターのように，人間ではなくても人間のようにみなされるもの（擬人化）が映像として描かれることは多い。その場合はどういったコ

ミュニケーションが行われているのだろうか？

これに対してまず考えられるのは，擬人化されるものがことばを話すことで，ことばによるコミュニケーションを行っているために，通常と同じようにコミュニケーションしているとみなすことである。しかしそれだけでは，映像という表現とはとくに関係なく考えられてしまうものだろう。

もう1つの考え方は，そういったものを映像上で私たちが視聴者として見るときに，私たちがそれらのものをコミュニケーションする相手としてみなすような，ある決まったやり方があるとするものである。そのやり方は，社会学者のH. サックスにより**成員カテゴリー化装置**と呼ばれる（サックス，1997）。

成員カテゴリー化装置は，「カテゴリー集合」と「適用規則」という2つの部分から成り立っている。前者のカテゴリー集合とは，{男，女}，{教師，生徒}など，それぞれ集まりになって理解できるカテゴリー（人々を特徴づけるもの）をさす。ここで重要なのは，カテゴリーを使うことが，単独の人物に対して何らかの分類的な言葉を1つあてはめることとしてではなく，むしろ集合を使うものとして考えられている点である。実際に，適用規則とは，そうした集合をどのように使うのかについての規則を意味するが，それはこうしなさい，という強い決まりではない。むしろ，ある場面においてある特定の集合を使うことが，他の集合を使うよりも適切だ，という規範の形で参照されるものである。その1つは，「経済規則」と呼ばれるもので，ある対象にカテゴリー集合を用いるときは，1つのカテゴリー集合だけで十分とするというものである。もう1つの「一貫性規則」と呼ばれるものは，特定の場面について，ある対象（人）に1つのカテゴリー集合を使ったときは，別の対象（人）にも同じカテゴリー集合の要素を使って特徴づけるというやり方を示している。

繰り返すが，以上のことは，規則とはいわれていても，誰かに命じられたり，そうしないと何かの不利益や罰則があるために，そのようにみることを強いられているのではなく，むしろ日常の中で映像を理解するときなどに自然と参照されるものである。例えば，次ページの写真のような映像があったとして，あなたは「そこに何が写っている？」と聞かれたら何と答えるだろうか。

このとき，必ずしもそう答えるべきだとか，それが「正解」とはいうことはできないが，少なくとも「親子のカエル」が写っていると答えてもよいだろうし，そう理解することが自然であると言って問題はないだろう。その場合，ま

さに「親子」というカテゴリー集合をこの写真を見るときに使っているということができる。もちろん「3匹のカエル」と答えることはできるが、その場合はそもそもカテゴリー集合を使っていることにはならないし、経済規則によれば、いったん「親子」としてしまえば、それ以外のカテゴリー集合をわざわざ用いる必要はないということになる。同時に、一貫性規則によれば、例えば右の2匹は「親子」で、左は「歌手」、などといった答え方はしない方が適切となる。

何が写っている？

こうした集合と規則のセット、すなわち成員カテゴリー化装置とは、そのいかめしい呼び方とはうらはらに、そもそも私たちが日常で、ごく普通に他の人を見て相手のことを理解するときに使っているもので、映像メディアという場面や、何か目新しいものを見て理解する場合などに限られるものではない。むしろ、映像上で擬人化されている目新しいものについても、ごく普通に何者かとしてみなすために用いられていると考えることができる。

こう考えたとき、さらにこの写真にはある映像としての特徴があり、それがこの成員カテゴリー化装置を参照しているとみることができる。その特徴とは、カテゴリー化された「人物」を示す際の、お互いのお互いに対する大きさである。写真のカエルはそれぞれ体の模様から顔の形までまったく同じに描かれているが、逆にそのことによってここで見られる特徴の違いが、大きさ（サイズ）にしかないことがわかる。つまり一番大きいのが父で、二番目が母、三番目が子ども、という順番がそこには見られるのであり、つまり、このようなサイズの違いこそが、それぞれのカエルを「親子」として見ることを可能にしていると言える。このような成員カテゴリー化装置に基づく、あるカテゴリーを示すために用いられるサイズの違いを、**相対サイズ**（E. Goffman, 1979）と呼ぶことがある。

この相対サイズは、広告の画像などを注意深く見ると、じつによく使われていることに気がつくだろう。例えば、写っている2人に対して（大人の）「男女」という成員カテゴリー化装置が参照される場合は、男性が大きく、女性が

小さく描かれる。また「子ども同士」の場合は，全員が同じサイズとなる。一方で，テレビCMの他，ポスター広告や公共にある看板などに見られる，こうした相対サイズを用いた画像の見せ方は，それらがどういった状況で見られるのかにも関係している。つまり，それらの画像はごく限られた時間の中で見られることが多いが，そこに何が写っているのかをじっくり観察することがなくても，このようなサイズを手がかりに1つの集合を参照しながら理解することができる。さらに，いったん成員カテゴリー化装置が参照されれば，

カテゴリーによる理解

そこでカテゴリー集合に従った行動や場面を簡単に示すことも可能になる。例えば上の写真では，「親子」というカテゴリー集合が参照されることにより，「親が子どもに教える」という場面がそこに写っていることが示されている。そのようなことは，それぞれの人物が何を話していて，何を教えているかなどの他の細かい設定を確かめなくても，すぐ理解することができるのである。

映像に描かれた人物をカテゴリーで理解することは，**ステレオタイプ**（→unit 17）などとして，時に一方的な形で人物のイメージを強制的に特徴づけているとされることがある。しかし，人物または擬人的なものをカテゴリーによって理解する（させる）ときには，広告などの特定の目的や状況に従って成員カテゴリー化装置を用いる場合がある。このとき，複数ではなく単独のカテゴリーを用いることが，例えば権力による一方的な強制や意図によるものではなく，経済規則として日常的になされている以上，逆に強制や意図的なものがあることを理解したり，させたりするためには，その他のさまざまな要因によって映像表現の特徴を考える必要があるだろう。そのためには，むしろ映像だけに注目するのではなく，第1章で見たようなコミュニケーションの仕組みとの関わりや，第3章での社会的な場面との関わりについても見ていくことが重要となる。

ホームワーク

☐ **work 1**　ドラマや映画のDVDなどを見て，人物の表情がクローズアップになる場面が，コミュニケーションの上でどういう効果をもっているのかにつ

いて考えてみよう。

☐ **work 2** ポスターや広告の上で画像として描かれている人物像を集めてみて，そこでどういう成員カテゴリー化装置が用いられており，そのことがさらにポスターや広告が訴えかける内容（訴求内容）とどのような関係をもっているのかについて考えてみよう。

文献ガイド

　船津衛『コミュニケーションと社会心理』（北樹出版，2006年）では，シンボリック相互作用論についての基本的な考え方が説明されている。同じく船津衛『コミュニケーション・入門〔改訂版〕』（有斐閣，2010年）では，その考え方を中心にしながら自己や社会におけるさまざまな現象が分析されている。J.メイロウィッツ『場所感の喪失（上）——電子メディアが社会的行動に及ぼす影響』（新曜社，2003年）は，メディア論者のマクルーハンやゴッフマンの考え方を取り入れながら，電子メディアが社会に対してどのような影響を与えたかについて，広い視点から考える可能性を示している。

参 考 文 献

サックス，H.（1997）「会話データの利用法」G. サーサス，H. ガーフィンケル，H. サックス＆E. シェグロフ／北澤裕・西阪仰訳『日常性の解剖学——知と会話〔新版〕』マルジュ社
原田健一（2007）『映像社会学の展開——映画をめぐる遊戯とリスク』学文社
船津衛（2006）『コミュニケーションと社会心理』北樹出版
船津衛（2010）『コミュニケーション・入門〔改訂版〕』有斐閣
ブルーマー，H.／後藤将之訳（1991）『シンボリック相互作用論』勁草書房
ミード，G. H.／河村望訳（1995）『精神・自我・社会』人間の科学社
メイロウィッツ，J.／安川一・高山啓子・上谷香陽訳（2003）『場所感の喪失（上）——電子メディアが社会的行動に及ぼす影響』新曜社
Blumer, H. (1933) *Movies and Conduct*, Arno Press.
Goffman, E. (1979) *Gender Advertisements*, HarperCollins.
Meyrowitz, J. (1979) "Television and Interpersonal Behavior: Codes of Perception and Response," G. Gumpert & R. Cathcart eds., *Inter/Media: Interpersonal Communication in a Media World*, Oxford University Press.

unit 9

自己とコミュニケーション

身近な会話に見られる自己

　自己について考える，というと，「本当の自分とは何か」という，日常にはない哲学的なことに関わるような，やや面倒な話のように思われるかもしれない。しかし，ごく身近に聞かれるような，こんな会話の1場面から考えてみたらどうだろうか。

　　［例］
　　B：もしかしてAさん？
　　A：Bさん？　ずいぶん会ってなかったけど，いま何してるんだい？
　　B：ちょうど家を建てて引っ越したところなの。
　　A：へえ，それはいいね。Cさんと一緒なの？
　　B：ええ，私たちには女の子がいるの。
　　A：おめでとう。
　　B：もうすぐ4歳で，とにかく元気な子なの。
　　A：そりゃ，よかった。で，仕事のほうは？
　　B：うまくいってる。ちょっと忙しいけど。あなたはどう？
　　A：会社の方はいまいちなんだけど，自分の調子はいいよ。
　　B：あなたらしい言い方ね。
　　A：近いうちに会ってもっと話をしない？　こんど電話をするけど，いいかな？
　　B：もちろん（携帯電話を取り出す）。
　　A：（携帯電話を取り出す）
　　　（出典）　石川准，1999を改変。

　こうした会話を例に，「昔の友達と久しぶりに会った」という場面で，相手に「自分のこと」について何を言うのか，そしてどのような行動が普通はとられるのか，読者の皆さんも少し考えてみてほしい。

このような場面で語られるような「自分のこと」は,「自分とは何か」を純粋に考えることとは関係ないように思われる。しかし,一方で,このような場面においては,どんな人でも自分について考えることがなければ話を続けられないことも事実だろう。はじめて会う人に自己紹介で適当に自分の情報を並べるだけで済むような場面に比べて,こうした会話には「相手が誰なのか」,そして「相手は自分のことをどう見ているはずなのか」に従って行動しないといけない部分がある。この例では問題はないけれど,もし名前も含めて相手のことがよく思い出せなかったら,この点はかなり難しくなる可能性がある。相手のことがわからなければ,相手にとっての「自分」が何者かということもまた,わからなくなってしまうのだから。こうした身近な会話にみられるように,ごく普通で何気なく行われる一方で,じつは難しい部分を抱えていることは,コミュニケーションにおける自己というものの特徴に関わるものである。

関わりの中にある自己

このような自己について,1つの特徴的な考え方を示したのが,G. H. ミードという社会心理学者だ。彼の考え方は次のようなことばに表されている。

> 「われわれは,他人がわれわれを見るように,多少とも無意識で自分で見ている。われわれは,他人がわれわれに語りかけるように,無意識で自分自身に語りかけている……自分自身を他人の立場におき,他人が動作するように動作する」(ミード,1995,原著 1934 年)

つまり,「自分は何者か」という,その人の中で完結して成り立っているように考えられる部分を,他の人との関わり(関係)の中でとらえようとしたのが,ミードの考え方の特徴である。このことを,冒頭の会話の内容に即しながら考えてみよう。

まず,その関係としてもっとも基本的なものが,社会集団である。社会集団とは,家族や会社組織あるいは仲間など,特定の社会的な性質をもったメンバーからなる固有の集団をさし,このような社会集団にいる特定のメンバーの観点から,個人は自己,つまり「自分は何者か」を考える対象とする。この会話の内容として,B はもうすぐ 4 歳の女の子について語っているが,なぜこの場で A に女の子のことを話すことが意味をもつかといえば,それは B が,「家族」という社会集団を背景にして,同じ家族のメンバーである女の子に対して

「自分が親である」ことを対象にしているからである。

さらにミードによれば，Bとその娘の関係のように，個人は自分にとって大切な存在（意味のある他者）との関係について期待されるものに従いながら，それを一定の形で成し遂げようと行動する。この形をもったものを「役割」といい，Bにとって「親」であるということは，自己を対象化する1つの手段であるとともに，「いい親」として，役割から期待されるもの（**役割期待**）を備えた自己を示す証明にもなっている。この証明もまた，B自身のことについて直接示されるのではなく，Bにとっての意味のある他者としての娘との関係の中で示されるのであって，「元気な子」という表現には，親としてのBの役割とその子どもとの関係について一般に期待されることが示されている。

▶ 有意味シンボルと一般化された他者

しかしながら，先の引用に示されたミードのことばは，とくに集団や他人に対する役割の関係だけに限られたものではない。むしろ，人と人がことばや一定の動作を交わすといった基本的なコミュニケーションから，こうした役割の関係が生じるものと考えている。

冒頭の会話例の最後で，AとBのお互いが携帯電話を取り出す場面から考えてみよう。ここではBが自分の携帯電話を取り出すことが，Aが自分の携帯電話を取り出すことを導いている関係がみられる。このとき，AにとってBが携帯電話を使うという行動の意味が，Aが携帯電話を使う行動の意味に結びつけられている。つまり，Aはここで相手が携帯電話を取り出したことから，相手がこれから何をしようとしているのか（例えば電話番号を交換するなど）という意味を，Bの立場から考えて，それに対応する形で自分の行動を起こしている。

このように，コミュニケーションする者同士が相手の反応をあらかじめ同一に想定してやりとりする動作を，ミードは**有意味シンボル**と呼び，人々がシンボルを同一の環境で身につけることによって，お互いがある行動に対して同じ反応を期待することがもたらされる。実際に非言語的行動として，会話をする2人の間でうなずきなどの身振りが同調して行われる現象が見られる（→ unit 4）のも，このような有意味シンボルとしての身振りがコミュニケーションの基盤となっていることを示している。

ミードによれば，こうしたシンボル環境は「コミュニティ」として，家族といった特定の集団から，さらに空間や時間の広がりをもって拡大する。人々は，年齢的な成長に伴うこうした環境の拡大に従ってさまざまな他者とシンボルを共有し，それぞれのシンボルについてなされるコミュニケーションから，自らの役割期待を担うことになる。こうして拡大した役割期待はミードにより**一般化された他者**と呼ばれる。私たちはこの一般化された他者との関係に基づきながら，さまざまな広がりをもった社会（他者）に対応して自己を示しながらふるまうことが可能になっている。

自己の操作と演技

以上のような，相手に対する一般的な他者としての期待により，自分の動作に対する相手の反応をあらかじめ取り込みながら人々がコミュニケーションをしているという考え方は，同時に自己というものが表現されるときの特徴にも関わるものである。

まずその特徴として，相手といる状況に合わせて自己を操作するということが挙げられる。このような操作は**印象操作**（E. ゴッフマン，1974）と呼ばれ，他者から一定の印象を得るために，状況にふさわしい自己を，身振りや話し方だけではなく，相手とコミュニケーションする場所やタイミングなども動員しながら示すやり方として指摘されている。有名な例としては，恋人の前でわざと頭の悪いふりをして，彼の自尊心を高めてあげるという女性のことばが紹介されている。同じような操作として**感情操作**（A. R. ホックシールド，2000）と呼ばれるものは，笑う，泣くなどの感情を示す範囲を操作することで，相手からの印象と同時に，自分が相手に対してもつ役割期待を，その状況について維持しやすい状態で示すことを意味する。例えば，いくら顧客からクレームを言われても，けっしてそのことを怒りとして表に出すのではなく，「ご指摘ありがたく思います」，といった感情を示しながら対応する店員などはその例となる。

このような自己の操作がお互いに対してうまく行われるためには，相手から自分のふるまいがどのように見えているのかという理解が，あらかじめ共有されていなければならない。この点で，自己の操作については，状況によって異なる相手の視点をいかに取り入れるかが重要であると同時に，自分のふるまいのふさわしさによって，自分が相手のことをいかによく見ているか（配慮して

いるか）を示すことにもなる。

　以上のような自己の操作は，相手とのコミュニケーションにおいて，相手の期待通りにふるまうという点で，やりとりを円滑にする働きがある。しかし，その一方で，「あらかじめ期待されていること」自体があまりにみえ過ぎてしまうと，とたんに表現していることがウソっぽくなってしまう（大村英昭，1983）。例えば，話の中で相手から伝えられたよい出来事や，相手の長所を示すことなどに対して，感心したり褒めたりすることは，相手に対する反応として一般的に期待されるものだろう。しかし，そうした反応があまりに大げさだったり，何度もしつこく繰り返されたりすると，表現されていることばが本当のように受け取られなくなってしまう。

　このような形での相手に対する反応は，しばしば「演技」にたとえられる。つまり，やりすぎた印象操作というのは，自己に対する一般的な期待と，実際に自己によりなされている行動が切り離されて演技のように見えてしまうために，問題となる。この点で，自己のコミュニケーションは，接客などの個々の行動における，笑顔などの細かいふるまいのレベルについて，相手の自分に対する視点を，その行動がなされる場面についての一般的な期待に集中させることによって成り立っていると言える。

　冒頭の会話にみられるような，相手との再会においても，質問などの個々のふるまいが不用意で，一般的な期待をとらえ損ねてしまうと，再会したことへの喜びまでも疑われてしまうことがある。この意味で，過去の相手との再会とは，その場面において一般的に期待されている自己との出会いともなっていると言える。

「本当の自分」を見せること

　これまで見てきたことから，さらに「自分とは何か」に関わることに少し接近して見ていくことにしよう。それは，従来，**自己開示**という行動として研究されてきたものに関わる。

　自己開示とは，自己に関する情報を特定の相手に伝える行動を示すが，この行動は，相手に対してとくに親密な対人関係を築く際に重要なものと考えられている。つまり，通常は他の人には見せない，あるいは示したことのないような自分の情報を，「本当の自分」として相手に対して詳しく打ち明ける行動は，

実際に相手からの印象を高める効果をもつことが明らかにされている（中村雅彦，1996）。

しかしながら，このような行動についても，通常は見せないことをただ見せればよいというわけではない。自己開示をした自己の情報が，「本当の自分」であると相手に理解されることが必要で，その点で重要となるのが，いつの時点で相手に「本当の自分」を見せるのか，という自己開示のタイミングである。このようなタイミングの効果は，1回の会話においても見られており，同じ内容（情報）について自己開示を行う条件のもとで，会話の最初の方で自己開示を行った場合は，会話の終わりの方で自己開示を行った場合に比べて，相手から好意的な印象を持たれにくいことが明らかになっている（C. B. Wortman et al., 1976）。つまり自己開示をむやみに行っても，その効果は少ないということである。このことは，例えばはじめて会った人に対して，いきなり自分についての濃い（深刻な）話をしたり，恥ずかしい話などを詳しくしても，いわゆる逆効果として相手から「引かれて」しまうという例から考えても理解できることだろう。逆に，ある程度相手に対して自分のことが理解されている状況において自己開示を行うことにより，相手により好ましい印象を与えることができ，理解を深めることが可能になるといえる。しかしながら，その一方で，いつ自己開示を行うことが適切かということは，相手の反応が一定に期待されるうえで考えられるものである。そのため，以上のような逆効果の問題から，自己開示を行うことは一定のリスクをもつといえる。

自己開示についてもう1つ見られる特徴は，以上に見たコミュニケーションの特徴にも関わっている。それは，**返報性の規範**と呼ばれるもので，自分が相手に与えたものと，同じだけの利益を，相手が自分に対してもたらしてくれるだろうと期待することとして定義される（安藤清志，1989）。返報性とは，このような仕組みの中で，人々がお互いに対して利益を与え合う関係が促進されていくことを示している。

自己開示の返報性とはつまり，相手が自分のことを打ち明けてくれたということにより，相手に対して自分のことを打ち明けることができる，あるいは打ち明けた方が望ましいという期待に基づいている。このような期待において，自己開示という行動やそこで伝えられる情報は，それ自体が相手に対する利益や価値をもつものとして，1つの有意味なシンボルとして作用することになる。

冒頭の会話例についてみると，ここでAとBがお互いに自分の仕事について情報をやりとりしているのは，その情報自体が直接の自己開示とはならなくても，少なくとも相手に対して自己開示を行う姿勢や期待を示すきっかけになることが考えられる。この場合，仕事について語ることそのものより，相手が仕事のことについて話してから，自分も仕事のことについて話すという相互的な関係が成り立っていることが重要となる。

□ キャラによる自己操作と創発性

　日本の社会では，近年若者の間で，仲間の中で通用する**キャラ**をつくり，キャラを演じる形でのコミュニケーションが行われる傾向があることが指摘されている（土井隆義, 2008 など）。そうした現象をたんに表面的な流行や遊びとしてとらえる見方もあるが，以上にみてきたようなコミュニケーションの観点からすると，一定の合理性をもった方法であるとみることもできる。つまり，キャラを演じるということは，あらかじめキャラ同士としてお互いのとるべき行動や，それに対する反応をより一般的に期待された形で想定することができるので，その都度の行動の選択をどうするかといったことや，自己開示をすることによるリスクといったことに迷わされることがないからだ。その他に，いわゆる**スティグマ**（→用語解説）として，社会的に好ましくないとされる印象を生じる特徴をもつ人々においても，その特徴をキャラとしての一面に取り込むことによって，否定的な枠組みの中でとらえられることを回避するような場合も考えることができる。

　それではコミュニケーションにおいて自己を操作するということは，このようにいわばあらかじめ想定された役割や，それに伴う一般的な期待をそのまま変わりなく遂行し続けるだけなのだろうか。だとすれば，自己というのは結局，他者との関係の中に閉じこめられて，結局は変化に乏しい存在になってしまうだろう。ミードによれば，そうではなく，他人における反応を取り込むとき，それをさらに自己の置かれた位置や状況について解釈しなおすことで，新たなものを生み出す可能性が生じるという。ミードはこの可能性を**創発性**と呼び，それが時には大きな社会的な変革をもたらす原動力となることを指摘している。

　コミュニケーションに表れる自己とは，時には冒頭の会話例のような世間話にすぎないものとして，平凡でありきたりなものにみえることがあるかもしれ

> **用語解説**
>
> **スティグマ**（stigma）
> 　社会集団によって「好ましくない違い」を示すものとして扱われる，いわば社会的な烙印といったものを示す。スティグマとなるものは，外見で判断される身体的特徴であることが多いが，特定のものが必然的にスティグマを生じるわけではない。スティグマは，その特徴に対する周囲の否定的な行為と，特徴をもつ当人が，その行為を一般化された他者として取り込みながらスティグマを隠してやり過ごそうとする（パッシング）行為という，両者相互的な関係の中で生じてくるものであるといえる。否定的な行為自体が，いわゆる偏見やステレオタイプに根源をもつだけでなく，相互的な関係の中で否定的な意味から当人が本来的に逃れにくい状況を生じてしまうことが問題であるといえる。

ない。しかし，日常会話においても，個々の発言による相互のやりとりの組み立て方や，さらに表情や身振りを組み合わせることで，その時々に会話のダイナミクス（→unit 6）が生じてくるように，人々は相手に呈示する自己を組み立てていくなかで，さまざまな創発性をもたらしているとも言える。そのきっかけは，コミュニケーションにおける自己がもつ時間的な広がりのなかで，将来の行動に向かうだけでなく，人と再会する場合などのように，時には過去を振り返ることによっても得られることだろう。

ホームワーク

- [ ] **work 1**　冒頭の会話例のような場面を具体的な相手とともに想定して，相手によって自分についての話題をどのように使い分けるか，比較してみよう。
- [ ] **work 2**　ミードは，人々が他者の役割について学習するときに，遊びというのが重要な意味をもつことを指摘している。身近な子どもの遊びの例から，こうした他者の役割の獲得につながるようなものがないか考えてみよう。

文献紹介

　コミュニケーションの中で経験される自己については，ミードの前後においてさまざまなモデルとして考察がなされてきた。C. H. クーリー『社会組織論』（青木書店，1970年）は，人が他人の中に自己の姿を発見するような，鏡像的自己という考え方を提示した。E. ゴッフマン『出会い——相互行為の社会学』（誠

信書房，1985 年）は，さまざまな自己のあり方を人々が状況に従って操作していく様子を役割距離という観点で考察した。近年では，日本の若者における，周囲とのコミュニケーションを通じた操作的な自己（多元的自己）の姿が，浅野智彦『「若者」とは誰か――アイデンティティの 30 年』（河出書房新社，2013 年）などで実証的なデータをもとに考察されている。

参考文献

浅野智彦（2013）『「若者」とは誰か――アイデンティティの 30 年』河出書房新社
安藤清志（1989）「自己表現」大坊郁夫・安藤清志・池田謙一編『社会心理学パースペクティブ 1――個人から他者へ』誠信書房
石川准（1999）『人はなぜ認められたいのか――アイデンティティ依存の社会学』旬報社
大村英昭（1983）「人間の心理とアイロニー――素直さと作為性」石川実・大村英昭・中野正大・宝月誠『日常世界の虚と実――アイロニーの社会学』有斐閣
岡本祐介（2010）「自我のコミュニケーション――G. H. ミード」伊藤公雄編『コミュニケーション社会学入門』世界思想社
クーリー，C. H./大橋幸・菊池美代志訳（1970）『社会組織論――拡大する意識の研究』青木書店
ゴッフマン，E./石黒毅訳（1974）『行為と演技――日常生活における自己呈示』誠信書房
ゴッフマン，E./佐藤毅・折橋徹彦訳（1985）『出会い――相互行為の社会学』誠信書房
土井隆義（2008）『友だち地獄――「空気を読む」世代のサバイバル』筑摩書房
中村雅彦（1996）「対人関係と魅力」大坊郁夫・奥田秀宇編『親密な対人関係の科学』誠信書房
船津衛（2006）『コミュニケーションと社会心理』北樹出版
ホックシールド，A. R./石川准・室伏亜希訳（2000）『管理される心――感情が商品になるとき』世界思想社
ミード，G. H./河村望訳（1995）『精神・自我・社会』人間の科学社（原著 1934 年）
Wortman, C. B., P. Adesman, E. Herman & R. Greenberg (1976) "Self-disclosure: An Attributional Perspective," *Journal of Personality and Social Psychology*, 33, 184–191.

unit 10

社会関係とコミュニケーション

「毛づくろい」としてのコミュニケーション

「やあ，今日は暑いねえ」「まったく，熱中症になりそうだよ」

私たちは，あいさつ代わりにこんな会話をよく交わす。しかし，「暑い」ことなど，ことばにするまでもなくお互いよくわかっているはずだ。それなのに，なぜ私たちはこんなあたりまえのことを，わざわざ言い合うのだろうか？

コミュニケーションを情報伝達と考えると，こうした会話は情報量ゼロであり，およそ不必要なやりとりということになってしまう。だが，unit 1 でみたように，人間のコミュニケーションには，たんなる情報伝達とは別に，対人関係をとりもつ働きがある。つまり，ここでは「暑い」という経験や感情の共有をことばで確認することが，親しみや連帯感を生み，互いの関係を橋渡しする働きをしているのだ。こうした働きのことを言語学者 R. ヤーコブソン（1973）は，コミュニケーションの**交話的機能**と呼んだ。

私たちが日常的に交わす会話の多くの部分は，こうした対人関係の維持のための社交的なやりとりで占められている。人類学者の R. ダンバー（1998）がイギリスで行った調査によれば，人々の会話時間の約 3 分の 2 は，個人的な経験談や好き嫌いなど，いわゆるたわいない世間話に費やされていたという。ダンバーはこの調査結果を引きながら，人間のことばはサルの毛づくろい（グルーミング）の進化したものではないか，というおもしろい仮説を唱えている。

霊長類が他の個体を毛づくろいする時間は，群の規模が大きくなるほど，長くなるのだが，それは集団生活を営むことによるストレスを緩和するためだと考えられている。いさかいがあった後などには，その相手に対してしばしば毛づくろいを行うことが観察されており，また，毛づくろいによって鎮静作用

をもった体内物質が分泌されることも確認されているからだ。さて、ヒトの場合は、他の霊長類に比べて、営まれる集団の規模がけた違いに大きい。必要な毛づくろいの時間があまりに長くなってしまう。そこで、1対1でしかできない毛づくろいに代えて、より効率的に、複数を相手に行える声による接触——音声言語によるコミュニケーション——が発達したのではないか、というのである。

　このダンバーの仮説に対しては批判もあるが、コミュニケーションの本質を情報伝達や意思疎通ではなく、社会集団において関係をうまく保つことにあるとみている点で興味深い。人間の社会関係はサルよりさらに複雑だろうが、さしあたって以下では、①上—下というタテの関係、②男—女というジェンダー間の関係、③親—疎というヨコの関係を、順に取り上げて、それぞれの関係性の観点からコミュニケーションを考察してみることにしたい。

ことばづかいと上下関係

　まずは、上下関係におけるコミュニケーションのありようをみてみよう。

　サルの場合、一般に、群れの中での順位が低い個体から高い個体への毛づくろいが多い傾向にあるという。人間でいえば、部下が上司にお世辞を使うようなものだろう。アカゲザルのように、順位の高い個体から低い個体への毛づくろいが多い場合もあるが、これは劣位の個体を安心させるための行動、つまり上下関係における逆向きの配慮と解釈されている（安藤明人，1998）。パワハラなやつと思われないように、といったところだろうか。サルの社会でも上下関係にはなかなか気をつかうようなのだ。

　人間の場合も、上下関係への配慮は、席順や服装の選択、おじぎ、身振りなど、さまざまなコミュニケーション行動に表れる。なかでも顕著なのは、ことばづかいだろう。仲間や同僚、目下の者に対しては、「そのペン貸して」で済むだろうが、目上の相手にはそうはいかない。「よろしければ、そのペンを貸していただけませんでしょうか」といった回りくどい言い方をすることになる。

　これは、依頼や命令という行為が相手に一方的に何かをさせるという力関係を含むため、相手との上下関係に逆らうことになりかねないからだ。そこで、質問という形をとり、相手の許可を求めることによって一方性を弱めるのである。英語でも "Pass me the salt"（そこの塩とって）を "Could you pass me the salt?"と言い換えるように，質問することによって間接的に命令・依頼を行うというやり方（間接言語行為→unit 5）は，言語文化圏の違いを超えて広くみられる。

　他方で，上下関係に関わることばづかいには，言語による違いもある。上の例でいえば，疑問形が用いられるという文・発話の形式は，日本語と英語で共通しているのだが，「いただく」という**敬語**に対応する単語は，英語には存在しない。could や would は敬語的に用いられることはあるが，"He swam as fast as he could"（彼はできるだけ速く泳いだ）のように，可能過去を示す用法が本来であり，少なくとも敬語に特化した単語ではない。

　それに対して日本語の語彙には，「おっしゃる」「ご覧になる」のような動作主（主語となる者）を高くみる尊敬語，「申し上げる」「拝見する」のような動作主を低くする謙譲語など，数多くの敬語がある。社会的な上下関係がより強く反映される言語体系になっていると言っていいだろう。

　こうした上下関係の反映は，日本語で自分や相手のことをどう呼ぶかという人称詞の選択にも認められる。自分のことをさすとき，英語では"I"の1語で足りる場合であっても，日本語では「わたし」「わたくし」「ぼく」「おれ」など，さまざまに使い分けられる。同様に，相手をさすときにも，"you"の1語に対応するものとして，「あなた」「おまえ」「きみ」「××さん（名前）」などが挙げられよう。例えば，"I love you"は，恋人への愛のささやきであっても，親から子への愛情表現であってもおかしくないが，日本語の場合，親が子に「ぼくはきみが好きだよ」と言うのは，きわめて奇妙に感じられる。「お父さんは××ちゃん（子どもの名前）が好きだよ」と言うのが自然だろう。

　このように，日本語では，相手との関係上の役割——このケースでは親子関係における「お父さん」——が，自分（あるいは相手）をさすために用いられるのが，1つの特徴である。親族関係に限らず，「部長はどうされますか」のように，仕事上の関係における役職名で相手を呼ぶことも多い。

　言語学者の鈴木孝夫（1973）は，小学校教師の40歳の男性が自分と相手のことをどう呼ぶかを調べ，図10-1のようにまとめている。ここにみられる呼称の選択には，目上—目下の関係に基づく明確な規則があると，鈴木は指摘する。目上の相手に呼びかける場合は，「校長先生」「お父さん」「兄さん」などの社会関係上の役割が用いられ，自分のことは「私」「ぼく」などの代名詞で

呼ぶ。他方，目下の相手に対しては「おまえ」「きみ」などの代名詞や相手の名前が用いられ，自分のことは「お父さん」「兄さん」「先生」などの役割名で呼ぶ。つまり，日本語の呼称選択では，上下関係が中心原理となっており，目上か目下かの位置によって相対的に自分と相手の呼称が変わるということだ。

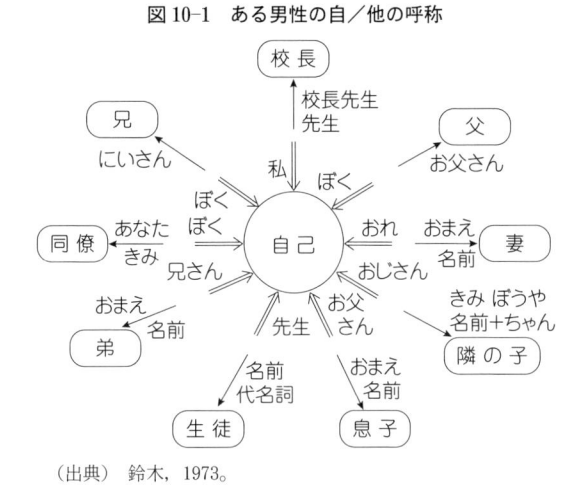

図 10-1　ある男性の自／他の呼称

(出典)　鈴木，1973。

これら敬語や呼称選択の例からわかるように，日本語は，上下関係を考慮しないと，適切に使いこなせない性質をもっている。そのことは，私たち日本語話者の人間関係のとらえ方に，どこか無意識のうちに影響しているようにも思える（→unit 2 のコラム「言語相対性仮説」）。

コミュニケーションにおけるジェンダー

日本語の特徴として，敬語とともによく挙げられるものに，女ことばと男ことばの存在がある（中村桃子，2007）。「雨だわ」は女性の，「雨だぜ」は男性の発言であると，たいていの人は直感的に思うだろう。女ことば・男ことばは，実際の会話ではあまり使われなくなりつつあるとも指摘されているが，マンガや小説などでは，女らしさ男らしさを強調するために今でもしばしば用いられている（金水敏，2003）。

英語にはこうした「……わ」「……ぜ」にあたる語彙はないが，文・発話の形式や表現様式の選択のレベルでは，やはり女らしい／男らしいことばづかいが存在する。フェミニズム言語学者の R. レイコフ（1990）は，「**女ことば**」の特徴として，話し手の自信のなさを表す付加疑問文の多用や，過度なまでに正式のことばづかいをすること，男性よりていねいな依頼形式を用いること，等々を指摘している。レイコフによれば，これらの特徴は女性の社会的な地位

が低く，力をもたないことによるものだという。つまり，ジェンダー間の社会的な上下関係，権力関係が，「女ことば」に反映されているということだ。

　このレイコフの主張は，実証的な裏付けを欠いていたこともあって，さまざまな批判にさらされることになったが，その後の実証研究によって，女らしいと認識されることばづかいの特徴があらためて明らかにされている。例えば，強く断定する文と，同じ内容の付加疑問文を比べさせた実験では，付加疑問文の方が顕著に女性的と認識され，また，知的ではない表現と評価された。また，別の実験では，マンガからセリフだけを抜きだして学生に読ませ，女性のセリフか男性のセリフかを推測させたところ，75％以上がマンガに描かれた性別と一致したという結果が得られている。実験後，どのように男性か女性かを推測したのか，学生に報告させると，女性のせりふは，ばかばかしさや不明確さなど，低い評価を伴う特徴によって判定されていた。

　こうした研究は数多く行われているが（詳しくは P. M. スミス〔1987〕を参照），概して「女ことば」らしさの認識が社会的に低い評価と結びついていることが示唆されている。

　ジェンダーの違いは，ことばづかい以外の面でのコミュニケーション行動にも反映される。社会学者の山崎敬一（2009）は，男女の日本人学生の会話を記録したデータを詳細に分析し，対等な立場で進められているように見えるやりとりの中に，ジェンダー間の非対称性がひそんでいることを見出した。

　例えば，あいづちやうなずきには，相手の話に注意や関心を向けていることを表示し，会話の流れをスムーズにする働きがあるが（→unit 4），男女間の会話の場合，これらを行うのは女性の方が顕著に多かった。一方で，女性の発話に対する男性の沈黙には，関心がないことを示す傾向が強く，相手の話を中止させるような作用をもっていた。また，相手が話している途中で自分が話し始め，相手を黙らせてしまうタイプの「割りこみ」は，同性間の会話では互いに同じくらい行っていたが，男女間では男性が割りこむケースの方が，その逆の女性が割りこむパターンより2倍以上多かった。加えて，男性は自分の話を円滑に誘導するために，質問を投げかけて応答させるというテクニックを多用していたという。

　会話のような相互行為には，さまざまな規範や配慮が複雑に関係するため，これらの特徴をただちに男女間の権力関係の反映とみなすことはできないかも

しれないが，ジェンダーの差異は日常的なコミュニケーションの中にも気づかれにくい形で作用している。そのことに，私たちはもう少し注意深くあっていいだろう。

🔲 ポライトネス——「近づきすぎず，離れすぎず」という関係への配慮

　現代の日本社会では，かつてあったような上下関係の意識が弱まったといわれる。例えば，昔の夫婦であれば，妻が夫に対して「お食事になさいますか」などと敬語を使うことは珍しくなかっただろうが，今ではおそらくめったにあるまい。学生が先生に対して，友だちと話すのと同じような口調，いわゆる「タメ口」で接することが多くなったという声もしばしば聞かれる。これはやはり，学生が先生に気をつかわなくなったということなのだろうか。

　たしかにそういう面もあるかもしれないが，ここでは，上―下というタテ軸に代えて，親―疎というヨコの関係性に注目してみたい。例えばクラスメイトから「そうだよね」と言われた場合と「そうですよね」と言われた場合，あなたはどちらの方に親しみを感じるだろうか？　おそらく「そうだよね」の方だろう。ていねいなことばづかいや敬語は，どこか疎遠な関係を思わせ，相手との距離を感じさせる。それが度を過ぎると，まさに「慇懃無礼」になり，かえって相手に失礼にもなってしまう。

　夫婦間で敬語が使われなくなったことにも，そのことが関係しているだろう。かつてのような，妻は夫に従うべきという家父長制的な意識は薄れ，代わって，夫婦は愛情で結ばれるべきものという感覚が強まってきた。そうした愛情ある親密な関係に，互いの距離を置く敬語やていねいなことばづかいはそぐわない。学生の先生に対するタメ口にも似たようなところがあるのではないだろうか。付き合いのある先生に敬語を使い続けることは，先生を遠ざけたいと言っているようで，かえって失礼かもしれない。そのため，親しみを示す気づかい——上下関係への配慮に代わる気づかい——によって，タメ口が選ばれる。タメ口にも，関係への気づかいという一面がみられるのである（辻大介，2008）。

　こうしたことを考察するうえで参考になるのが，言語人類学者 P. ブラウンと S. C. レヴィンソンの提唱する**ポライトネス**の理論である（ブラウン＆レヴィンソン，2011，原著 1987 年）。その中核をなしているのは，社会学者 E. ゴッフマン（2012，原著 1967 年）の打ちだした「**フェイス**」という概念だ。フェイス

とは，日本語でいう「体面（たいめん）」や「面目（めんぼく）」に近い概念であり，ゴッフマンによれば，近代社会において，人々は互いのフェイスを尊重し，保つような気づかいを相互行為の中で示し合うという（これを相互行為儀礼と呼ぶ→unit 11）。ブラウンとレヴィンソンは，このフェイスへの気づかいを大きく2種類に分けて考える（以下の要約は滝浦真人〔2008〕より）。

① ネガティブ・フェイス：
　　他者に邪魔されたくない，踏みこまれたくないという欲求
② ポジティブ・フェイス：
　　他者に受け入れられたい，よく思われたいという欲求

　具体例で考えてみよう。「それとって」と命令・依頼することは，相手の"邪魔されたくない"という欲求，すなわち相手のネガティブ・フェイスを損ないかねない。そこで，「それとってもらえないかな？」という質問の形にして，相手のフェイスを一方的に脅かす度合いを弱めるのである。敬語やていねいなことばづかいも，相手の"踏みこまれたくない"というフェイスへの配慮とみなしうる。

　それに対して，冒頭に挙げた「暑いね」「まったく」というやりとりは，経験や感情の共有を確認することで，相手に"受け入れられたい"という欲求，すなわちお互いのポジティブ・フェイスを満たそうとするものだ。親しくなった相手にあだ名で呼びかけたり，タメ口で話したりするのも，仲間として"受け入れられたい"というフェイスに応じたものと言えよう。

　これら2種類のフェイスに配慮したことばづかいやコミュニケーションの仕方のことを，それぞれネガティブ・ポライトネス，ポジティブ・ポライトネスと呼ぶ。英語のpolitenessは一般的には「ていねいさ」と訳されるが，あだ名やタメ口のような（ポジティブ）ポライトネスは，必ずしも「ていねい」なことばづかいというわけではない。ここでのポライトネスはあくまで理論用語であり，一般的な意味とズレがあることには少し注意しておいてもらいたい。

　さて，ネガティブ―ポジティブという表現からもわかるように，これら2種類のフェイスあるいはポライトネスは，正反対の方向性をもっている。一方は，相手と距離を置こうとする方向であり，他方は，相手との距離を縮めようとする方向である。言い換えるならば，相手と状況に応じて，これらの方向をうまくバランスさせ，適切な距離を保つことが，ポライトネスであるわけだ。

どのくらいが適切な距離かは，社会や文化によっても異なる。日本の場合，贈り物をするときには，「たいしたものじゃないんだけど」などと言うことがよくあるだろう。贈り物は，相手のことをよく思っていると伝える＝相手のポジティブ・フェイスを満たす行為である一方，相手に負担感を与え，踏みこまれたくないというネガティブ・フェイスを脅かす可能性ももつ。そこで，「たいしたものじゃない」と言い添えて，負担感を軽くすることによって，相手との距離のバランスをとろうとするのである。

　ところが，アメリカや中国などでは，こうした発言は「なぜよくないものを贈ろうとするのか」と奇妙に思われる。場合によっては怒りだすかもしれない。贈り物をする間柄では，日本よりも近い距離感が求められるからだ。

　タメ口で話す学生や若者と，敬語を求める先生や年長者との間にも，このような望ましい距離に関するジェネレーションギャップが生じているのではないだろうか。若者世代は敬語によそよそしさを感じ，年長世代はタメ口になれなれしさを感じる。お互いに関係への気づかいを求めていながら，すれ違っているのだ。

　似たようなすれ違いは，適切な対人距離に関する個人個人の感覚差によっても生じるだろう。近づきすぎず，離れすぎず。そうした距離をいかにすり合わせ，折り合いをつけるかが，じつは私たちのコミュニケーションにおいてもっとも難しいことなのかもしれない。

ホームワーク

- **work 1** 自分がやりとりしたメールの中に，はっきりした用件や目的がなく，相手とのやりとり自体を楽しむようなもの（交話的なメールのやりとり）が，どのくらい含まれているか，調べてみよう。
- **work 2** マンガや小説の中で「女ことば」「男ことば」が，どのように用いられているか，分析してみよう。
- **work 3** 相手に何かしてもらったとき，「ありがとう」と言うのと，「すいません」と言うのとでは，フェイスへの配慮がどう違っているのか，ポライトネスの理論で説明してみよう。

読 書 案 内

社会状況や関係に応じた言語使用については，東照二『社会言語学入門——生きた言葉のおもしろさに迫る〔改訂版〕』（研究社，2009年）で，まず研究の全体像をつかむとよい。滝浦真人『日本の敬語論——ポライトネス理論からの再検討』（大修館書店，2005年）は，ポライトネス理論のよい入門書にもなっている。金水敏『ヴァーチャル日本語——役割語の謎』（岩波書店，2003年）は，女ことば・男ことば等を，筆者独自の役割語という観点から考察する。山崎敬一『美貌の陥穽——セクシュアリティーのエスノメソドロジー〔第2版〕』（ハーベスト社，2009年）は，会話に現れるジェンダーの姿を繊細な分析によって明らかにしている。

参 考 文 献

安藤明人（1998）「社会的グルーミングの構造と機能」糸魚川直祐・南徹弘編『サルとヒトのエソロジー』培風館

金水敏（2003）『ヴァーチャル日本語——役割語の謎』岩波書店

ゴッフマン，E./浅野敏夫訳（2012）『儀礼としての相互行為——対面行動の社会学〔新訳・新装版〕』法政大学出版局（原著1967年）

鈴木孝夫（1973）『ことばと文化』岩波書店

スミス，P. M./井上和子・正宗美根子・河野武訳（1987）『言語・性・社会』大修館書店

滝浦真人（2008）『ポライトネス入門』研究社

ダンバー，R./松浦俊輔・服部清美訳（1998）『ことばの起源——猿の毛づくろい，人のゴシップ』青土社

辻大介（2008）「若者のコミュニケーションにおける配慮の現れ方」『文学』9 (6)，64-73，岩波書店

中村桃子（2007）『〈性〉と日本語——ことばがつくる女と男』日本放送出版協会

ブラウン，P. & S. C. レヴィンソン／田中典子監訳（2011）『ポライトネス——言語使用における，ある普遍現象』研究社（原著1987年）

ヤーコブソン，R./川本茂雄監修・田村すゞ子・村崎恭子・長嶋善郎・中野直子訳（1973）『一般言語学』みすず書房

山崎敬一（2009）『美貌の陥穽——セクシュアリティのエスノメソドロジー〔第2版〕』ハーベスト社

レイコフ，R./かつえ・あきば・れいのるず訳（1990）『言語と性——英語における女の地位〔新訂版〕』有信堂高文社

unit 11

親密性とコミュニケーション

「合コンでは時どきがっかりさせられる。ふたりで話してて，こっちは楽しいと思っても，急にあっちの話題に入っていっちゃったり。なんだ私にだけじゃないんだ，と思って悲しい」(北村文・阿部真大，2007)

　この発言は，「合コン」を経験した人を対象としたインタビュー調査の中にあった，30代の女性による回答からの引用である。合コンとは，このことばが一般に使われ始めた1980年代当時の筆者による記憶では，主に違う大学に属する男女の学生同士が親しくなるために行われていた遊びの1つにすぎなかったものであるが，現代においては，一般の社会人によって長期的な恋愛や結婚に至ることを前提とした，公式の社会的な集まりの場と認識されているようである (北村・阿部，2007)。

　冒頭のことばにあるような経験は，たとえ合コンではなくとも，パーティーや懇親会など，相手と親しくなることが前提とされる社会的な集まりの場で，よく思い当たることだろう。こうした経験を交えるなかで，相手とうまくコミュニケーションするにはどうしたらよいのか，相手とどうしたら仲良くなれるのか，などと焦りを感じる場合もしばしばあるかもしれない。

　しかし，ここでまず落ち着いて考えてほしいのは，そうした場でうまくコミュニケーションすること(親密性の表示)，仲良くなること(親密化)と，それぞれは同じように見えても，実際は異なるものであるということだ。したがって，これらをコミュニケーション論でとらえる場合は，少なくとも両者を分けて考えなければならないし，専門的には，それぞれもまた，コミュニケーションの内容や手段などによって，さらに細かい形に分けて考えられている。

　このunitでは，それらのうちごく一部として，「親しさ」を①相手に対す

る好意の確認，②親密化，③親密性の表示，の大きく3つに分けてみることにする。実際のプロセスとしては，①から③の順になるが，コミュニケーション論としての特徴と話のわかりやすさから，③から話を始めていきたい。

🔲 親しさを表すこと

コミュニケーションに関する親密性の表示については，非言語的コミュニケーション（→unit 4）が大きな意味をもつことが以前から指摘されてきた。その中でも，**対人距離**と視線がもつ機能についてさまざまな研究がなされている。

対人距離とは，ことばを交わしている最中にお互いが形成するスペースのことで，一般に親しい相手については，そうでない相手に比べて，より近接したスペースが許容されることが調査の結果から明らかになっている（渋谷昌三，1990）。

実際のコミュニケーション場面では，近すぎても自分に対する圧迫感や相手に対する脅威などが生じるため，個人的な関係としての親しさの他に，今後に関係が続くことが期待されることや，あるいは会話の話題がもつ気楽さなどによって，適切な距離が設定される。逆にケンカをしかけるときは，意図的に相手の鼻先までに顔を近づけるなど，その人の「なわばり」である**個人空間**（パーソナル・スペース）（R. ソマー，1972）を侵害する行動をとる。また，文化や性差などによっても対人距離が異なることが指摘されており，特定の文化については，あまり親しさが期待されない社会関係についても，近接した距離がとられたり，女性は男性に比べ，とくに親しくない相手に対し，対人距離を大きくとったりすることがわかっている（E. Sundstrom & I. Altman, 1976）。

次に視線についてみてみよう。好意を示す相手には，それ以外の人よりも，より多く視線を投げかけることは一般的にも理解されることであり，お互いへの好意を実験的に高めたペアはそうでないペアよりも視線を送ることが多いことが確かめられている。また，実験で設定された状況の中で，視線を長く送ってくる相手と，そうでない相手にそれぞれ会話をしてもらった結果では，長い視線を送る相手の方がより好まれていた（長田雅喜，1996）。

ただし，コミュニケーションに伴う視線自体にもさまざまな種類があり，お互いに相手に目を向ける場合でも，発言をしながら，相手の発言を聞きながら，あるいはただ瞬間的に目をやる，などがあり，ずっと見続けるような視線はま

れで，そうした視線を伴う相手は好意度が低くなるという結果が示されている（M. Argyle, 1988）。また，適切な対人距離を確保しない相手に対しては，相手による個人空間の侵害を示して注意・威嚇する意味での視線が増えるなど，視線自体がもつ意味も状況によっては変わってくることがある。

このように，対人距離はコミュニケーションにまつわるさまざまな状況から総合的につくり上げられていると考えられる。身体的な接触もまた，対人距離との関係から，親しさを示すものとして用いられることが指摘されているが，性差や文化差などについて慎重に判断されるべき部分もある。視線の場合についても，日本で行われた実験では，女性は同性にも異性に対しても男性より多く視線を送るのに対して，男性は女性に対してあまり視線を送らないという結果もある（大坊郁夫，1998）。このような結果から，女性からいくら視線を送っても，男性がそれを見ていないという，視線の「すれ違い」のような状況が起こることも考えられ，コミュニケーションの展開に沿って適切な形で視線が使われる必要がある。

親しくなることと社交

冒頭では親しくなること＝親密化を，相手とどうしたら仲良くなれるのか，という問題としてまず考えたが，専門的な研究では，親密化とは，お互いがお互いに対して好意をもつ過程として定義され，さらにその過程で相手に対して好意をもたれるために，どのように自分を見せるのか（自己呈示）という点から考えられることが多い。ここでも主にその2点から親密化について考えていくことにする。

まず，親密化の過程について以前から指摘されていることに，**単純接触効果**と呼ばれるものがある。これは，よく会う相手に対しては，それだけ魅力を感じやすくなる，というもので，それこそ単純に思われそうな原理であるが，実際はかなり有効であることが確かめられている。ある実験では，写真だけを用いて，それを被験者への呈示回数として変化させただけでも，呈示回数が多くなるほど好意度が高くなるという結果（R. B. ザイアンス，1987）があり，その意味ではテレビなどでしか見たことがない有名人に対して，私たちがどことなく「親しみ」を感じるというのも，このような単純接触に近いものかもしれない。

このことをさらに発展させたものとして，直接性と呼ばれる考え方がある。これは先にみた非言語的コミュニケーションを含む，相手との関わりの度合いを示すもので，一般的には親密性が高まるほど，相手との直接性も増すものと考えられている。具体的には，親しくなることで，相手への発言時間や相手を見つめる時間が多くなり，相手との対人距離も縮まってくるという関係がみられている。しかしながら，非言語的コミュニケーションでもみたように，直接性そのものが相手への親しさの程度を示す（増す）ということではなく，相手との親しさが増すことに対して，直接性が1つの増幅効果をもつものと考えられている。このことは，相手が一貫して直接性を示す行動をとる場合よりも，当初は直接性を示さず，途中から直接性を示した行動をとった方が，相手への好意度が高まるという実験（大坊，1998）などからも確かめられている。つまり，最初から通りいっぺんに心地よい態度で接してくる人よりも，何かよそよそしかった態度から，ふと温かい言葉をかけてくる人の方が，相手への魅力を強く感じるというものである。

 このように，相手に好意をもつ過程というのは，視線といった，たんなるコミュニケーション上の手がかりの有無というよりは，そうしたものが実際にコミュニケーションについて使われるタイミングによって成り立っているとも言える。そのことは，相手に対して自分をどう見せるかという問題にも関わってくる。

 とくに，それまでお互いの情報が明らかでない相手に対して，自己の情報を与えていく状況（**自己開示**→unit 9）では，独自の特徴をもったコミュニケーションが行われる。都市化などの結果により，近代の社会においてしばしば行われるようになったこうしたコミュニケーションの特徴を，社会学者のG.ジンメルは**社交**と呼んでいる。

 社交のコミュニケーションにおいては，お互いが自分の人格のすべてを明らかにするのではなく，あくまで自己の特定の部分だけを示し合い，そのイメージのやりとりを楽しむ一方で，それ以外の部分に深入りをしないことが求められる。そのことにより，本来地位などが異なるはずの人々がすべて平等であるかのようにふるまうことが必要となる（ジンメル，1979，原著1920年）。このとき，相手の選択についても，相手に接しているときは特別に尊敬しているかのような態度をとりつつも，特定の相手に集中しないように，話し相手を適宜変

えていくことも，こうした平等を維持しながらお互い示し合う方法として必要となることがある。

冒頭の「合コン」における経験談にみられたのも，まさにこのような社交として平等を示すための行動であり，そのようなふるまいは，「私にだけじゃない」という点からみられたように，特定の相手に対する特別な親しさを示すのではなく，あくまでその場にいる人々に平等に接しているという意味での親しさを，配慮として示すうえで重要なものとなっている。さらに社交においては，学歴や地位などに従って，実利とか利害関係が少なくとも表面には出てこないことが求められるのであって，あくまでその場で交わされる会話の内容や盛り上がりを楽しむことが重視される。

以上のような特徴から，社交とは，その場に関連しない情報（役職や地位など）をもち込まないようにする一方で，相手の外見やその場での様子から，親しさを盛り上げるような会話を引き出していくような，微妙なバランスを要求される情報管理技法（筒井淳也，2010）とみなされることがある。

親しさを確かめること

これまで述べたことから，親しさというものは，相手に対する日常的な関わり方として，より多くそれを示すことだけによって簡単に確かめられることではないことがみえてくるだろう。知り合って間もない人に，自分の細かいことを打ち明けても，相手が「引いて」しまうことがあったり，逆に，すでにかなり親しくなった友人に「あなたのことを大切に思う」といきなり真顔で言っても，「何，あらたまって」と，不思議な顔をされることの方が多いだろう。つまり，親しさに関しては，それを確かめること自体がコミュニケーションについての1つのポイントになるのであって，親しいことが「自然とわかる」というのは，理想的な形ではあるが，それだけに難しいことでもある。

この点については，社会学者 E. ゴッフマンの**相互行為儀礼**という考え方が参考になるだろう（ゴッフマン，1986）。ゴッフマンはとくに近代の社会について，人々がお互いへの関わり方を示す手段を**儀礼**（→用語解説）と定義し，とくに相手への評価を示すような種類の儀礼を**敬意**と呼んでいる。わかりやすい例としてはプレゼントを贈ることがこれにあたる。1つ重要なのは，この儀礼が相手に対して，金銭などの具体的な何かの利益を与えるために行われるので

> **用語解説**
>
> **儀礼**（ritual）
> 　儀礼とは本来，祈りや誓いなど，宗教的な価値をもたらす行為を示すのに対して，社会学では近代社会の中でなされる，とくに宗教的な意味をもたないあいさつなどの形式的な行動に対して用いられる。しかしながら，両者はお互いに関係がないものではなく，近代化によって，それまでの社会（前近代社会）の中で共通して崇拝されていた聖なる対象（神様やお祭りなど）が失われる一方で，個人の人格が新たな崇拝の対象となり，人格への敬意を示すために後者の日常的な儀礼がなされているという考えがある。その点で，崇拝の対象が，距離を設けることで聖なる意味をもっていたように，個人もまた回避されることによって人格を高められる側面をもつ。

はなく，まさに「儀礼」として，相手に対する評価を「何かになぞらえて」表すように行われていることだ。つまり，この場合親しさは儀礼に従って間接的に示されているだけで，例えばプレゼントが相手に対して何か直接的なものをもたらしているわけではない。プレゼントになぞらえて，「それとなくわかってもらう」形になっている，つまり儀礼がコミュニケーションとして何かを「象徴する」ということが重要なのだ。

このように敬意は，象徴として行われることで，親しさを確かめる大きな手段となる。逆に金銭などに遡らせてしまうと，それは逆に評価の意味を失ってしまい，「お金やモノで釣る」といったような失礼な印象をもたらしかねない。だから，敬意はモノといった実体を伴うよりは，ことばで行われることも多い。例えば，「あ，髪切ったんだね。よく似合うね」といった形で「気づいて褒める」ことをするのも1つの立派な儀礼となる。儀礼なのだから，本当に似合っているかどうかはまったく別の話になる。

そこから，コミュニケーションが儀礼としての意味をもつためには，具体的に「何を」するか，ということよりも，「どのように」するか，ということが重要になる。相手のお祝い事がとっくに過ぎてから何かを贈ったり，自分が髪を切ったことをわざわざ言ってから，相手から「似合う」ということばを投げかけられたりしても，何かいまひとつ納得できないのは，それが「どのように」というレベルで，ふさわしいものでないからだ，ということに求められるだろう。

とくに，この「どのように」というなかでも，相互行為儀礼についてもっと

も重要な点は，相手が何かしてあげたら，自分も何かしてあげる，という**返報性の規範**（→unit 9）である。自己開示（→unit 9）という行動もまた，「相手が大切なことを打ち明けてくれたのだから，私も」という，この返報性の規範に裏づけられながら行われている。このように，「親しい」ということは一方が勝手に決めつけながら確かめられるものではなく，その手段はどんなにささいなものだったとしても，常にお互いがお互いのために行っている，ということそのものでしか，逆に確かめられない。そのため，相手からお菓子をもらったのにちょっとお礼を言うのを忘れたとか，せっかく相手から髪型を褒められたのに，相手の髪型が変わっていたのにはちょっと気がつかなかった，という場合，すべて行動のレベルとしては「ちょっと」したことだとしても，返報性の規範を果たしてないという，「どのように」というレベルについては重大な違反となってしまうがゆえに，時には人間関係そのものを壊しかねない事態をもたらす。

　さらに複雑なことには，この儀礼という考え方によると，私たちはこのような親しさを確かめる際に，ただ積極的にプレゼントなりことばなりで相手に対して積極的に働きかければよい，というのではなく，場合によっては相手を「そっとしておく」とか「立ち入らない」ということもまた，親しさについては1つの象徴的な働きをもっているということがある。この儀礼はとくに**回避による敬意**と呼ばれ，簡単には次のような例で確かめられる。

　社会学者のG. ジェファーソンによれば，病気やケガなど，何かトラブルがあることが相手の様子から見てとれるようなとき，トラブルをもたない側が，次のような疑問形によってトラブルに関する会話（トラブル・トーク）を開始することが，多くの場合にみられるという（Jefferson, 1988）。

　「その足どうしたの？」
　「背中の調子はどう？」
　つまり，トラブルをもたない側が会話を始めるとき，最初から「ああ足ケガしてるんだ！ 大変だね！」というのではなく，お互いがそのようなトラブルをトラブルとして見出すことについて，それが回避される余地が与えられるような会話が，行為としてデザイン（→unit 6）されていることがここではみてとれる。トラブルを抱えている側から，それを切り出すことであれば大きな問題はないが，トラブルをもたない側から，それを「ケガしてるんだ！」というよ

うにトラブルとして最初から決められてしまうと，相手にはその回避を行う余地がなくなってしまう。このとき，もしその事態が相手にとって深刻であったり，トラブルに関して公にしたくない事情をもっていたりした場合，相手はその状況を通じて不本意な形で自己開示をしないといけない状態に陥る可能性もある。逆に，このような質問に対して，「ちょっとね」とか，「別に」といった形で返答する側がトラブルとしての決定を先延ばしにすることで，そのトラブルについて相手が立ち入らない状態をつくり出すことができる。もちろん，相手の様子の変化に「気がついてあげる」というのは1つの関わり方としては「親しさ」の確認になるが，さらにそれ以上の関わり方をもつかどうかについては，あくまで相手によって適切さが異なる場合がある。

以上にみてきたことと併せて，「親しさ」とは，実際のコミュニケーションが展開する具体的な状況や手段と切り離せないことがわかる。なんとなくコミュニケーションと結びつけながら，ごく一般的に「親しさ」のある／なしを論じる前に，実際に自分が行っているコミュニケーションのやり方を含めて，個々の手続きに密着させた形で「親しさ」を確かめることは，こうしたコミュニケーションをただ分析するだけでなく，実際に「うまく付き合っていく」ためにも，重要なことではないだろうか。

ホームワーク

- [ ] **work 1** 自分の周囲にいる，親しい人同士と，付き合いが短い人同士を比較して，身体距離や相手へ視線を送る様子などの違いについて考えてみよう。
- [ ] **work 2** 社交的な場所でするべきではないとされている話題や，態度を挙げてみて，なぜそのようなコミュニケーション上の基準があるのか考えてみよう。
- [ ] **work 3** 日常的な人間関係の維持に用いられる儀礼として，どのような例があるか話し合ってみよう。

文献案内

北村文・阿部真大『合コンの社会学』（光文社，2007年）では，インタビューにみられた個別の実例がどれだけ一般的なものであると考えられるかは別として，人々が実際に社交やそれに関わる儀礼というものをどのように考え，行動に移し

ているのかを知る手がかりが得られるだろう。伊藤公雄編『コミュニケーション社会学入門』（世界思想社，2010 年）の第 3 章では，ゴッフマンなどによるコミュニケーションの学説が，新たな視点からわかりやすく論じられている。奥村隆編『社会学になにができるか』（八千代出版，1997 年）の第 2 章や第 7 章からは，儀礼などの文化装置が，社会について理解をするうえで大きな意味をもつことが確かめられるだろう。

参考文献

奥村隆（1997）「儀礼論になにができるか」奥村隆編『社会学になにができるか』八千代出版
長田雅喜編（1996）『対人関係の社会心理学』福村出版
北村文・阿部真大（2007）『合コンの社会学』光文社
ゴッフマン, E./浅野敏夫訳（2012）『儀礼としての相互行為——対面行動の社会学〔新訳・新装版〕』法政大学出版局（原著 1967 年）
ザイアンス, R./齊藤勇抄訳（1987）「単なる接触の繰り返しと好意との関連」齊藤勇編『対人魅力と対人欲求の心理学』（対人社会心理学重要研究集 2）誠信書房
渋谷昌三（1990）『人と人との快適距離——パーソナル・スペースとは何か』日本放送出版協会
ジンメル, G./清水幾太郎訳（1979）『社会学の根本問題——個人と社会』岩波書店（原著 1920 年）
ソマー, R./穐山貞登訳（1972）『人間の空間——デザインの行動的研究』鹿島出版会
大坊郁夫（1998）『しぐさのコミュニケーション——人は親しみをどう伝えあうか』サイエンス社
筒井淳也（2010）「情報管理のコミュニケーション——ゴフマン」伊藤公雄編『コミュニケーション社会学入門』世界思想社
中村雅彦（1996）「対人関係と魅力」大坊郁夫・奥田秀宇編『親密な対人関係の科学』誠信書房
Argyle, M. (1988) *Bodily Communication*, 2nd ed., Methuen.
Jefferson, G. (1988) "On the Sequential Organization of Troubles-talk in Ordinary Conversation," *Social Problem*, 35, 418–441.
Sundstrom, E. & I. Altman (1976) "Interpersonal Relationships and Personal Space: Research Review and Theoretical Model," *Human Ecology*, 4, 47–67.

unit 12

都市空間とコミュニケーション

　ここに，都市の風景として撮影された2枚の写真がある。
　それぞれの写真は，同じような都市空間を舞台に展開する人々の様子をとらえながら，印象としてまったく異なる光景を見せている。一方は，愛情にあふれた濃密な光景として。そしてもう一方は，非情さがただよう冷徹な光景として。このような正反対の印象をもったコミュニケーションの風景が繰り広げられること自体が，まず都市という空間がもつ大きな特徴であると言えるだろう。
　しかしながら，ここでは，キスをする男女と地面に這いつくばる男性という，それぞれの写真の中心にあるものから少し視点をずらして，ある共通した部分に注目してみたい。それは，その背景を取り囲む人々が，それぞれの視線や立つ位置などによって示している，コミュニケーションのとり方（技法）である。これこそが都市空間のコミュニケーションの特徴でもあると言える，その技法を，ここでは「共在の技法」と呼ぶことにしよう。つまり，この技法によって，さまざまな境遇や属性をもった見知らぬ同士が「共に在る」ことが可能になる

（出典）　左：Robert Doisneau "Le Baiser de l'hôtel de ville" (1950)
　　　　　右：© Bridgeman / PPS

> **用語解説**
>
> **儀礼的無関心**（civil inattention）
> 「市民的無関心」と言われることもあるように，主に都市空間に見られる街路・公共交通機関の車内，商店や飲食店の中といった公共性の高い場所において，そこにいる人々の属性が，あたかも存在しないかのように取り扱われることを示す。それにより人々は，職業，地位，人種などによる違いのない，いわば「市民」ともいえるような，同等の個人としての扱いを受けることをお互いに期待しながら行動することができる。このような期待に従って，お互いの視線や身体間の距離をコントロールすることは，それ自体が儀礼（→unit 11）として相手に対する敬意を示すことになる一方で，いったんお互いに何かの関わり合いをもつ状況が生じたときに，「無関心」であることから自然な形で移行するきっかけや技法の問題を引き起こすことにもなる。

がゆえに，都市という空間が成り立っているとみることもできるのだ。

共在の技法としての儀礼的無関心

この共在の技法について早くから考察を巡らせていた社会学者の E. ゴッフマンは，この技法を**儀礼的無関心**（→用語解説）と呼びながら，その特徴を次のように表している（ゴッフマン，1980）。

> 「そこで行なわれることは，相手をちらっと見ることは見るが，その時の表情は相手の存在を認識したことを表す程度にとどめる……そして，次の瞬間にすぐに視線をそらし，相手に対して特別の好奇心や何かをしようとする意図がないことを示す」

つまり，このような技法によって，その場に居合わせる人々は，自分が他人を見ているところを見られるのを，恐れたり避けたりしていなかったり，自分たちが一緒にいることを別に（悪いとも）何とも思っていないという配慮を示すことができる。写真の背景にいる人たちが，中心の人たちに完全に背中を向けているわけでも，あからさまに目を伏せることもなく，何かあいまいな形で視線をただよわせているように見えるのは，まさにこの儀礼的無関心という配慮によるものであるといえるだろう。

都市における共在の技法は，こうした視線の他に，お互いが立つ位置の距離によっても保たれている。**対人距離**（→unit 11）という考え方が，まさにこの関係を示すために用いられ，親しい人同士はごく近く（近い距離）に集まり，

鴨川沿いの風景（ウィキメディア・コモンズより）

それ以外の人ははっきりとわかる形で一定の距離が置かれることで，お互いの集まり同士について儀礼的な無関心が示されることになる。

このとき，お互いに知り合いがいない個々の集まり同士が保つ距離は，ただたんにお互いを遠ざけるだけが目的ならば，極端に遠くてもよいし，それぞれがとる距離もまちまちになるはずが，実際はそうした配慮をみせていることがわかるような距離として，それぞれの集まり同士は一定の規則的な間隔をとることが多い（A. E. シェフレン，1989）。

実際にこのことを示すような現象が京都の鴨川沿いで見られる。鴨川は京都でも有数のデートスポットで，休日などになると昼夜をたがわず，河原にたたずむカップルの姿が見られるが，このとき，カップル同士がとる距離は，ちょうど橋の上から見ると，ほぼ等間隔になっているという。これはネット上などでは「鴨川（等間隔）の法則」などと呼ばれているらしく，あたかもこの地に特有の現象のように思えるが，よく観察すれば，お互いに十分な距離のとれるスペースのある場所ならば，そこでたたずむ人々についても，じつはそれほど不規則でない間隔が形づくられていることがわかるだろう（鴨川はちょうど通行の多い三条大橋などの高い場所からその様子が見渡せるので，間隔の規則正しさに気がつく人が多いということではないだろうか）。

このことはつまり，カップルという集まりは，純粋に2人だけの世界をつく

っているように見えていても，カップル同士はきちんとお互いの存在に対して儀礼的な無関心としての配慮をみせているわけで，その共在の技法が，等間隔の距離という，お互いの集まりがとるコミュニケーションの形に表れているのである。

都市空間の視角

さて，都市空間に以上のような共在の技法があることを確認したうえで，ここではただ都市にそうしたルールのようなものがあるとして済ますのではなく，その技法が具体的にどういったコミュニケーションの条件を伴うことで，そのような配慮を示すことになるのか，といった点について考えていくことにしよう。

とくに「相手をちらっと見る」という，見ることについてそのようなことが可能となるのであるならば，具体的にその「見ること」とは，どのようなコミュニケーションによって支えられているのだろうか。このことについて，D. サドナウは，「一目でわかること」を可能にするための時間的な条件（タイミング）があることを示した（Sudnow, 1972）。つまり，「一目でわかる」ためには，相手が自分をどのようなタイミングで見るのか，そしてそのタイミングに合わせて，自分が何をしているのかが相手にわかるようになっていなければならない。そして，そのためには，相手が見ている範囲で自分の行動がある程度一定であることを保っていたり，行動自体に規則性がないといけないのだ。

このことは，相手に見られている場面で，自分が何をしているのか，その中でとくに何に関わっているのか（これを**関与**という），ということをなるべく一目でわかりやすく示す手がかりが時として必要となることを示している。とくに都市空間の中では，そうした手がかりがまったくない場合，つまり何に関わっているのかがまったくわからない状態をあからさまに示すことは，それは不当なものとみなされ，そこに居合わせる人の安全を脅かすような印象が生じることになるという（ゴッフマン，1980；薄井明，1991）。つまり，儀礼的無関心は，ただ自分から進んで相手に関心がないことを示す以上に，自分が他の何かに関わっているということを自然な形で理解させることができることによっても成り立っている。とくに都市（公共の）空間に 1 人でいるとき，そのような関わりを示すことによく用いられるのが，新聞や雑誌といった手持ちのメディアで，

それが携帯電話（スマートフォン）に変わりつつあるのが現在の日本であると言えるだろう。電車の中で皆がいっせいに携帯電話を開いている場面に出くわしたことで，日本中が携帯電話中毒になっている，とするような意見を目にすることがあるが，電車という共在の空間で，他人ではなく「自分のこと」に関与していることを簡単に示すために，身近で手軽な携帯電話の画面がたまたま用いられていると考えるのが，この意味では普通なことであろう。また，混んでいるエレベータの中のように，お互いの距離がとりにくく，相手への儀礼的無関心が積極的に示しにくい場合などは，視線をわざと上に向けたりする以外に，必要以上にエレベータの階数サインを見つめたりすることが見られるが，これもそのような関与の手がかりが身近なものに使われている例と考えられる。

　それでは，自分が家族や恋人などと一緒にいる状態で見られている場合，つまり1人だけではない場合はどうだろうか。このときは，まず自分が「1人ではない＝誰かとくに関わりをもつ相手がいる」ことを示すような手がかりが必要となる。なぜなら，都市空間にいる場合は，そもそもそこに居合わせている人たちがどういう単位でまとまっているのかがほとんどわからないからだ。

　この手がかりの1つとして，先にみた対人距離は，たんに個人同士の関係だけではなく，共在の場面にいながら，周囲の他人に，特定の集まりとしての関係を示すために使われることがある。つまり，そうした場面で，ごく近くにお互いの距離をとっている人々は，カップルや家族といった1つの集まりとみなすことができ，それだけで少なくとも，自分を見ている相手（他人）に対して，その相手よりも優先的に関わるべき対象がいることがわかる。より積極的に用いられる手がかりとしては，お互いの肩を寄せ合うとか，手をつなぐといったお互いの身体的な接触で，これはお互いのつながりを示すという意味で，**つながりのサイン**（tie signs; Goffman, 1971）と呼ばれることがある。その他に，お互いに何かを取り囲むように体を向けたり，お互いに視線をずっと向け合うような姿勢をとったりすることも，このような関与の対象となる相手を示す手がかりになる。

　いずれにしても，このような手がかりを伴った行動は，相手の視線に対して規則的なものとしてとらえられることがなければ，その意味がなくなってしまうことにもなる。つまり，やたらと姿勢を変えたり，相手に直接視線を向けなくても，その方向をむやみに変えてしまうと，相手にはその状態が「一目でわ

かる」ことが難しくなってしまうのである。都市空間の中で，親子連れを見かけるとき，親が子どもに対して「じっとしている」ということを教え込んでいる場面を目にすることがよくあるだろう。それは，子どもが動き回ることで必要以上に他人の視線を集めてしまったり，逆に他人に対して無邪気に視線を向けることで，親の方が保っているはずの儀礼的な無関心の状態が破綻してしまうためであると考えられる。このことから，逆に「じっとしている」ことは，そのような状態の維持をつなぎとめる1つの手がかりとなっているともいえる。

このようにして，都市空間にいる見知らぬ同士の人たちは，相手から見られている視角（アングル）をうまく調節することによって，印象操作（→unit 9）をしながら相手への配慮を示しつつ，共在という状態を保っているのである。

関わりをもつこと

さて，以上のことをふまえながら，最初の写真の光景に再び目を向けると，なぜこうした状況が起こるのかについては，それを支える周囲の人々の儀礼的無関心があるから，という1つの理解をすることはたしかに可能である。しかし，この地面に横たわる男性にとっては，そのようなことがわかったとしても何の救いにもならないし，むしろそのような「無関心」がつくり出す犠牲者にも映るのではないだろうか。

これに関連して，ニューヨークという都市で発生した1つの有名な事件が挙げられる。これは，キティ・ジェノベーゼという女性が，夜帰宅する途中，何者かによる襲撃に遭い，大きな悲鳴をあげてその場を逃れようとしたとき，近くの住人のうち，その悲鳴を実際に聞いていたり，様子を窓からのぞいていたりと事件の発生を知る者が38名にものぼったが，直接彼女を助けようとした人がすぐに現れず，とうとう彼女の生命が失われてしまったというものである。

この事件から，人が見知らぬ他人に救いの手を差し伸べることがどのように行われるのか，あるいはそれが行われないのはなぜなのか，という研究が援助行動の研究として行われることとなった。その説明として，代表的な研究者によるものに**責任の分散**という考え方がある。これは，周囲で見ている人が多いほど，「他の誰かがやるだろう」ということで，援助することの責任が分散してしまい，結果として援助が行われなくなるというものである（B. ラタネ & J. M. ダーリー，1997，原著1970年）。しかし，その後の研究では必ずしもこうした

責任の分散がいつでも生じるということは確認できず,一方では,どういった人間関係がこうした援助行動に有効であるかを探る**ソーシャル・サポート**という研究分野が成立したが,見知らぬ関係について,どのように実際の人々の援助的なコミュニケーション過程が生じるのかという,具体的な点を明らかにしたものは少ないという(西川正之,1995)。

したがって,ここでは,そうした儀礼的な無関心を前にして,あえて見知らぬ人同士がどういった形で積極的な関わりをもちうるのか,その可能性についてみていくことにしたい。それは,都市での近隣関係などにおいて,お互いが協力し合って何かを成し遂げたり,限られた資源を融通し合ったりするなど,ソーシャル・キャピタル(→unit 23)を活用する課題としても重要な意味をもつことになるだろう。

その課題について1つ参考になるものに,見知らぬ人同士のコミュニケーションの中にすでに具体的にみられている,関わりをもつための技法である。その1つに,**チケット**と呼ばれるものがある(H. Sacks, 1974)。これは,まさにチケットを渡すように,相手がこちらの発言を受け取らざるをえない内容で話しかけることによって,儀礼的無関心を超えたなかで関わりをもつというものである。これは例えば,見知らぬ人に後ろから声をかけて,「すみません,ジャケットの背中が汚れてますよ」といって相手にジャケットを脱がせるような例として挙げられる。その場合,本人にとって背中は見えないわけであるから,背中が見られる立場にいるものは,それについて優先的に話すことができるし,そのような立場を使って,相手に回答せざるをえない状況をつくり出している。実際にはそのジャケットから財布を抜き取るなど,こうした技法を使った盗みの手口もあるが,説得的コミュニケーション(→unit 13)のところでもみるように,詐欺や盗みというのはたいてい見知らぬ同士の間で,また見知らぬ間柄を保つなかで起こるものなので,行為の善し悪しはともかく,こうした関わり合いの技法を考えるうえでは大きな意味をもつ。

その他にも,物を落とすとか,物を拾うということなども相手との関わりをもつことのきっかけとなり,時には相手が落としたところを見たことがなくても,「これ落としましたか?」と尋ねることついても,儀礼的無関心に対してそれほど抵抗なく関わりが始まるきっかけとなるだろう。

こうしていったん会話が始まれば,あとは視線の位置や対人距離については

それほどの制約はなくなり，相手との関係を取り結ぶことになるし，いったんそうなってしまえば，逆にあれほど強固にみえた儀礼的無関心の壁というものも何事もなかったように感じられるかもしれない。ことば1つで済むところを，お互いにそのことばをギリギリの状態まで抑制したところで視線や体の距離で何かを伝え合おうとしているところに，都市空間にいることの特徴だけでなく，コミュニケーションそのものにみられる不思議さというものを感じることができるのではないだろうか。

ホームワーク

- □ *work 1* エレベーターの中で，空いている状態から，途中に人が乗り込んできて混んできた状態に変わるとき，人々がことばや動作などにおいて，どのような行動をとるのか観察してみよう。
- □ *work 2* 電車で席を譲るなど，公共の空間で援助の行動を人々が行っているときに，援助を申し出る人，受ける人それぞれのことばやしぐさなどについて，どういった特徴がみられるのか考えながら観察してみよう。
- □ *work 3* 出演者が街中を散歩するような番組の中で，出演者が見知らぬ人と出会ったときに，どういったことばやふるまいをきっかけにして会話を始めているのかについて，例を集めて分析してみよう。

文献案内

A. E. シェフレン『ヒューマン・テリトリー――インテリア・エクステリア・都市の人間心理』（産業図書，1989年）では，公共の空間を始めとして，人々がお互いの身体によって形成している空間を，豊富な画像による実例を交えて分析している。蓮花一己・西川正之編『現代都市の行動学』（福村出版，1995年）では，援助行動を始めとして，交通やごみ捨てなど，都市空間でのコミュニケーションがどのような現象について，どういった特徴をもって展開する可能性をもっているのかが，具体的な研究をもとに示されている。R. B. エジャートン『ビーチの社会学』（現代書館，1993年）では，浜辺でのフィールドワークをもとに，人々が実際にどのような個人の空間を公共の場所で確保しているのかが，治安の問題とともに社会的な位置づけの中で論じられている。

参考文献

薄井明（1991）「〈市民的自己〉をめぐる攻防」安川一編『ゴフマン世界の再構成――共在の技法と秩序』世界思想社

ゴッフマン，E.／丸木恵祐・本名信行訳（1980）『集まりの構造――新しい日常行動論を求めて』誠信書房

シェフレン，A. E.／桃木暁子・日高敏隆・竹内久美子訳（1989）『ヒューマン・テリトリー――インテリア・エクステリア・都市の人間心理』産業図書

筒井淳也（2010）「情報管理のコミュニケーション――ゴフマン」伊藤公雄編『コミュニケーション社会学入門』世界思想社

西川正之（1995）「援助とサポート」蓮花一己・西川正之編『現代都市の行動学』福村出版

ラタネ，B. & J. M. ダーリー／竹村研一・杉崎和子訳（1997）『冷淡な傍観者――思いやりの社会心理学〔新装版〕』ブレーン出版（原著 1970 年）

Goffman, E. (1971) *Relations in Public: Microstudies of the Public Order*, Basic Books.

Sacks, H. (1974) "On the Analyzability of Stories by Children," R. Turner ed., *Ethnomethodology*, Penguin Books.

Sudnow, D. (1972) "Temporal Parameters of Interpersonal Observation," D. Sudnow ed., *Studies in Social Interaction*, Free Press.

第3章

コミュニケーションの影響力

13 説　　得
14 うわさ
15 流行と普及
16 世　　論
17 メディアの影響力──理論・学説を中心に
18 メディアの悪影響──検証の方法論を中心に

第3章 コミュニケーションの影響力

Introduction

この章の位置づけ

　第3章では，コミュニケーションのもつ影響力とは何なのか，コミュニケーションによって人はどのように影響を受けるのかという点を考える。社会学・社会心理学における説得的コミュニケーション研究，集合的コミュニケーション研究，マスコミュニケーション研究と呼ばれる分野での重要な理論，考え方を学んでいこう。

この章で学ぶこと

unit 13　コミュニケーションによって，他人に影響を与えるとはどういうことか。ある意図をもって，相手の態度や行動を変化させる「説得」という考え方を学んでいく。

unit 14　何気ない人々の口伝えによるコミュニケーションである「うわさ」を社会現象としてとらえると，さまざまな共通点が見えてくる。「うわさ」の分類，機能，拡散していく背景について考えていく。

unit 15　商品やファッション，考え方などが人々の間にいつの間にか広まっていく「流行」，またその結果として社会にそれらが定着していく「普及」という考え方を学んでいく。

unit 16　社会の争点について，世間の人々はどのような意見をもっているだろうか。私たちは人々の意見を意識しつつ社会を認識している。この「世論」をどうとらえていけばよいか，「世論」はどう変化しているのか，メディアはどう関係しているかを考えていく。

unit 17　メディアは人々にどのような影響を与えるのだろうか。戦争，消費行動，選挙，暴力や犯罪など社会問題・社会現象とメディアはどのように関係しているのか。メディア効果研究の理論・学説の系譜を歴史的に概観する。

unit 18　メディアは人々に「悪」影響を与える，と簡単にいえるのだろうか。テレビと暴力，インターネットと人間関係など，とくにメディアの「悪」影響に関する問題を取り上げながら，因果関係や相関関係などの考え方，実験や調査など検証方法といったメディア効果研究の検証の方法論の基礎を学ぶ。

unit 13

説　　得

〈女性の家の電話が鳴る〉
女：もしもし○○です。
男：あ，母さん，オレだけど…（せき込む音）。
女：え，タカシ？　タカシなの？
男：うん，タカシだけど…（せき込む音）。
女：どうしたの？　なんか声が変だけど。
男：うん，ちょっと，風邪ひいたみたいなんだ…（せき込む音）。
女：え，大丈夫？
男：うん，大丈夫。あのさ，母さんにしか相談できないことがあるんだけど…。
　　（出典）　警視庁サイト「あなたは見破れますか？　振り込め詐欺のテクニック」を一部改変。

　このようなやりとりで始まる，いわゆる「オレオレ詐欺」と呼ばれる，親族を装うなどして電話をかけ，現金が至急必要であるかのように信じ込ませ，動転した被害者に指定した預貯金口座に現金を振り込ませる詐欺被害が一般にみられるようになったのは，2003年5月以降だといわれている。その後，電話以外にもさまざまな手口が「振り込め詐欺」として現れ，全体の被害総額は2008年には275億円にのぼったという（『平成21年度警察白書』より）。

　その後，犯罪情報の周知や機械による振り込み額の制限などの対策により，振り込め詐欺の認知件数は2009年に半分以下に減少し，被害額も激減したが，依然として電話を使った「オレオレ詐欺」は全体の半分を占めるとされている（『平成25年度警察白書』より）。

　このような一見単純ともいえる手口になぜだまされてしまうのだろうか。このunitではまず，こうした現象に関連したものとして，「説得」という考え方を取り上げる。そして，コミュニケーションすることがもたらす効力によって，

「他人に影響を与える」ということについて考えていくことにしたい。

🔲 説得とは

説得的コミュニケーション研究（以下，説得研究と略す）は，C. I. ホヴランドらの研究（ホヴランド他，1960）を端緒として，主に社会心理学の分野で展開してきた。説得とは，日常で使われる意味とはやや異なり，ある個人もしくは集団が，別の個人・集団を対象にして，非強制的に相手の態度や行動を変化させる社会的影響の行為として定義される（榊博文，2002；深田博己，2002）。例えば，親が子どもにゲームに熱中するのをやめさせて勉強させることなどにはじまり，企業が特定の消費者に，（他社のものではなく）自社の製品やサービスを使ってもらうようにすることなどに至るまで，さまざまなことがこうした社会的影響の行為に当てはまる。

そうした行為の中でも，とくに説得という場合は，コミュニケーションに関わるものが，ある程度明確な意図や意思をもっていることが条件となる。つまり，説得を行う側（送り手）は影響を与えるという意図をもっていて，説得を受ける側（受け手）には自由な選択の余地があり，説得されているという意識をもつ，といった意味で，強制や命令あるいは洗脳といった社会的影響とは区別される。

その上で説得研究では，送り手側や受け手側のもつ個人的な背景から，説得がもたらす効果について説明が行われてきた。そのうち，送り手側の背景で重要となるのが専門性と呼ばれるもので，説得の目的に関わる専門的な資格が効果をもたらすとされる。振り込め詐欺の例でいえば，電話をかける側は警察や弁護士を名乗ることが多く，「事件」に専門的に関わる立場をつくり出すことで，被害者が至急に高額な振り込みをすることの根拠が生み出される。一方，受け手側が魅力（対人魅力）を感じる相手からの説得が効果的であることも指摘されており，冒頭の会話例でいえば，被害者に訴えかける相手について，たんなる知り合いではなく，親にとっての子どもという，一般的に強い魅力や愛着を感じる対象が選ばれて演じられていることは，被害者に振り込みを決意させることへの大きなきっかけとなっていると考えられる。

こうした説得に関わる背景は，対人関係や感情，役割関係など，さらに細かい要因に分けられ，それぞれの要因がもつ影響力がさまざまな形で検証されて

いる。すべてについて触れることには限界があるので，詳しくは参考文献（今井芳昭，2010など）に当たっていただくとして，ここではコミュニケーションとしての特徴に注目していくことにしたい。

⬚ コミュニケーションの流れがもつ力

まず，説得研究の書物の中で，実際に説得の例として挙げられていた，ある心理学者による次のようなエピソードをみてみよう。

「有名なお寺を訪ね，その地域で名物の唐辛子を買おうとした私は，あるお土産店に入りました。店主らしき男性に『柚子入りの唐辛子はありますか』と尋ねると，店主はそれに答えずに，店先で蒸していた売り物の茶まんじゅうを一個取って，『どうぞ』と私に差し出しました。頭の中で『返報性を仕掛けられた』と思いましたが，『どうぞ』と言われたので，『結構です』と断るのも角が立つと思い，会釈をしながらもらい受け，再びその唐辛子があるか尋ねました。すると，店主は『普通の唐辛子にも柚子は入ってるんですよ。その唐辛子は値段が高くて売りにくく，置いてないんです。』と返事をしました。結局，欲しいものはなかったのですが，茶まんじゅうの威力が発揮され，私はその店で普通の唐辛子を購入したのでした」（今井，2010から一部省略の上再構成した）

この心理学者は，「私」自身の体験に基づくこの例について，コミュニケーションにおける返報性（→unit 9）の原理から説明をしている。つまり，相手から何か恩恵を受けたときに，それと同じような恩恵を相手に返すという規範をそれぞれの人がもっており，この例では，茶まんじゅうをもらったという恩恵に対して，普通の唐辛子を購入する恩恵を返すという形で，その規範が果たされているとみることができる。実際にもこのような規範によって，人々がさまざまな社会的な影響を受けて行動することが，説得研究によって説明されている。

しかしながら，この例については，さらに別の視点をもって眺めると，より興味深い特徴が現れてくるだろう。つまり，こうした専門的な知識をもち，実際にその場でも「返報性を仕掛けられた」と勘づくような人であったとしても，実際にそのコミュニケーションの中に置かれると，なかなかその流れには抗しがたいということがある。「まんじゅうの威力」とは，返報性の力だけでなく，まずこうしたコミュニケーションの流れがもつ力を示していると言える。

もう1つの特徴としては，すでに別のところでみたように，こうしたやりと

りが，コミュニケーションを一定の流れに導くような，指し手（→unit 6）としてつくられていることが確かめられる。例えば，この店主は，「柚子入りの唐辛子はありますか」という心理学者の質問に対して，そのすぐ次に「置いてないんですよ」と答えを続けることもできるはず（隣接ペア→unit 6）なのに，あえて「答えずに」茶まんじゅうを渡すという，別の行動を続けている。これを1つの指し手としてみることができるのは，「まんじゅうを渡す（受け取る）」ことが「前の手」としての効力（威力）をもって，「次の手」として普通の唐辛子を勧めて買わせる可能性が示されるためである。これに対して，「置いてないんですよ」と答えてしまってから，まんじゅうを渡すというやり方では，その後で普通の唐辛子を買ってもらうことは望みにくいと考えられる。

このように，あるコミュニケーションを行うことが1つの効力をもって，その後に続くコミュニケーションの可能性を特定の形に方向づけていくことが，社会的影響を考えるにあたっては重要で，実際にこうした方向づけによる説得の方法は，一貫性原理による説得と呼ばれる研究の中にもみられている（R. B. チャルディーニ，2007）。

この一貫性原理による説得方法として代表的なものが，段階的依頼法と呼ばれるもので，はじめに送り手が受け手にとってコスト（労力や時間やお金など）がかからない「小さな要求」を出し，それをいったん承諾させ，次に，最初の依頼よりもコストがかかる「大きな要求」をすることで，その承諾をさせやすくするというものである。この方法について，一方で，小さな要求を，あるキャンペーンのステッカーを家の窓に貼ることとし，他方で大きな要求を，同じキャンペーンの看板を庭に立てることとして，実際に依頼実験を行った結果では，いきなり大きな要求をしても応諾率は17%だったのに対して，小さな要求の応諾の後に行った大きな要求の承諾が76%であったことが確かめられている（L. フリードマン＆S. フレイジャー，1987）。

この場合，たんに送り手が要求を2回することではなく，受け手が応諾するということがいったん成立することが重要である。いうなれば，小さな要求についての依頼／応諾という指し手が，あるコミュニケーションについての事実になることで，それが1つの効力を発揮し，次の大きな要求の依頼／受諾を方向づけることになる。一貫性原理とは，このようなコミュニケーションの効力に従って，依頼／応諾というパターンを一貫して維持するような心理的作用を

示している。

　しかしながら，このようなコミュニケーションの効力は，次にみる詐欺の手口のように，必ずしも受け手の心理作用にとどまるものではない。この手口によれば，まず，被害者の銀行口座や電話番号などの個人情報を得た犯人は，いきなり被害者の銀行口座にお金（例えば3万円）を振り込む。次に犯人は被害者に電話をかけ，「先日の（お金を貸すという）契約に基づいてお金をあなたの口座に振り込んだので，利子とともに返金してほしい」と要求する。被害者がそんな借金の契約をした覚えがないと言っても，犯人は被害者の個人情報を知っていることを根拠に，要求が正しいことを主張する。被害者が身に覚えのないものとして，振り込まれた3万円を犯人に返金しても，逆に犯人は「これであなたは私からお金を借りた（契約をしている）ことを認めた」と主張して，さらに高額の利子を振り込むように要求するという（今井，2010での紹介による）。

　この一見でたらめにみえるような犯人の要求が根拠をもつようにみえるのは，犯人が被害者の情報を知っていて，口座にお金を振り込んだことを，（借金の）「依頼に対する応諾」という，特定の指し手に従った事実（契約）として主張していることに求められる。もちろん，こういう主張を一方的にするだけでは意味がないのであるが，これに被害者が返金したという事実がひとたび加われば，その事実を，借金の契約に基づく「返済」という流れに位置づけることで，さらに利子を払うという「金銭上のやりとり」に結びつける可能性が出てくる。コミュニケーションの技法としてみても，見知らぬ人同士の関わり合いをもたらすやり方としてのチケット（→unit 12）という技法のように，この場合にいきなり送りつけられた3万円とは，まさに関わり合いの技法としての意味をもつ。こうした手口への最良の対処方法は，この関わり合いをなくする，つまり無視することであるが，金額の高さにより人々がこのチケットの存在を無視できないところに，犯人が描くシナリオの結末に向かうきっかけが隠されているとも言える。

　以上の例にみられたような，ある行動に対して応答（やりとり）したという事実が，さらなる指し手（→unit 6）として，後の状況を展開する可能性をもつという，まさにこの点に，コミュニケーションのデザインがもつ効力が認められる。その効力の中では，例えば返金したつもりのお金が「返済」の意味をもってしまうように，個人の意図には関係なく，コミュニケーションのデザイン

そのものによって，個々の行動が意味づけられることになる。

◫ コミュニケーション上の立場を守ること

　以上にみてきたようなコミュニケーションの効力は，個々の行動についての意味だけでなく，行動の担い手（行為者）自体に関する意味にも及ぶ。例えば，先の心理学者の例では，心理学者が「返報性を仕掛けられている」と知りつつも，「角が立つ」ので断らなかったことが述べられていたが，逆に断るという行動によって，角が立つ，つまり自分と相手の「立場」が悪くなることがここでは示されている。

　この「立場」に関連した方法が，もう1つの説得研究で確かめられており，それは譲歩的依頼法と呼ばれている。これは，段階的依頼法とは逆に，先に大きな要求を行って，受け手が拒否した後，小さい要求に切り替え（譲歩）て依頼するという方法で，実験によれば，その方法を加えない依頼への応諾が17％にすぎなかったものが，譲歩的依頼法を用いた場合には50％に応諾率が上昇したという結果が確かめられている（チャルディーニ，2007）。

　この方法についても，返報性の原理によって説明がなされることが多く，送り手が譲歩をしたことに対して，受け手が譲歩をする形で小さい要求を承諾すると考えられている。しかしながら，コミュニケーションの効力としてみた場合，もう1つの手がかりとなると考えられるのが，**フェイス**という考え方である。フェイスとは，日常でいわれる「体面」（漢語で「面」は「顔」という意味をもつ）のようなもので，コミュニケーションについて人々がもつ立場（を守ること）を意味する。譲歩的依頼法では，例えば販売員が顧客に対して物を売る状況（最初に高額な物を勧めて拒否させ，後で手ごろな物を買わせる）などが想定されているが，販売員にとっては，物を売るということがその場面での立場となり，まったく物が買われずに終わることは，その販売員にとっての立場がなくなる，すなわちフェイスが失われることを意味する。これに対して，金額の大小にかかわらず，物が買われたという事実がひとまず成立すれば，販売員の立場は維持されることになる。つまり，顧客にとっては，拒否をした後で提供される物を購入することで，相手（販売員）のフェイスを守ることになり，そこにこの方法がもつ影響力が認められる。

　ここで注意したいのは，だからといって，私たちがつね日ごろ，販売員の立

場を気にしなければならないわけではないように、あくまで、ある場面で一定のコミュニケーションを取り結んだ者同士の間で、このような立場への配慮が効力をもつことである。したがって、相手との関わり（付き合い）が長ければ、それだけこうした立場の効力もより強く出てくることになる。親しい者の間で行われる相互行為儀礼（→unit 11）とは、長い付き合い（やりとり）の中でお互いにフェイスを守るためのやり方として考えることができる。

これに関連したものとして、説得研究では、先に挙げた専門性の他、目上の人や地位をもった人などが説得の効果をもつと言われてきたが、こうしたものも、たんに地位や年齢が効果をもっているというよりも、コミュニケーションの中で維持される立場としてとくに地位や年齢といったものがあるために、そのフェイスを維持する場合に従って、説得が効力を発揮するものと考えられる。

希少なものに対する態度

他にも、**希少性**といって、説得する相手や機会が限られたものである場合、その説得内容が重要な意味をもつようになる効果も認められている。これは身近にはセールストークなどで「3日間限定のサービス」といった形で商品が販売される例などに示される。この場合、実際はそうしたサービスの提供が普段からそれほど珍しくないとしても、その場面での3日間という限られた日数が希少性となって、そのサービスを得ることの価値が高められるのである。さらには、「あなたにしかできない」という言い方などによって、説得を仕掛ける相手との関係そのものが希少性をもつことになって、コミュニケーションの機会そのものがもつ価値が高められる例も考えられる。冒頭の例は、母親にしか相談できないという言い方によって、相談ごとの深刻さを高めることになっているが、これもまた、一種の希少性を用いて相手の関心を引き込む方法といえる。

以上から、なぜオレオレ詐欺のような単純な手口が効力をもつかとあらためて問えば、その答えは、これまでにみたさまざまなコミュニケーションがもつ効力との関連から理解できるだろう。警察や弁護士と名乗る人に、いきなり「あなた本当に警察ですか。証明してください」とは聞きにくいように、たとえ電話上での名目にしても、ひとたびコミュニケーションについて割り当てら

> **コラム**
>
> **ウソ**
>
> 　従来の説得研究では，詐欺のようなウソ（欺瞞）に関わる現象が直接結びつけられて効果が考えられることはほとんどなかったという。説得の場合，コミュニケーションをする人々の間にはっきりした意図があることが条件となっているのに対して，欺瞞の場合は，何が「本当の意図」として働いているのかを判断することが難しくなってしまう。コミュニケーションの視点からウソを考える場合，本音や本心といった心理的な部分とのギャップとは別に，印象操作（→unit 9）における，個人の行動としての一貫性や，詐欺の場合などのように，情報をコントロールされた人々が，実際に展開している状況に対して，それとは異なった認識をしてしまうことが問題となる。人々が集合現象としてのうわさ（→unit 14）により，意図しない形で誤った認識をもつことなどもこれに関連してくるだろう。

れた立場である以上は，それぞれの立場に配慮することがどうしても求められてくる。その配慮のために，私たちはその立場を維持する方向に従って，犯人側が思い描くシナリオをたどってしまうことになる。まして，自分に「オレ」とだけ名乗ってくるように，相手が自分にとって非常に親しい関係にいるとすれば，その相手の立場を守ることは，もっとも重要な意味をもつことだろう。そのような立場のもつ効力を前に動揺する人々に対して，だまされる人（個人）が悪い，と簡単に片づけることはできないのではないだろうか。

ホームワーク

☐ ***work 1***　警視庁のサイトなどで公開されている実際の振り込め詐欺の電話内容をいくつか聞いてみて，具体的にどのような部分で，どういった種類の説得に関わるコミュニケーションが行われているのかについて考えてみよう。

☐ ***work 2***　身近にある広告のコピーや文章などを集めてみて，それらにみられることばの使い方が，説得のコミュニケーションの観点から，どのような効果をもっているのかについて考えてみよう。

読書案内

　C. I. ホヴランド，I. L. ジャニス & H. H. ケリー『コミュニケーションと説得』（誠信書房，1960 年）は，説得の古典的な研究として有名であり，説得する際に賛成・反対などの 2 つの意見を併せて提示（両面提示）する方法や，説得された

後に説得された結果による変化とは逆の方向に態度が変わること（ブーメラン効果）など，説得に関するさまざまな知見が紹介されている。L. フェスティンガー，H. W. リーケン＆S. シャクター『予言がはずれるとき——この世の破滅を予知した現代のある集団を解明する』（勁草書房，1995年）は，説得される側の立場を宗教集団のフィールドワークにより研究したものとして見ても興味深い。是永論『わかってもらう説得の技術——「点」から「面」に広げるとうまくいく！』（中経出版，2004年）では，これまで心理効果として説明されてきた説得の技法について，エスノメソドロジーなどを用いたコミュニケーションの観点から新たな形で検討を加えている。

参考文献

今井芳昭（2010）『影響力——その効果と威力』光文社

榊博文（2002）『説得と影響——交渉のための社会心理学』ブレーン出版

チャルディーニ，R. B.／社会行動研究会訳（2007）『影響力の武器——なぜ，人は動かされるのか〔第2版〕』誠信書房

深田博己（2002）『説得心理学ハンドブック——説得コミュニケーション研究の最前線』北大路書房

ブッシュ，D. M., M. フリースタッド＆P. ライト／安藤清志・今井芳昭監訳（2011）『市場における欺瞞的説得——消費者保護の心理学』誠信書房

フリードマン，L. ＆ S. フレイジャー／白井泰子訳（1987）「圧力をかけずに応諾させる法——フリードマンとフレイジャーのフット・イン・ザ・ドア法の実験」齊藤勇編『対人コミュニケーションの心理』（対人社会心理学重要研究集3）誠信書房

ホヴランド，C. I., I. L. ジャニス＆H. H. ケリー／辻正三・今井省吾訳（1960）『コミュニケーションと説得』誠信書房

unit 14

うわさ

　これは筆者が大学生のときに聞いた「うわさ」である。

A：明日，テストいやだな。
B：○○先生って評価厳しくない？
A：じつは，<u>テストの答案を投げて，遠くまで飛んだ人から順番にA，B，C評価つけているらしいよ。</u>
B：いったいどういう基準でつけているのかわからないもんな。

　大学ではテストの点数や採点方法を学生に知らせない場合も多いので，どういう基準でテストの採点をしているのか，「うわさ」の対象になる。どこにでもある「うわさ」だが，「うわさ」の基本的な条件を満たしている。

　第1に，「うわさ」は，必ず，最低3人以上が関わっている。Aが会話の中で「こういう話があるんだって」とBへ，会話をする。その「話」がAのつくり話でなければ，この会話の前の時点で，その「話」は別の誰かCがAにした話である。もちろんCも誰かから聞いた「話」であるはずなので，この「うわさ」に参加している人数はもっと多いことになる。

　第2に，「話題」にも条件がある。共通の関心事でなければならない。「こういう人がいるんだって」「こういう話があるんだけど」という会話を交わす以上は，両者が関心をもつテーマの話題でなければならない。

　「話題」の内容が，真実であるかどうか，ウソであるかどうかは，あまり問題とならない。テストのことを語るA，話を聞くB，Aがもともとその話を聞いたC，誰もがその話を信じているわけではない。むしろ重要なことは「いったいどういう評価基準でテストの採点をしているのであろう」という心理を，語る相手と共有することが重要なのである。

第3に，相手との関係性である。相手と会話が成り立つというのも「うわさ」を成立させる条件である。たわいもない話をして許される，関係が良好な相手か，会話をすることによって関係をつくろうとしている相手か，いずれかである。

　「うわさ」とは人間が言葉をもってから常に行われてきた，原初的なコミュニケーションである。人間の会話のほとんどは「あいつムカつくんだよ」「□□くんと△△さんって，できているらしいよ」といった，好き嫌いや恋愛関係など身の周りのことについてのたわいもない話である（→unit 10）。企業やサークルの活動方針，組織のあり方など真面目な話などは，日常会話では少ない。日常会話の多くは，人間関係，恋愛などの話である。友人とは別の友人の話，会社の同僚とは他の同僚や上司の話，家族とは親戚の話，また芸能人や芸人の話で終始する。実際，学生の会話の約70％は，このような「うわさ」であるという（J. Levine & A. Arluke, 1985）。

　「うわさ」は基本的には「口伝えによるコミュニケーション」という意味であるが，「真実と確認できない」「評判の」などという意味もある。

　「『うわさ』にすぎない」「それは『流言だ』」という場合には，基本的には「口伝えによるコミュニケーション」が前提となりつつ，真実と確認できないという意味に力点がおかれる。人口に膾炙しているあるメッセージが，「真実と確認できない」という視点で分析される場合は「うわさ」「流言」の研究となり，「真実である」という視点で分析される場合は「**ニュース伝播**」の研究となる。

　「うわさの商品」「うわさの映画」などと使われる場合は，口伝えで伝わるほどの内容であるから「評判になっているもの」であろうという意味であり，やはり，これも「口伝えによるコミュニケーション」が第一義的な意味である。

「うわさ」の分類

　うわさは，流言，都市伝説，ゴシップ，デマに分けることができる。

　流言とは，時事的で一過性の話題で，社会の広範囲に広がり，社会的な影響（悪影響）をもたらすという意味がある。地震後の余震流言（いついつに余震がくるといううわさ），水害後の決壊流言（ダムが決壊したうわさ），災害後の泥棒流言（不審者や強盗団が被災地に侵入したといううわさ）など災害の後，テロなど危機の

後に典型的に現れる。

都市伝説は，現代に広がる「物語」としての楽しみを目的とするうわさである。特定の地名や人名を伴って，事実や経験のように話されるが，類似した話は時代と場所，国を越え，至るところで観察される。「ピアスの穴をあけると白い糸がでてきてそれを引っ張ると失明する」「井の頭公園のボートに乗ったカップルは別れる」「ディズニーランドに行ったカップルは別れる」といった類のものである。「○○のハンバーガーはミミズやネズミの肉からできている」といった都市伝説の中で企業に関するものを商業伝説ともいう。

流言と都市伝説を比較すると，流言の特徴は，①情報を伝え（道具性），②人によって真偽が問題となり（真偽性），③評価を含まず，④簡潔で，⑤特殊で，⑥一過性のものである（三隅譲二，1991）。都市伝説はこれらの逆の特徴をもち，むしろ「話題」の1つとしてエンターテイメント性があり，「オチ」（物語性）があるものをさす。

ゴシップは身近な人や有名人に関するおしゃべりである。性格や人間関係などインフォーマルな情報を伝達し，自分の位置や会話の相手の考えを知り，社会的制裁を与え，規範を確認し，会話の促進剤になるなどの社会的機能ももっている。芸能人の場合は，皆がよく知っているために，当然，ゴシップの対象となるが，もともとは身近な人のたわいもない話をさす。

デマは悪意ある情報を捏造して伝えることである。語り手の政治的，経済的，社会的意図を実現するために，真実ではないことが意図的に流される「うわさ」である。流言は，真実かどうか明確でないまま非意図的に流れるものなので，この点で異なる。昔は「デマ」と「流言」はあまり区別なく用いられていた。デマは法律的には刑法・商法において「風説の流布」として処罰されるもので，政治経済の問題でもある。

なお，清水幾太郎を代表として，「うわさ」を個人的事柄，流言蜚語を社会的事柄として区別し，流言と都市伝説を区別しない場合も多い（清水，1937；廣井脩，2001）が，この場合の「うわさ」とは上記分類においては小規模の「ゴシップ」「デマ」のことである。流言を，社会の広範囲に広がり，社会的な悪影響をもたらすものという前提でとらえている点では一致している。

なお，これらの分類も分析する者の主観次第という側面もある。

例えば，ひょっとして潰れるかもしれないとされる金融機関に多くの人が殺

到する「**取り付け騒ぎ**」という現象がある。1973年12月に発生した豊川信用金庫事件においては，まったく銀行の経営に問題がなかったにもかかわらず女子高生のうわさ話から取り付け騒ぎにまで発展した。なお2001年福島銀行，2003年佐賀銀行などでもインターネット，携帯電話のメールでのうわさを原因として発生している。この取り付け騒ぎは，伝達過程に注目すれば「うわさ」の事例になるし，行動に注目すれば「(獲得)**パニック**」(→unit 24)の事例になる。同じうわさでも，伝達過程に注目すれば「流言」であり，誰かが悪意をもって行ったものとの視点からは「デマ」「風説の流布」となるし，「その銀行は安全である」という経営側の視点から事後的な報道も含めた経済的な被害に注目すれば「**風評被害**」(→コラム)ともなる。もし銀行の倒産が真実であったならば，その情報伝達の過程は「うわさ」ではなく「**ニュース伝播**」(人々が口コミを通じていかにニュースを伝えていくか)の事例となるのである。

「うわさ」の社会的機能と制御

では，うわさはどのような社会的な影響をもたらすのか。流言のように社会的(悪)影響が前提とされたものでなくとも，うわさである以上は社会的な機能をもっている。

うわさには3つの社会的機能がある(川上善郎他, 1997)。第1に，情報伝達の機能である。真に正しいかどうかは別にして，うわさはニュースや自分の知りえた情報を伝え，また情報を得ようとするのに役に立つ。第2に，影響の機能である。うわさを語る場合，たいてい，相手が何らかの形でその内容に同意してくれることを前提としている。うわさは人に働きかけ，自分の意見に同意させたり，人の意見を自分と比べ確認し，相手との関係性を構築したりするという意味をもっている。その繰り返しによって「同士」「仲間」「派閥」を形成するのである。第3に，娯楽の機能である。うわさ，そもそも会話とは，何かの目的をもって行われるものとは限らない。会話は，それ自体が娯楽でもあり，自己充足的(コンサマトリー)でもある。流言は情報伝達の機能が，ゴシップは影響の機能が，都市伝説は娯楽の機能が強いとされる。

また，うわさ(流言)は社会的混乱を引き起こすと考えられている。とくに強くそれが意識されるのは災害時である。流言は無用な避難行動を導いたり，災害対策を混乱させたりする。関東大震災のときには，「朝鮮人が井戸に毒を

> コラム
>
> **風評被害**
>
> 　風評被害とは,「ある事件・事故・環境汚染・災害が大々的に報道されることによって,本来『安全』とされる食品・商品・土地を人々が危険視し,消費や観光をやめることによって引き起こされる経済的被害」である。
>
> 　風評被害とは,もともとは原子力の事故やトラブルに限定され用いられていたことばであった。原子力の事故やトラブルの場合は,すぐに放射線や放射性物質の放出があったかどうかを計測することが可能である。したがって直後から人体に有害な放射線の作用（被害）があった「実際の被害」と,実際に放射性物質に起因する汚染がないにもかかわらず経済的被害が発生する「風評（うわさ）に過ぎない被害」とを区別することが可能である。後者は原子力損害賠償法によって賠償されない。この補償がなされないことが原子力事故に関連するところで問題となってきたものである。これを「風評被害」という。
>
> 　1990年代後半になると,O-157,ナホトカ号重油流出事故,所沢ダイオキシン問題など有害物質汚染の問題において,本来,安全である商品がマスコミ報道を前提として商品が売れなくなったり,観光客が来なくなったりするような経済被害をさしていうようになった。2000年代に入ると,自然災害の後,被災地周辺に観光客が来なくなることも「風評被害」というようになった。
>
> 　2011年東京電力福島第一原子力発電所の事故によって,放射性物質が飛散し,福島県内を中心に線量が上昇した。直後は暫定規制値500 bq/kgという基準が政府によって設けられ（現在は100 bq/kg）,これ以上の値が確認された場合には,出荷制限措置がとられたが,これ以下であっても,農作物が売れなかったり,価格が下がったりした。これを「いわゆる風評被害」というようになった。
>
> 　風評被害とは「うわさが原因とされる経済被害」と誤解されていることも多い。だが過去の「風評被害」ということばが出てきた経緯をみていけば,風評被害とは「風評にすぎない」被害として報道を原因とする経済的な被害のことであって「うわさ」「流言」とは異なるものなのである。

投げ込んでいる」「放火をしている」といううわさが広まり,これが虐殺行為につながったとされている。いわゆる「関東大震災の朝鮮人流言」という有名な事例である。過度な自衛意識の結果として結成された「自警団」と,当時の「朝鮮人」に対する潜在的不安が結びついたものである。なお,官製のデマであるという説か自然発生説かは現在も議論が分かれているが,流言が広まり,各地で排撃が行われた点については異論がない。流言から非合理的な行動の連鎖としてのパニックが起こることはまれであることは経験的にわかっているも

のの，歴史的にはそれを否定できないのである（→unit 24）。

　津波に関する流言の場合には，それを原因として集合的な逃走行動が発生する場合が少なくないし，少数ではあるが，その混乱による交通事故などでけが人や死者が発生することがある（インドネシア沖の地震後の津波流言では死亡例もある）。また，1986年伊豆大島噴火において流言などの未確認情報を前提とした全島避難が決定された事例もある。避けることのできる災難や社会的混乱は防ぐべきであるという発想から，災害においては（可能かどうかは別として）暗に流言をコントロールして，流言の発生を防ぐべきという考え方が一般的である。

　1999年，東芝のビデオテープレコーダーを購入したユーザーに対応したユーザーサポート担当者の暴言が録音され，インターネットに公開された後，掲示板などを通じてネットユーザーの間で広まり，マスメディアに取り上げられ，不買運動にまで発展した「東芝クレーマー事件」といわれる事件が発生した。これを契機に，ネットにおける悪評（悪いうわさ）の広がりは，商品の不買運動や企業に脅威を与えうるものとして，認識されるようになった。もちろん，この逆に「価格.com」「@cosme」など口コミサイトを中心とした評判は企業の利益に結びつく。この両者，すなわちうわさや評判をコントロールすることをレピュテーション（評判）管理と呼び，企業は実務的にも強い関心をもっている。

「うわさ」の心理学

　うわさという現象は個々人が伝え合うものであるから心理的側面を有している。この「うわさ」の心理的特徴に注目する考え方がある。この立場として有名なものがG. W. オルポートとL. ポストマン（2008，原著1947年）の「流言の基本法則」である。オルポートとポストマンは戦時中のうわさを研究し，うわさが広まる強さを「$R \sim i \times a$」と定式化した。うわさの流布量（R: Rumor）は当事者にとっての重要さ（i: importance）と，証拠のあいまいさ（a: ambiguity）の積に比例するという。重要なことでなければ，またあいまいさがなければコミュニケーションをとる必要がなくなるからである。

　この「重要さ」の概念は，流言が流れる前提ともいえる。戦争や災害，社会問題，政治家のうわさなど，重要性が高いことがうわさを伝達させる1つの要

素と考えられる。ただし実際に流布するうわさは、芸能人や身近な人のゴシップや都市伝説など必ずしも社会的には重要性が高いとは言い難いものもあり（もちろん重要かどうかは当事者にとっての主観的な問題である）、実証されてはいない。

「あいまいさ」も重要な概念である。災害時などでは、報道など的確な情報が提供されないためにうわさが発生するとされることが多い。だが実際には災害後にマスメディアや行政機関などからさまざまな情報が提供されても、流言が広まることが多くの調査から観察されている（関谷直也, 2008）。あくまでうわさを伝達する人々にとって主観的に「あいまい」かどうかがうわさの発生と関係するのである。

オルポートとポストマンは、他にも流言の発生に関わる人々の心理的特徴として「強い感情的興奮」「認知的欲求」「誇示の欲求」などを挙げている。しかし、これらは、いずれも実証されているものではない。

その後の数多くの社会心理学の研究の蓄積からは、流言を伝えるもっとも有効な心理的要因、社会的要因は「**不安**」であることがわかってきている（川上, 1997）。不安な状況で、不安を感じる人々が、不安を伝えるうわさを伝達するのである。

「うわさ」の社会学

また、うわさは社会の中で流れるものという前提がある。この「うわさ」の社会学的解釈をとらえていく考え方もある。

人々は、常にマスメディアや常識的な判断などから身のまわりの世界を理解しようとしている。これを「**状況の定義づけ**」と呼ぶ。しかし異常な事態が起こったり、情報が不足したりして自分をとりまく状況が理解できない場合、何らかの新たな解釈を必要とする。これは一般に「**状況の再定義**」と呼ばれている。

例えば、災害など危機に直面した人々は、今、何がまわりで起こっているのかということなどさまざまなことを知りたがる。だが、報道機関も直後は正確な情報を得ることができなかったり、停電などで情報を得ることができなかったりする。情報ニーズが急激に高まる一方、マスメディアなど制度的チャネルが機能せず、情報が不足して、情報の需要と供給のバランスが崩れることがあ

る。そのようなときに，人々は口伝えによるコミュニケーションを活発化させ，集合的に状況を解釈し，新たにその解釈を創り出す。すなわち「**即興のニュース**」として流言をとらえるのである。

T. シブタニ（1985）は，このようにうわさを解釈し，「あいまいな状況にともに巻き込まれた人々が，自分たちの知識を寄せ集めることによって，その状況について有意味な解釈を行おうとするコミュニケーションである」と定義し，うわさを人々の相互行為の産物と定義づけ，社会学的に流言を位置づけたのである。

また，うわさは「相互主観的な日常生活世界」（松田美佐，1993）を表現する。うわさは，その流言集団を形成する人が主観的な事実を伝え，意見や願望を表出する。かりに，それらの事実，意見，願望に同意しなくともその流言を聞き伝える時点で「そのように考えている人が多く存在する」という事実には同意していることになる。E. モラン（1997）や J. N. カプフェレ（1993）は若い娘がユダヤ人経営のブティックで誘拐されるといううわさから，人々の異人への偏見，都市化への不安を見出した。G. A. ファインはマクドナルドやコカ・コーラなど有名企業についてのうわさを，企業規模の大きさ，商品の新奇さ，企業の権威の高さなどへの人々の畏怖が反映したものと解釈した（Fine, 1985）。災害時の流言も，災害前の予知流言，災害後の災害再来流言（余震やダム決壊などのうわさ）は，災害を不安視する人々の感情を表現するものに他ならない。

人々の社会心理は「うわさ」という形で具現化し，共有されていく。うわさを分析することは，その時々の社会における人々の事実の解釈，意見，社会心理，コミュニケーションの様態を分析するツールであるとともに，人々の深層にある社会心理をダイナミックな形で掘り起こしていくことに他ならないのである。

ホームワーク

- *work 1* 身近な「うわさ」をできるだけ挙げて，流言，都市伝説，ゴシップ，デマに分けてその特徴を考えてみよう。
- *work 2* 何か「うわさ」を1つ取り上げ，その背景にどのような人々の心理が反映されているかを考えてみよう。
- *work 3* 風評被害と「うわさ」の違いについて整理してみよう。

読書案内

　うわさをよく理解するには，事例と分類を多く知ることである。川上善郎・松田美佐・佐藤達哉『うわさの謎——流言，デマ，ゴシップ，都市伝説はなぜ広がるのか』（日本実業出版社，1997年），廣井脩『流言とデマの社会学』（文藝春秋，2001年）などがよいだろう。理論的に詳しくうわさの研究を学ぶ場合には，川上善郎『うわさが走る——情報伝播の社会心理』（サイエンス社，1997年），佐藤達哉編『流言，うわさ，そして情報——うわさの研究集大成』（至文堂，1999年）などが参考になる。

参考文献

オルポート，G. W. & L. ポストマン／南博訳（2008）『デマの心理学』岩波書店（原著1947年）

カプフェレ，J. N.／古田幸男訳（1993）『うわさ——もっとも古いメディア〔増補版〕』（叢書・ウニベルシタス）法政大学出版局

川上善郎（1997）『うわさが走る——情報伝播の社会心理』サイエンス社

川上善郎・松田美佐・佐藤達哉（1997）『うわさの謎——流言，デマ，ゴシップ，都市伝説はなぜ広がるのか』日本実業出版社

シブタニ，T.／廣井脩・橋元良明・後藤将之訳（1985）『流言と社会』東京創元社

清水幾太郎（1937）『流言蜚語』日本評論社

関谷直也（2008）「災害流言」田中淳・吉井博明編『災害情報論入門』弘文堂

関谷直也（2011）『風評被害——そのメカニズムを考える』光文社

廣井脩（2001）『流言とデマの社会学』文藝春秋

松田美佐（1993）「噂研究から噂と通じた研究へ」『マス・コミュニケーション研究』43, 132-145.

三隅譲二（1991）「都市伝説——流言としての一考察」『社会学評論』42 (1), 17-42.

モラン，E.／杉山光信訳（1997）『オルレアンのうわさ——女性誘拐のうわさとその神話作用〔第2版新装版〕』みすず書房

Fine, G. A. (1985) "The Goliath Effect: Corporate Dominance and Mercantile Legends," *Journal of American Folklore*, 98, 63-84.

Levin, J. & A. Arluke (1985) "An Exploratory Analysis of Sex Differences in Gossip," *Sex Roles*, 12, 281-286.

unit 15

流行と普及

📖 流行と普及

　1996年，バンダイが発売した「たまごっち」という商品が流行した。画面の中の「たまごっち」というキャラクターを育てるゲームである。女子高生を中心にあらゆる世代で流行し，新語・流行語大賞も受賞した。日本国内で約2000万個が売れたというから，ざっくりと6人に1人の割合で所有していたことになる。だが，現在は流行当時の勢いはなく，たまごっちを持ち歩いている人はほとんどいない。一時の流行であった（現在は，より若い年齢層をターゲットにしたキャラクターグッズとして商品販売，アニメ，携帯電話上のゲームなどとして展開している）。

たまごっち（写真提供：時事通信社）

　ファッションの流行をつくり出す人のことを「ファッションリーダー」と呼ぶ。安室奈美恵，浜崎あゆみ，きゃりーぱみゅぱみゅなど有名人にファッションや髪型，化粧の仕方を似せようとする人はいつの時代も多くいる。

　1950年代後半，高度経済成長期には『ローマの休日』『麗しのサブリナ』という映画が大ヒットし，主演女優オードリー・ヘップバーンが人気を博し，彼女の髪型（ヘップバーンカット）や七分丈のサブリナパンツが大流行した。1980年代のバブル期，男子大学生の間では「紺ブレ」と呼ばれる紺のブレザーが，

OLの間では「ワンレン」というストレートで長めの髪で、前髪から全て同じ長さに切り揃えた髪型、「ボディコン」と呼ばれるボディラインを強調した服が流行した。1990年代には、厚底のサンダル、ルーズソックス、全身を日焼けして目の周りを白くぬる「ヤマンバ」という特徴的な女子高生のファッションが流行した。

　ある食べ物がテレビなどで紹介されると、急に爆発的に売れることを「フードファディズム」と呼ぶが、これも流行の一種である。メディアで「納豆」「ココア」「寒天」などが健康によいとされると科学的根拠のあるなしは別にして、翌日からはスーパーの店頭から売り切れるほど爆発的に売れる。健康とは関係なく「韓国料理」「食べるラー油」など急にヒットするものもある。

　髪型やファッションも流行であれば、食べ物、流行語なども流行であるし、タレントや芸能人の「人気」なども流行の一種である。これらは結果として、その時代の雰囲気をつくり上げる。だからこそ、昔の映像や昔の写真を見ると、特定の時代をイメージすることができるのである。

　もちろん流行とは、必ずしも自然発生的に生まれるものだけではない。企業や業界団体の依頼を受けたPR会社、パブリシティ会社によってつくられる「流行」もある。エンターテイメント業界、ファッション業界などにとどまらず、消費者に対して何らかの商品やサービスを提供する企業では、いかに「流行」を誘発し、市場を形成していくか、あらゆるマーケティングが関わる業界は「流行」をとらえよう、「流行」をつくり上げようと必死である（→unit 19）。だが、自然発生的であれ、人為的であれ、それが「流行」するかしないかは、結局のところ、多くの人々に受け入れられるかどうかである。

流行の定義と分類

　この「流行」現象は、誰もが、何となくイメージできるものであるが、はっきりと説明することは難しい。どのようにとらえればよいのだろうか。

　流行とは、辞書的に、もっとも広い意味では「一時的に広く行われること」である（中島純一, 1998）。「時間的、空間的な集中によっておこる現象」（電通マーケティング局, 1982）や、「ある社会集団の中で、一定数の人たちが、一定期間、ある意図のもとに始められた同似の集団行動をとるように心理的に誘われること」（南博, 1957）という代表的な定義がある。①一時的、短期間、②通

常以上に広くいきわたるという範囲の2つが特徴となっている。日本語の「流行」は，医学（疫学）でいう病気の流行と社会学的・経済学的な社会における流行の2つの意味がある。G. ル・ボン（1993，原著1895年）に始まり，疫学とのアナロジーから社会的な流行を理解しようとする議論は少なくない。

また古くは，流行を既存の言葉（英単語）から分類を行った（斎藤貞良，1959）。
① **ファッション**（fashion）：行動様式や服飾の流行がある程度，一般化した状態。
② **モード**（mode）：服飾などの流行の初期，シーズン初期をさす。
③ **スタイル**（style）：デザインや服飾など「形」についての流行をさす。
④ **ファッド**（fad）：一時的，短期的，小規模な流行をさす。
⑤ **クレイズ**（craze）：広範囲，重大な熱狂的流行をさす。
⑥ **ブーム**（boom）：株ブーム，新書ブームなど服飾以外の分野でよく使われる。

これらは論者によって微妙に分類，言葉の使用方法は異なり，定説はない。

流行は，社会生活すべての領域で発生するというが，領域・ジャンルで分類する方法もある。南（1957）は，流行の種類を「物」「行為」「思想」の流行と3つに分ける。物の流行とは，家電製品など衣食住に関係するあらゆる「モノ」のことである。行為の流行とは，スポーツ，ギャンブル，趣味などである。思想の流行とは，流行歌，ベストセラー，流行哲学など大衆の考え方から専門的な思想までをも含む広い概念である。

流行の心理

では，なぜ流行という現象が起こるのだろうか。

そもそも人々の感覚は似ていて，暗示を受けやすいものであるという人々の受動性に着目したのがル・ボンである。病気が感染するように服や行動が流行していく。これは「**感染説**」と呼ばれる。

これに対して，人々の能動性に着目したのが，G. タルド（2007，原著1890年）である。人々のありとあらゆる行動は「模倣」により成り立っていて，多くの人が誰かをまねることによって社会が成立していると指摘した。新聞や雑誌，リーフレット（ちらし）などを介して意見や価値観が伝わり，人々が主体的に模倣することによって服や行動が流行するのだという。これは「**模倣説**」

と呼ばれる。

　現代においては，芸能人，有名人のファッションをまねすることによって流行が成立していくことが多い。だが，タルドは当時のフランスの階級社会を前提に，下流階級が上流階級のファッションや生活様式を模倣することによって流行が成立するのだと考えた。これを「**トリクルダウン説（滴下効果）**」と呼んだ。下流階級は上流階級を「模倣」し，上流階級は下流階級と「差別化」するために常に新奇なものを求め続ける。これによって，流行は次々と新しいものが生まれていくのだという。結果として，慣習が支配している時代から，流行が支配する流動的な時代へと社会が変化する。その源泉が「模倣」であり，流行なのだという。

　とはいえ皆がまったく同じ格好をする「制服」「ユニフォーム」の場合は，流行とはいわない。あるファッションや髪型が「流行する」「流行る」ということは，これと若干異なる。皆がまったく同じ髪型にしたり，まったく同じ服を着たりするというわけではなく，よくみると1人ひとり微妙に違う。ただ大きく分けると似ているファッションであったり，似ている髪型であったりする。

　ここに注目したのが，G. ジンメル（1976，原著1911年）である。誰もが同じような行動をとり続けるのならばそれは常識，慣習となり，新たな流行というのは生まれない。流行は，他者を模倣し，**同調**しているという安心感をもちつつ，新しい何かをもっている**非同調**への欲求をもつという相反する心理から生まれる。このように「流行」には同調と非同調という背反する2つの作用の組み合わせによって支えられているのだということを指摘した。

　ただ，その後の流行の研究でも，どちらかといえば「同調」の方が強調されてきた。D. リースマン（1964）は，大都市，若者，中流階級の人々に典型的にみられる個人の心理の説明に援用した。高度に産業化された社会においては，他者との同調を志向しつつ，逸脱しない程度の少しだけ異なる商品を選択するという消費行動を行う。大きく異質なものは望まれえないのである。

　「沈黙の螺旋」理論を唱えた世論の研究者 E. ノエル＝ノイマン（2013，原著1980年）も，やはり流行には同調が重要であると述べている。世論（→unit 16）とは社会から孤立しないために抗えない同調圧力ゆえに生じる。流行も同様に同調圧力ゆえに生じる。すなわち，流行も，世論も同調圧力という同じメカニズムから発生する現象であると説明している。

なお，S. E. アッシュ（Asch, 1951）は，この同調圧力を調べるために有名な実験を行った。ある集団に，ある長さの線と，異なった3本の長さの線を見せ，同じ長さのものを選ぶように指示する。実験の対象者以外に同時にその線を見ている他の6名はじつは仕組まれたサクラで，明らかに短い線を間違えて選ぶように仕組まされている。そしてその実験の対象者は，自分以外の人の答えを聞いてから自分の判断を述べるのだが，実験の対象者の多くは，自分の目を信じるのではなく，集団に流されて答えてしまう傾向があることを明らかにした。

人は流されやすく同調圧力には逆らい難い。ゆえに流行が発生するのである。

「コミュニケーション二段の流れ」研究

では，近代に入って階級というものが明白ではなくなり，テレビや新聞などのマスメディア，インターネットや携帯電話を通じて利用されるソーシャルメディアといったさまざまなメディアが存在するようになってきたなかで，流行はどのようにとらえられるべきなのだろうか。

これを考えるうえで参考になる考え方が「**コミュニケーション二段の流れ」研究**である。P. F. ラザースフェルドら（1987，原著1944年）は，投票行動の研究を行い，『ピープルズ・チョイス』という本をまとめた。新聞・雑誌・ラジオというマスコミュニケーションとパーソナルコミュニケーション，どちらが人々の投票行動に影響を与えているかを調べたところ，投票先を変えた理由としてはパーソナルコミュニケーションの影響力の方が大きかった。だが，マスメディアがまったく影響を与えていないわけではない。人々の意思決定に影響を与える人物を「オピニオン・リーダー」と呼ぶが，これらの人々が，他の人々よりマスメディアに多く接触していた。

つまり，新聞・雑誌やラジオなどのマスメディアはオピニオン・リーダーに影響を与え，そのオピニオン・リーダーが非活動的な他の人々に影響を与えるという「コミュニケーション二段の流れ」仮説が提示された。

この研究をもとに，E. カッツとラザースフェルド（1965，原著1955年）は投票行動に限らず，髪型，化粧品の採用，映画の視聴などの流行といったものに関する意思決定について調査をし，『パーソナル・インフルエンス』という本にまとめた。その結果，消費行動においてもオピニオン・リーダーを介したパーソナルなコミュニケーションの方が，マスメディアによるコミュニケーショ

> **コラム**
>
> **ミドルメディア**
>
> 　ソーシャルメディア上で話題となったことが，購読者数の多いブロガーのブログやTwitter上でフォロアー数の多い人のツイートが取り上げられたり，ネット上のニュースサイトなどでまとめられる。それがマスメディアなどで取り上げられることで，結果として影響力をもつ。「ミドルメディア」とは藤代裕之がつくった造語で，「マスメディアと，掲示板やブログなどのパーソナルなメディアの中間にあるメディア」という意味で用いられてきた。その後，佐々木俊尚（2009）が「特定の企業や業界，特定の分野，特定の趣味の人たちなど，数千人から数十万人の規模の特定層に向けて発信される情報」と定義している。具体的には，J-CASTニュースやガジェット通信，ロケットニュース24といった独立系ニュースサイトとまとめサイト（事件，話題などの情報を収集・編集し，情報を見やすくまとめたもの）をさしたり，広い意味ではアルファブロガー（閲覧者が多いブログを書く人という意味）などをも含んだりすることのある，あいまいな概念である。
>
> 　個人のブログや掲示板，SNSなどのたんなる書き込みが即座に社会的影響力をもつというわけではない。それらがSNSや掲示板で批判されたり，拡散（炎上）したり，話題になっていくとその様子が「ミドルメディア」に記録され，まとめられ，さらに拡散される。そして，マスメディアでニュースになることによって多くの人に知れわたっていき，社会的な影響力をもつようになる。
>
> 　もちろん，マスメディアで取り上げられることによって多くの人々がその事件を知るようになるという意味では，今までのコミュニケーションのスタイルと変わりがない。だが，このミドルメディアによって，パーソナルなコミュニケーションが社会において影響力をもつプロセスが定着化してきたともいえるのである。

ンよりも影響力が大きいこと，またオピニオン・リーダーが集中するような社会階層が存在しないことなどが確認された。

　この考え方は現在でも有効である。ブログやTwitter, Facebookなどパーソナルなコミュニケーションが行われるソーシャルメディア上で流れる情報の多くが，マスメディアで取り上げられたニュースやエンターテイメント系の情報であることはよく知られている。直接的なパーソナルコミュニケーションとはいえないかもしれないが，ネット上も含めればパーソナルなコミュニケーションを通じて，マスメディアからの情報が再伝達され，人々に影響を与えているという形態は変わっていない（→コラム）。これらの結果，現代的な流行が形成されているのである。

普　及

　広く行きわたるが一時的なものを「流行」というが，広く行きわたって社会に定着するものもある。それを「普及」と呼ぶ。

　テレビや電話，携帯電話，パソコン，自動車，包丁，お風呂，冷蔵庫などはある時期から，だんだんと人々が使いはじめ，そして社会に定着していった。E. M. ロジャース

図15-1　採用者カテゴリーと普及曲線

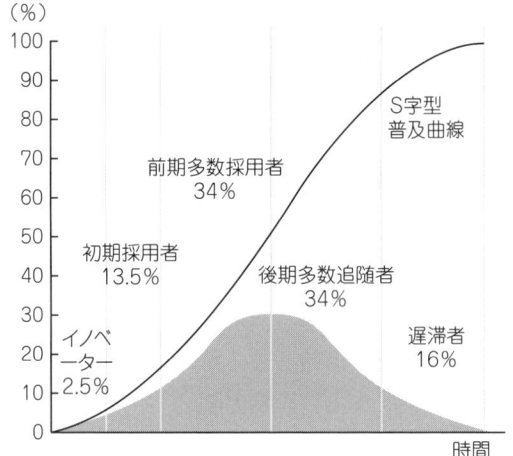

（グラフ：S字型普及曲線、イノベーター2.5%、初期採用者13.5%、前期多数採用者34%、後期多数追随者34%、遅滞者16%）

(1966, 1990) は，新しい製品や新しい知識を「イノベーション」と呼び，これらが社会の中で伝播し，定着していく普及過程を分析した。

　流行も普及もモノや考え方などが広まる現象について注目しているという点では変わりがない。流行の場合は，新奇性，短命性など短いスパンの現象をさし，普及の場合は，社会における定着という長いスパンの現象をさす。また流行の場合はファッションやスタイルを取り入れたりする人々の「心理」に注目するが，普及の場合は「モノ」に注目するという違いもある。ただ100年，200年の単位でみれば，どのような普及現象も流行にすぎないわけであり，時間と採用する人数の違いといってもよい。

　このイノベーションの採用過程を時間軸に沿ってたどっていくと，ごく初期に新しいイノベーションを試みる「イノベーター」，社会に広める役割を示す「初期採用者」，慎重であるものの比較的早期に採用する「前期多数採用者」，懐疑的で多くの人が採用してから遅れてそれらを採用する「後期多数追随者」，もっとも遅れて採用する「遅滞者」に分かれる（図15-1）。

　また，ロジャースは，普及の過程において，マスメディアによるコミュニケーションはたんなる「情報の流れ」であり，イノベーションを取り入れるかどうか意思決定に関わるパーソナルなコミュニケーションによる「影響の流れ」は別のものであるということも指摘している。製品や新しい考え方に関する情報は，マスメディアから直接的にあらゆる人々に伝達される。だが人々が実際

にそれらの製品や考え方を取り入れるかどうかへの影響力は弱い。つまり，製品や考え方が人々に受け入れられるかどうかに関してはマスメディアによるコミュニケーションの影響よりも，パーソナルなコミュニケーションの影響の方が大きいのだという。

流行，普及と社会

社会のあらゆる分野において，流行や普及というものが存在する。人間が社会を形成してから現在に至るまで，ことば，衣類，食事，住居，仕事，育児，趣味，宗教，冠婚葬祭，祝祭などありとあらゆる分野で，人間の営みによって生み出されたさまざまな「モノ」や「考え方」が流行し，生まれて広まっては消え，それが繰り返されてきた。そしてそのうちのいくつかが普及，定着してきた。それは国，地域によって異なりつつ，総体として積み重なって文化を形成することとなった。

マスメディアが生まれ，インターネットをはじめとするさまざまなメディアによって，流行や普及のプロセスは，変化のスピードが速くなり，複雑になったりしてきた。だが，その流行や普及の繰り返しの中で世の中の文化が形成されていくのはいつの時代も変わらない。それら流行や普及の繰り返しの積み重ねで文化や社会そのものが形づくられている，ともいえるのである。

ホームワーク

- □ **work 1** ある時代で流行した現象を1つ取り上げて，その流行り廃りについて調べてみよう。
- □ **work 2** 「流行」の訳語であるファッション，モード，スタイル，ファッド，クレイズ，ブームという言葉が，どのような場面で使われているのかを考えてみよう。
- □ **work 3** 文房具や電化製品など，身近にある「モノ」の普及率の年次変化とその要因を調べ，その上で「流行」と「普及」の違いを考えてみよう。

読書案内

流行については，中島純一『メディアと流行の心理』（金子書房，1998年）がもっとも基本的なことを網羅している。また，この分野については「普及」とい

う概念を理解することが重要である。論者によって異なるが，E. M. ロジャース『イノベーション普及学』（産能大学出版部，1990年）などを参考に，流行との相違点，共通点などを理解しておこう。また，流行の個別具体的な研究例としては，藤竹暁『流行／ファッション』（至文堂，2000年）に収められている諸論文が参考になる。

参考文献

市川孝一（1993）『流行の社会心理史』学陽書房
カッツ，E. & P. F. ラザースフェルド／竹内郁郎訳（1965）『パーソナル・インフルエンス──オピニオン・リーダーと人びとの意思決定』培風館（原著1955年）
川本勝（1981）『流行の社会心理』勁草書房
斎藤貞良（1959）「流行」戸川行男編『大衆現象の心理』（現代社会心理学4）中山書店
佐々木俊尚（2009）『2011年新聞・テレビ消滅』文藝春秋
ジンメル，G.／円子修平・大久保健治訳（1976）『文化の哲学』（ジンメル著作集7）白水社（原著1911年）
タルド，G.／池田祥英・村澤真保呂訳（2007）『模倣の法則』河出書房新社（原著1890年）
電通マーケティング局（1982）『成熟社会の流行現象』電通
中島純一（1998）『メディアと流行の心理』金子書房
ノエル＝ノイマン，E.／池田謙一・安野智子訳（2013）『沈黙の螺旋理論──世論形成過程の社会心理学〔改訂復刻版〕』北大路書房（原著1980年）
南博（1957）『体系社会心理学』光文社
ラザースフェルド，P. F., B. ベレルソン＆H. ゴーデット／有吉広介監訳（1987）『ピープルズ・チョイス──アメリカ人と大統領選挙』芦書房（原著1944年）
リースマン，D.／加藤秀俊訳（1964）『孤独な群衆』みすず書房
ル・ボン，G.／櫻井成夫訳（1993）『群衆心理』講談社（原著1885年）
ロジャース，E. M.／藤竹暁訳（1966）『技術革新の普及過程』培風館
ロジャース，E. M.／青池慎一・宇野善康訳（1990）『イノベーション普及学』産能大学出版部
Asch, S. E. (1951) "Effects of Group Pressure upon the Modification and Distortion of Judgments," H. Guetzkow ed., *Groups, Leadership and Men*, Carnegie Press.

unit 16

世　論

　2003年3月5日，参議院予算委員会で，小泉純一郎元首相は次のように発言した。

　　「世論の動向に左右されて正しいかというのは，歴史の事実を見ればそうでない場合も多々あるわけであります」
　　「世論が，ある場合は正しい場合もある，ある場合は世論に従って政治をすると間違う場合もある」

　この文章だけを読むと，素朴に人々の意見，言論の結果としての「世論」に従うことの何が悪いのかと違和感を覚える人もいるのではないだろうか。実際に，この発言は，民主主義の否定につながるとか，高い支持率を背景にしたファシズムだなどの批判につながっていった。

　世論とは，よく使われる言葉であるが，実際にはいくつかの意味があり，人によってその世論をどうとらえるか，違いがある。さまざまな解釈や定義があるが最大公約数的な意味としては，世論とは「世間の人に共有された意識」である。そして，大きく分けて2つの区別がある。

　第1に「理性的な公衆の意見」という意味で，理性的に議論されてつくられる意見，事実を巡る公的関心，公的な責任ある言論という意味で使われる世論である。これは古くは「輿論（よろん）」，英語では"public opinion"の語があてられる。『大漢和辞典』（大修館書店）では「世上にひろく唱へられる議論。天下の公議。輿論。国論」と説明されている。

　第2に「扇動されやすい，感情的な意見」という意味で使われるものである。これは明治期には「輿論」と区別して「世論（せろん）」という言葉があてられていた。"mass opinion" "public sentiment" "reputation" などの訳語があてられる。

この文脈で使われる「世論(せろん)」とは移ろいやすい，感情的な人々の心理，世間にある雰囲気という意味で使われる。小泉元首相が使ったのは，この意味である。

　つまり，理性的に議論されてつくられる意見，公的な責任ある言論を「輿論(よろん)」と呼び，世間にある雰囲気を「世論(せろん)」と呼び，区別する場合がある。もちろん，この意味の区別は，あまり意識されていないことも多いし，ことばとして「輿論(よろん)」「世論(せろん)」と明確に区別して用いられてきたというわけではない。だが，世論を考える際に，日本でもヨーロッパでもこの近接する2つの異なった概念が考えられてきたのである。

　ヨーロッパでは15世紀に活版印刷技術が発明され（→unit 7），17世紀から18世紀にかけて新聞や雑誌が広く普及するようになり，これらがコーヒーハウスで回覧され，政治的な議論が交わされた。ドイツの哲学者J. ハーバーマス（1994）は，そのような自由に議論を行いうるような理想的な言論空間を「公共圏」と呼んだ。だがメディアの複製技術が進み，多くの人に読まれるようになるとメディアの公共性，政治的議論という役割は失われ，私的消費を目的とするものへと転換していった。近代のメディアの進展を"public opinion"（上記の「輿論(よろん)」）が一般大衆の意見（上記での「世論(せろん)」）となっていく過程，すなわち「公共圏」が崩壊していく過程としてとらえたのである。

　また，その世論の機能としても2つの方向性の考え方がある。1つは，世論はある意味「規範」として，人々の個人の意識や行動を縛るものという意味である。J. ロックは1690年『人間知性論』の中で「人々が一般に自分たちの行動を準拠させて，行動の方正か不方正かを判定する法」として神法，市民法についで「徳か悪徳かを判断する」ものとして輿論ないし世評の法というものを挙げている。J.-J. ルソーは1762年『社会契約論』の中で，政治法，民法，刑法に加え，「市民の心にきざまれている」もっとも重要な法が「習俗，慣習，ことに世論である」といっている。すなわち，昔から世論は法律と並べて人々が守るべき社会規範としてとらえられていた。

　今ひとつは，権力を監視するという意味である。安野智子（2006）はさまざまな世論の定義を踏まえて，世論を「公的な問題についての公共の利害を考慮した公衆の意見」と定義している。ある特定の争点に関して，社会全体としてはどうすべきなのかという意思が示されることによって，政府や首長が政策を決めていく際のよりどころになるものとしている。

さて，先に世論には2つの意味があると言ったが，これとは異なる文脈で使われる世論もある。それが「世論調査」である。これは世論と区別する意味で「意見分布」とも呼ばれたりする。政府は，基本的な国民意識の動向や政府の重要施策に関する国民の意識を把握するために，毎月，世論調査を行っている。また自治体，大学，マスメディアが行う調査も，ときに世論調査という場合がある。世論を，ある特定のトピックについての人々の意見分布であるとし，その意見分布を調査，推定するために行ったものが世論調査（アンケート調査などによる社会調査）だとするならば，その結果が世論であるという考え方をする人もいる。

ただし，世論調査と世論はまったく別のものであると批判する人も少なくない。「天下の公論」にしろ「感情的な意見」にしろ，それら総体として意味をもつ「公衆の意見」と，人々の個人の意識や心理の数的な総和としての「意見分布」は質的に異なるという批判や，そもそも社会調査によって総体として意味をもつ「公衆の意見」は測ることはできないという方法論への批判がある。

とはいえ定義ばかりを議論していても，この世論を理解することにはならない。現実の社会的争点とそれらに対する人々の考え方の布置やその変化には意味があることは事実なので，わかりやすく考えるために世論を「意見分布」とみなして議論を進めることも少なくはない。

世論の状態

いずれにしろ，世論を考えるうえで「現実の意見分布」は重要である。だが，「現実の意見分布」そのものは必ずしも正確に認知されていない場合が多々あり，これが混乱のもととなる場合が多い。すなわち「現実の意見分布」と「認知された意見分布」は一致しない場合が多く，かつ，時に「現実の意見分布」そのものよりも「認知された意見分布」の方が影響力をもつ（人々はそれぞれが，世論についてさまざまな認識をしており，それに基づいて意見を述べたり，行動したりする）場合も少なくない。

環境問題を例に，具体的に説明していこう。

1990年代以降，地球環境問題は世の中で重要な問題と考えられるようになった。さまざまな意見はあるものの，基本的に「地球は守られるべきである」「さまざまな主体が地球環境問題に取り組む必要がある」という意見について

表 16-1　「現実の意見分布」と「認知された意見分布」の状態

	「多数の人は問題に合意している」と認識	「多数の人は問題に合意していない」と認識
多数は問題に合意している	一枚岩の合意 (正しい認識の状態)	意見分布の無知／多元的無知 (誤解した状態)
多数は問題に合意していない	合意性の過大視 (誤解した状態)	意見の不一致 (正しい認識の状態)

(出典)　T. J. Scheff, 1967; S. M. カトリップ, 2008 より作成。

はほぼ異論がなく，実際に人々も異論が少ないととらえている。「**一枚岩の合意**（monolithic consensus）」といわれる状態である。

　また，原子力発電所の推進の是非については長らく賛否が対立するという状態が1980年代半ば，チェルノブイリ原子力発電所事故の前後から続いてきた。そして，2011年福島第一原子力発電所事故を踏まえて，「推進派」と「非推進派」の意見を表明する人々が増えてきた。「非推進派」については「脱原発派」「脱原発依存」「反原発派」などさまざまな意見をもつ人々がいるが，大枠でいえば「推進派」と「非推進派」という意見が対立している。この意見の対立があることは事実であり，そのこと自体を多くの人がそのように認識している。すなわち「**意見の不一致**（dissensus）」の状態である。

　ただし，このような状態ばかりではない。1960年代後半になって「公害反対運動」が本格化し，四大公害病を政府が公式認定し，メディアのキャンペーンも進み，多くの国民が公害反対を訴え，この結果「公害国会」といわれる国会での集中審議がなされたり，環境庁が設置されたりしていったと考えられている。だが，政府の世論調査などをみれば1960年代から1970年代にかけて公害による健康被害を「やむをえない」「被害の程度による」という人も多かったのである。公害対策を行うことで，企業のコスト負担が増加すれば，企業は競争力を失い経済成長が止まってしまう。そのため，企業で働く人や関係者を中心として「公害は必要悪（やむをえない）」という人々も少なくなかった。すなわち，実際には，さまざまな意見があり「多数は問題に合意していない」状態にもかかわらず，多くの人は「多数の人は問題に合意している」と認識している状態であった。すなわち「**合意性の過大視**（false consensus）」という状態である。

2000年代に入り，欧米を中心に，科学者の一部から地球温暖化は人為的な要因でない，もしくは温暖化していない，いわゆる「懐疑論」が主張されるようになった。そして，地球温暖化説について科学者の間で「地球温暖化論」「懐疑論」が，あたかも対立しているように認識されている。だが，実際は，地球温暖化に異論を唱えている科学者はきわめて少ない。これは「**意見分布の無知（多元的無知）**（pluralistic ignorance）」という状態である。

これらが生じる原因は主に3つある。

1つ目は，メディアは，世の中に対立した2つの見解がある場合には，2つの意見を並立させてバランスをとって報じる傾向があることである。その結果として，少数意見についてより多くの人が同意している意見のようにみえる傾向がある。

2つ目は，人々がそもそも，他者の意見を正確に認識することが難しいということである。個人の認識のレベルでも集合的なレベルでも「他者の見解」を正確に予測することが難しい。誰もが意見を明白に表明するわけではないからである。本来は「他者の意見」を正確に認知し，その結果として理解や同意（不同意）を行うためには，他者が意見を表明しなければならないが，他者の多くが意見を表明するわけではない。

例えば，①あらゆる争点に積極的に意見表明する人々，②ある特定の問題について常に意見を言う人々（環境団体，動物保護を主張する団体），③メディアによって取り上げられる争点に反応する人々，④あらゆる争点に無関心な人々が存在する（J. E. Grunig & F. C. Repper, 1992）。そして③，④の人々はあまり積極的に意見を言わないだけで，まったく意見をもっていないというわけではない。「**物言わぬ多数派（サイレント・マジョリティ）**」ともいう。ゆえに，どのくらいの人々がどのような意見をもっているかを把握するのは難しい。メディアでの報道などを頼りに，その意見分布を何となく理解しようとするが，そのメディアでの報道も正確ではないから，その意見の分布の把握も困難なのである。

3つ目として，2つ目の理由ゆえに，多くの場合，人々は他者の意見分布を「推測」しているにすぎないからである。その際には，自分の意見と比べて，周囲の意見が多いかどうかを推測する。他者の多くは自分の意見に近いとみなす場合もあれば，他者の多くは自分の意見と異なるとみなす場合もある。

このように他者の意見分布を正確に認識することは難しいのである。

世論の変化——「沈黙の螺旋」理論

上記では，あくまで，ある人々がある争点について何らかの意見をもっていること，また，その意見分布を人々が認識しているのかということについて考えてきた。これらは「静的」に世論をみていることになる。しかし，当然，人々の関心や意見は日々変化する。そのために，ある問題が時に社会的争点として顕在化し，それらに関する意見の集合として世論は変化していくというように，「動的」に世論をみることも重要である。

これを説明しようとしたモデルが E. ノエル＝ノイマンというドイツの世論研究者が主張した「**沈黙の螺旋**」理論である（ノエル＝ノイマン，2013，原著 1980 年）。

多数意見はマスメディアが主張する。また，少数意見はある特定のオピニオン・リーダーがある強力な意見を主張しバランスをとる。一方で，人々は「**孤立への恐怖**」という感覚をもっている。周りの人が自分と同じ意見をもっていると考えた場合は意見を述べやすくなるが，周りの人と自分が違う意見をもっていると考えた場合は，意見を表明しにくくなり，沈黙する。その結果，意見の拮抗と変化が起きる。最後はどちらかの意見が多数派かがはっきりし，多数派は意見を表明しやすくなり，少数意見は表明しづらくなるという仮説である。これらを組み合わせることによって，人々の意見の集合としての世論が変化する。これを分析したものが「沈黙の螺旋」理論である。

そして，この世論の動向の予想に影響を与えるものが，マスメディアの報道である。マスメディアの報道から人々は，世論の動向を認識し，今後の動向を予想し，また自分の意見を変えるのである。

世論の変化に影響を与えるもの——アナウンスメント効果

メディアが，人々の意見分布，世論調査の結果そのものを伝えることによって，人々が意見，行動を変え，結果として意見分布や世論そのものが変化するのだという考え方もある。経済政策や景気の予測などが報道されることによって，市場に関わる人々がその施策や予測に影響を受け，取り引きを行い，実態経済にかかわらず，その方向に市場が動いてしまうことなどがある。これら見通しや予測についての報道内容が人々の心理を媒介として結果に影響を与えることを「**アナウンスメント効果**」と呼ぶ。

この「アナウンスメント効果」がもっとも気にされるのが「選挙」である。選挙は，人々の投票そのもので当選，落選が決まる。ゆえに，メディアが人々の意見分布，世論調査の結果，すなわち人々の支持（率）そのものを伝えることは何らかの形で人々の意見に影響をもたらし，変化させてしまうと考えられている。直接的にいえば，投票前に，マスメディアがある政党やある候補者が優位であると報道すると，それをみている人々が何らかの形で影響を受けるであろうということである。

　このことは本当にそのような影響があるかどうかは別にして，現実の選挙の報道や情報公開などにおいては，実際に影響があるとの前提で対応がとられている。公職選挙法第138条の3では「何人も，選挙に関し，公職に就くべき者（衆議院比例代表選出議員の選挙にあつては政党その他の政治団体に係る公職に就くべき者又はその数，参議院比例代表選出議員の選挙にあつては政党その他の政治団体に係る公職に就くべき者又はその数若しくは公職に就くべき順位）を予想する人気投票の経過又は結果を公表してはならない」とされ，選挙前のテレビや新聞での情勢報道はきわめて気をつかいながら行われているのである。

　では，どのように影響をもたらすと考えられているだろうか。これには2つの方向性が考えられている。

　1つは「**判官びいき効果（アンダードッグ効果）**」である。劣勢であると報じられた側を，ならば応援しようと思って投票するという方向性の変化である。選挙予測報道で政党（候補者）が劣勢だと伝えられると，同情票が集まる効果をさす。

　この逆が，「**勝ち馬効果（バンドワゴン効果）**」である。自分自身も主流派であろうとするために，優勢であると報じられた側に投票するという方向性の変化である。「バンドワゴン」とは祭りの先頭の楽隊車のことを指し，時流に乗って多勢に与するという意味である。誰しも，自分の投じた票が無駄になるのは好まない。当選の見込みが薄い候補よりも，当選の可能性があるとされる候補に乗り換え，多数派になろうとする傾向がある。これは心理的な充足を得るためであったり，組織内部においては自分が多数派になることでその後の活動が有利になることを目的とした合理的な行動ととらえられる。ある組織内（例えば政党内）の記名式の投票の場合は「勝ち馬効果（バンドワゴン効果）」が生じやすいとされる（いわゆる「雪崩現象」といわれるものである）。

だが，一般的にどちらの方向で変化するか，報道がどのような場面で，どのような影響（「判官びいき効果」「勝ち馬効果」）をもたらすかは明確にはわかっていない。とはいえ選挙報道に関しては，事前情報として人々の意見分布の認識に何らかの影響を与えるものと考えられているので，情勢報道はバランスをとるようにきわめて慎重に行われているのが現状である。

世論の意味を考えること

現代の人々は，争点の提示，意見分布を認識する際に，マスメディアだけを情報源としているわけではない。マスメディアに取り上げられなくても，SNSやソーシャルメディアを用いれば人々はみずからの意見表明が可能である。そして，そのようなメディアを通じて，私たちは多くの人の意見表明を閲覧できるようになった。さまざまな情報源から，人それぞれが多様な争点を認識し，多様な意見を閲覧する。意見分布について認識する手段は多様になってきている。

また，インターネットという手段を使って簡単にアンケート調査が可能になってきたこともあり，現実問題として「世論とは世論調査」というような通俗的な理解が広まってもいる。これも批判的に認識しておくことがまず重要であろう。

とはいえ結局のところ，世論とはどう定義されるべきか，世論はどのように社会において機能するかという点について，共通の理解は得られていない。だが，その世論の概念や社会における意味を理解することとは，人々がコミュニケーションを通じて社会をどのように認識しているのか，人々のコミュニケーションが社会をどのように変えていくかを理解することにつながるという意味で，きわめて重要な問題なのである。

ホームワーク

- □ *work 1* 「世論」ということばがどのように使われてきたか調べてみよう。
- □ *work 2* 本文で紹介した公害問題など，過去の「世論調査」を調べて，それらと自分の印象を比べてみよう。
- □ *work 3* 選挙の報道において，どのように公平な報道が心がけられているか，そのときの世論の報道にいかに気がつかわれているかを調べてみよう。

読書案内

　世論について勉強するには，まずは W. リップマン『世論』（岩波書店，1987年）を読んでおきたい。また，岡田直之・佐藤卓己・西平重喜・宮武実知子『輿論研究と世論調査』（新曜社，2007年）を読むと，世論研究の流れを概観できる。社会心理学の実証的な世論研究として安野智子『重層的な世論形成過程――メディア・ネットワーク・公共性』（東京大学出版会，2006年），社会史的な研究としては佐藤卓己『輿論と世論――日本的民意の系譜学』（新潮社，2008年）が参考になる。

参考文献

岡田直之・佐藤卓己・西平重喜・宮武実知子（2007）『輿論研究と世論調査』新曜社

カトリップ，S. M., A. H. センター & G. M. ブルーム／日本広報学会監修（2008）『体系パブリック・リレーションズ』ピアソン・エデュケーション

佐藤卓己（2008）『輿論と世論――日本的民意の系譜学』新潮社

ノエル＝ノイマン，E.／池田謙一・安野智子訳（2013）『沈黙の螺旋理論――世論形成過程の社会心理学〔改訂復刻版〕』北大路書房（原著1980年）

ハーバーマス，J.／細谷貞雄・山田正行訳（1994）『公共性の構造転換――市民社会の一カテゴリーについての探究〔第2版〕』未来社

安野智子（2006）『重層的な世論形成過程――メディア・ネットワーク・公共性』東京大学出版会

リップマン，W.／掛川トミ子訳（1987）『世論（上・下）』岩波書店

Grunig, J. E. & F. C. Repper (1992) "Strategic Management, Publics, and Issues," J. E. Grunig ed., *Excellence in Public Relations and Communication Management*, Lawrence Erlbaum Associates.

Scheff, T. J. (1967) "Toward a Sociological Model of Consensus," *American Sociological Review*, 32, 32-46.

unit 17

メディアの影響力
―― 理論・学説を中心に

　私たちは，社会で起きているさまざまな出来事をテレビや新聞などのメディアを通してしか知ることはできない。直接的にテレビや新聞に接していなかったとしても，マスメディアからの情報は多くの人々の社会に対する認識，価値観に影響を与えるので，他者を介して私たちは影響を受ける。ネット上で流れるニュースも基本的には新聞やテレビなど報道機関が発信する情報がほとんどであり，その影響力は現在も失われているわけではない。

　現在，テレビや映画において，暴力映像やアダルト映像は規制されている。これは公序良俗を乱すという理由とともに，「マスメディアの影響力は大きい」ということが前提にあるからである。選挙の際に，各報道機関が，各候補，各政党のメディア露出の公平性に気を配るのも「マスメディアの影響力は大きい」と考えられているからこそである（→unit 16）。

　このメディアの影響力に関する研究は**効果研究**と呼ばれる。メディアの影響力は，新聞やラジオからテレビへというメディアの変化を前提に，その時代における社会問題，とくに戦争や紛争，暴力や犯罪と密接な関係をもっていると考えられてきたからこそ研究対象になってきた。では，メディアの影響力はどのように考えられてきたのだろうか。順を追ってみていこう。

戦争と「メディアの影響力」

　20世紀前半，もっとも大きな社会問題は，国家的な暴力，国家的な犯罪としての「戦争」であった。ちょうど，この時期は新聞，映画，ラジオというメディアが浸透していった時期でもある。映画館ではニュースやドキュメンタリーが放映され，またラジオが普及し始めた時期でもあった。

日本においては，戦時中，マスメディアは軍国主義に迎合し，政府に対する批判をすることはなかった（軍部の統制によってできなかった）。基本的に戦争を支持し，大戦中には政府の公式発表である「大本営発表」を掲載するなど，国威発揚を扇動していった。

A. ヒトラーは，ラジオや新聞，映画などを掌握することによって，ナチスへの支持を集めていった。スポーツイベントなども活用した。1936年に開催されたベルリン・オリンピックは「ヒトラーの大会」とさえ言われ，国威発揚のプロパガンダとして空前の成功を収めたのである。

ヒトラー（写真提供：時事通信社）

一方で，アメリカでも，マスメディアと戦争は強い関係性をもっていた。F. ルーズベルト大統領がラジオを使って戦争について国民に語りかけ大戦中の士気を高揚させたり，メディアを用いた志願兵の募集などが行われた。1943年には戦時国債キャンペーンの一環として，女性歌手ケイト・スミスを登用したマラソン放送（長時間の放送）が行われ，1日で3900万ドルという額の戦時国債を売り上げるなどその影響は大きかった。

マスメディアの効果研究はアメリカを中心に進められてきた。問題意識の出発点としては，メディアが戦争にどのように大きく影響したかという点であった。一方では，日本，ドイツなどの国家におけるファシズムの浸透にメディアはどのように影響したのかという点。もう一方では，どのようにメディアを有効に活用すれば，人々を説得し，戦争など送り手が意図する方向へ動員することが可能なのかという点であった。つまり「マスメディアの影響力は大きい」ことを前提として，どのような影響力があるかを解明しようと始められたのである。

このようなマスメディアの影響力について，もっとも早くから指摘をしていたのは1922年に『世論』という本を著したW.リップマンである。第一次世界大戦以降の大衆社会における人々の思考の枠組みの在り方に危機感をもったことが，彼がこの本を書く契機となっている（→unit 16）。

われわれは，世界中のあらゆる出来事にアクセスすることは不可能である。そのため直接経験できない「外界」を知るために，私たちは頭の中にイメージ，頭の中で描く世界として「擬似環境」を構築する。そして，それを媒介するのがマスメディアである。マスメディアのニュースは「**ステレオタイプ**」という枠にはめ込まれており，また，結果として，われわれは「ステレオタイプ」を構築，補強していく。こうして，メディアが人々の認識そのものを形づくるとリップマンは指摘した。

1930年代に入り大学や研究機関などで進められた実証研究においても，「マスメディアの影響力は大きい」という素朴なマスメディア観が前提にあった。この時期の研究を，後代の研究者は批判的に，直接的に人々にささる弾丸や注射薬のような効果を与えるという意味で「**弾丸効果／皮下注射効果**」という言い方で呼ぶことが多い。

この時代の代表的な研究として，人々へのドラマの影響を分析したH.キャントリル（1985）の『火星からの侵入』がある。これは1938年10月30日CBSラジオで放送されたオーソン・ウェルズのラジオドラマ『宇宙戦争』の放送後の人々の反応を研究したものである。火星人が地球に侵略してきたというフィクションであったが，600万人が聴取し，100万人が不安を抱き，悲鳴をあげて家から飛び出す人もでた。多くの人が避難してハイウェイが渋滞した。一部しか慌てていなかったとみるか，100万人も不安に陥ったと考えるかは判断が分かれるところではあるが，ラジオ，映画や新聞などのマスメディアは人々に大きな影響をもつものと考えられ，その影響力をいかにあぶり出すかという点に多くの研究者が注力する契機となった。

消費行動，投票行動と「メディアの影響力」——メディアの限定効果説

戦後，メディアからのメッセージによって人々が受ける影響力は大きいであろうとの問題意識から進められた研究の1つが，イェール大学のC. I. ホヴランド他（1960）によって進められた「**説得的コミュニケーション**」研究である

(→unit 13)。

　この説得的コミュニケーション研究は，兵士向けの教育映画が役に立ったのかどうかを検証する実験からスタートした。だが研究を進めていくと，①メッセージの送り手が誰であって専門性や信頼性がいかに評価されるかによってメッセージの影響は異なること，②メッセージの内容そのものがどのように説明されるかによって影響は異なること，③受け手の教育水準や集団への帰属意識，説得されやすさなど受け手によって影響の度合いは異なることなど，さまざまな媒介要因が発見されていった。コミュニケーションの効果はケースバイケースであり，単純にメディア内容云々だけで説得的効果が生じるわけではないこと，人を説得するのは簡単ではないことなどが示されていった。

　この時期は，他にも人々は「能動的」であって，メディアを主体的にどのように意味解釈，利用し，どのように心理的に満足を得ているかという研究である**「利用と満足」研究**（→unit 23），メディアは人々の行動に直接的に影響を与えるというより，メディアからの情報はオピニオン・リーダーを介して影響を及ぼすという**「コミュニケーション二段の流れ」研究**（→unit 15），新しい製品や新しい知識がいかに社会の中で広まり，定着していくかという**「普及」研究**（→unit 15）も進められた。

　当初，メディア効果研究は，メディアが戦争にどう影響しうるか，戦時下において人々を説得し，人々をどう動かすのかに関心が向けられていたが，マスメディアが産業として成熟してくるに従って，マスメディアは人々の消費行動をいかに促し影響力をもつのか，人々の投票行動を介して政治分野においてどのような影響力をもつのかなどに関心が寄せられるようになっていった。

　だが，それらを実証しようとすればするほどに，明らかになってきたのは，必ずしも人々はそのままメディアの影響を受ける訳ではなく，より能動的でかつ多様な「受け手」である，ということであった。そもそも，メディア自体のメッセージは，人々のもともともっているイメージに沿ったものである。また，人々はメディアからの情報に選択的に接触する。マスメディアの影響力は，多くの教育・規範・集団などのさまざまな影響力の中で作用する1つであること，受け手の態度を変化させるというよりも，人々がもともともっている考え方を「補強」するのには有効であることなどが示された。すなわち，人々の態度や考え方を変化させるという意味では，マスメディアの説得的効果は限定的なの

ではないかという考え方が出てきた。この時期のメディアの影響力は限定的であるという考え方を「**限定効果説**」という。

⑤ 選挙とメディアの影響力——議題設定効果，フレーミング効果，プライミング効果

1960 年代になると冷戦やベトナム戦争など戦争や外交問題が選挙の中核的論点となってきて，それら争点やそれについての政府，政党の考え方がメディアで論じられるようになっていった。

また，この頃になると，だんだんとテレビが主たるマスメディアとして影響力をもつようになる。アメリカでは 1946 年に 1 万台しかなかったテレビが 1950 年には 1050 万台，1960 年には 5400 万台に達した。そして，選挙においてもメディアが重視されるようになってきた。1960 年のアメリカ大統領選挙においては，はじめてのテレビ中継が行われた。そのテレビ中継された公開討論会の影響で形勢は逆転し，J. F. ケネディが当選したともいわれている。このころからテレビや新聞などマスメディアの影響力が再認識されるようになり，このメディアの変化に応じて，再びマスメディアの「強い」効果に着目した研究が試みられるようになってきた。

そして，1970 年代以降になると，それまでの戦時中のキャンペーンや選挙キャンペーンなどにおいて，人々をいかに説得するかという態度変化レベル（行動，行動への心構え）の効果研究から，認知レベル（知識や信念）の効果研究へと関心が移っていく。そもそもマスメディアやジャーナリズムは必要な「情報」を提供するということが主たる役割であって，人々の認知，認識そのものへの影響力はやはり強力なのではないか，という点に焦点が絞られるようになっていく。

その嚆矢となったのが M. E. マコームズと D. L. ショーによって研究が始められた**議題設定効果**である（McCombs & Shaw, 1972）。投票行動そのものというよりもその前段階として，世の中で何が重要な議題かを判断する際に，メディアは大きな影響を与えているのではないかと考えられるようになった。

重要と判断されたニュースほど，テレビニュースでは先に伝えられ，より長い時間がその報道に当てられる。新聞報道では，重要なニュースほど 1 面に掲載され，大きく紙面で取り上げられる。そして，新聞やテレビなどメディアで

相対的に強調された特定の争点やトピックをもとに，人々は社会における争点を認識している。すなわち，マスメディアがつけた争点の重要性の順位が，受け手の争点の重要性の認知に影響を与えるというものである。

また，メディアが現実認識に与える影響については，議題設定効果に影響を受け，さまざまな効果が考えられるようになっていった。

その1つが**フレーミング効果**である。ジャーナリストがある出来事を取り上げるときの切り口，視点，取捨選択のパターンをニュースフレーム（→unit 5）と呼び，これが人々の現実の認識や解釈に影響を与えているというものである。例えば，S. アイエンガーが提唱した**エピソード型フレーム**と**テーマ型フレーム**がある（Iyenger, 1991）。エピソード型フレームは，個別具体的な事例によって描く報道の枠組みであり，個人へと責任を帰属させやすい。テーマ型フレームは一般的な文脈に位置付け，社会・組織へと責任を帰属する。

東日本大震災を例に考えよう。菅直人元首相個人のエピソード，動向を焦点に報道をすれば結果的に菅直人元首相個人の責任を追及することになるし，経済産業省や政府全体の危機管理体制そのものに焦点をあてて報道をすれば政府の原発政策そのものの責任を追及することになる。どのような観点でニュースが報道されるか，その枠組みが人々の認識に影響を与えるのである。

また今ひとつは**プライミング効果**である（Iyengar & D. R. Kinder, 1987）。これは，議題設定効果の拡張・後続的効果とも言えるものである。マスメディアから呈示された情報がオーディエンスにおける特定の認知構造を活性化させ，それが意味的に関連した別の認知や観念，評価に影響を与えるという認知心理学的効果をさす。戦争が問題になっているときには外交政策，不況が問題になっているときには経済対策，災害が問題になっているときは防災対策・復興対策といったように，直接的には報道されていなかったとしても，これらの点を基準にして首相や政党を評価するようになる。また，メディアの暴力描写への接触は攻撃的な観念や攻撃的感情を引き起こしやすくなるというのもプライミング効果の1つである。

暴力，学習と「メディアの影響力」──培養効果，知識ギャップ研究

1960年代から1970年代にかけては，アメリカにおいてはベトナム戦争，黒人暴動，M. L. キング牧師やロバート・ケネディの暗殺など社会的混乱の激し

い時期であった。この犯罪や暴力などへの対応策の認識が高まった時期，テレビで描写されることの多い暴力シーンが人々に影響を与え，犯罪や暴力が増えているのではないか，という点が問題視され始めた。

その1つの研究の流れが培養効果である。これはペンシルベニア大学のG.ガーブナーらによって進められた研究（Gerbner & L. Gross, 1976）で，テレビに長時間，反復的に接触することによって，テレビによって呈示されるシンボル的な現実描写が，人々の現実認識に影響を与えるという理論である。ドラマやアニメなど，テレビ上のフィクションとしてつくり出されるシンボル世界には独特の傾向がある。例えば登場人物は白人，男性の青年層が多く描かれ，老人・弱者は登場する比率が低い。テレビは，偏った「現実」を構成しており，そのテレビ的な現実に沿って人々の社会的認識が「培養」されており価値観を形づくるという仮説に基づいている。メディアの長期的な影響を考えているところに特徴がある。

またテレビと暴力については，他にも暴力映像に接するほど慣れてしまうという「**脱感作効果**」，暴力映像に接することによって自分自身の攻撃感情が和らぐという「**カタルシス効果**」，暴力映像を見て暴力行為を学習してしまう「**観察学習効果**」（→unit 18）などさまざまなものが考えられている。

このようにメディアの中に暴力や性犯罪に結びつくような悪影響をもたらす映像が多ければ，それが悪影響を与えてしまう。ではメディアの影響力が大きいならば，逆にメディアを有効に活用すれば，それは人々の情報量，知識を増大させるともいえるはずである。この教育とメディアとの関係性の分析から検討されたのがP. J. ティチナーらによって研究が始められた**知識ギャップ研究**である（Tichenor et al., 1970）。この研究は1960年代アメリカにおける教育機会均等実現が課題となっていたことを背景に，研究が進められた。

だが得られた結果は，逆にメディアが知識面での格差を広げていくというものであった。マスメディアを始めとするさまざまな情報源からの情報フローが増大するにつれ，情報を吸収する能力の高い人はますます知識を得て，情報を吸収する能力の低い人は情報を得られなくなり，知識格差は拡大すること，これら情報を吸収する能力は社会経済的地位と関係していることも明らかになっていった。①コミュニケーション技能として読解力・理解力の差，②既存の蓄積されてきた知識，③公共的議題について話し合う機会としての対人接触の機

> コラム

模倣犯とメディアの「少数者」への影響

「模倣犯（コピーキャット）」という言葉がある。ある犯罪が世間で報道されることによって，その犯罪をまねして多くの犯罪が引き起こされることだ。2008年6月8日に，7人が死亡，10人が負傷した秋葉原連続通り魔事件が起きた。秋葉原連続通り魔事件の犯人は，その3か月前の3月23日に土浦市荒川沖駅前で24歳の男が無差別に8人を殺傷する事件があったのだが，その刃物で無差別に連続して人を切りつけるという行為をまねしたと供述している。2年後の2010年6月22日，広島市南区マツダ本社宇品工場にて，当時42歳の男が12人の従業員を次々とはね，1人が死亡，11人に重軽傷を負わせる連続殺傷事件が発生した。この犯人は，秋葉原の事件を模倣したと供述したという（『読売新聞』2010年6月23日）。このように大きな事件は，報道されることによって次なる犯罪を生み出していってしまう。

自殺報道も自殺の「模倣」を促してしまうものと考えられている。自殺が報道されることによって自殺者が増えることを「ウェルテル効果」と呼んでいる。1774年に出版されたゲーテの著作『若きウェルテルの悩み』の発行の後に主人公ウェルテルと同じ方法で自殺した人が増えたことになぞらえたものである。日本では岡田有希子，X-Japanのhideなど芸能人の死亡の後にファンの後追い自殺が増えたことが知られている。韓国ではチェ・ジンシルなどネットにおける中傷などを原因として芸能人の自殺が相次いでいるが，これも芸能人に影響を与えている可能性が指摘されている。また，方法もよく模倣される。2000年頃より練炭による集団自殺が増えたことは記憶に新しい。2000年にWHO（世界保健機関）は，「自殺を予防する自殺事例報道のあり方について」と題する勧告を出し，韓国自殺予防協会は，報道について自制するように勧告を出している。

気に入ったドラマや映画，小説は誰にでもあるだろうし，ニュースをみて衝撃を受けるといったことは誰もが経験することである。メディアがどれだけ多くの人に影響を与えるかを分析するのがメディア効果研究なのだが，言い方を変えればたいていの場合は，メディアは少数の「誰か」には確実に直接的な影響を与えるのである。

会，④選択的接触とメディア接触量，⑤マスメディア特性（知識量のある活字メディアに接する人の方が知識を得やすい）などが媒介となって知識の格差は厳然と存在し，むしろ拡大し続けるのだという。

なお，情報化の伸展に伴い情報機器やそのリテラシーが人々の格差をまた生むようになってきているという「**デジタルデバイド**」が問題になっており，この知識ギャップ仮説は再評価されてきている。

こうして，メディアと暴力の関係性や，メディアと教育の関係性など，より現実的な課題に焦点があてられるようになっていった。

マスメディアの影響力と今後

マスメディアの効果研究は，新聞やラジオからテレビへという主要なメディアの変化に沿って，さまざまな仮説が考えられてきた。

近年，テレビや新聞に接触する人が減少し，またマスメディアの情報がソーシャルメディアなどインターネットを通じて取得されるようになってきており，相対的にマスメディアの影響力は小さくなってきているようにみえる。「コミュニケーションの流れ」を再度検討するとともに，ソーシャルメディアが活用される時代のマスメディアの影響力を考えるべき時期に入っていると言えよう。

またマスメディアの影響力は，戦争，投票行動や消費行動，選挙，暴力や犯罪など，その時代の社会事象，社会問題と関連すると考えられているからこそ研究対象になってきたといえる。環境問題，災害，安全など現代的な社会問題を踏まえ，新たな対象を踏まえたメディアの効果研究が求められている。

ホームワーク

- **work 1** コミュニケーション二段の流れ，普及過程（→unit 15），沈黙の螺旋理論（→unit 16），説得的コミュニケーション研究，議題設定効果，フレーミング効果，プライミング効果（→unit 17），「利用と満足」研究（→unit 23），また本論では取り上げていない第三者効果について，誰が，どのような問題意識をもって，その研究を始めたのかをまとめてみよう。
- **work 2** 少年犯罪は近年増えているだろうか？ 実際に統計データを確認したうえで，少年犯罪とメディアの関係性について，考えてみよう。
- **work 3** 「メディアと暴力」についてどのような研究があるかまとめてみよう。

読書案内

メディア効果研究を勉強するには田崎篤郎・児島和人編『マス・コミュニケーション効果研究の展開〔改訂新版〕』（北樹出版，2003年）を読むことから始めよう。個々の理論については，佐々木輝美『メディアと暴力』（勁草書房，1996

年），竹下俊郎『メディアの議題設定機能——マスコミ効果研究における理論と実証〔増補版〕』（学文社，2008 年）や，参考文献にある翻訳書を読むことをすすめる。また，本文では取り上げなかったがメディア効果研究の中でも広告効果についての研究も進んでいる。広告効果に特化した書籍として仁科貞文・田中洋・丸岡吉人『広告心理』（電通，2007 年）も参考になる。

参考文献

カッツ，E. & P. F. ラザースフェルド／竹内郁郎訳 (1965)『パーソナル・インフルエンス——オピニオン・リーダーと人びとの意思決定』培風館

キャントリル，H.／斎藤耕二・菊池章夫訳 (1985)『火星からの侵入——パニックの社会心理学』川島書店

クラッパー，J. T.／NHK 放送学研究室訳 (1966)『マス・コミュニケーションの効果』日本放送出版協会

佐々木輝美 (1996)『メディアと暴力』勁草書房

田崎篤郎・児島和人編 (2003)『マス・コミュニケーション効果研究の展開〔改訂新版〕』北樹出版

竹下俊郎 (2008)『メディアの議題設定機能——マスコミ効果研究における理論と実証〔増補版〕』学文社

ホヴランド，C. I., I. L. ジャニス & H. H. ケリー／辻正三・今井省吾訳 (1960)『コミュニケーションと説得』誠信書房

マクウェール，D.／大石裕監訳 (2010)『マス・コミュニケーション研究』慶應義塾大学出版会

マクウェール，D. & S. ウィンダール／山中正剛・黒田勇訳 (1986)『コミュニケーション・モデルズ——マス・コミ研究のために』松籟社

ラザースフェルド，P. F., B. ベレルソン & H. ゴーデット／有吉広介監訳 (1987)『ピープルズ・チョイス——アメリカ人と大統領選挙』芦書房

Gerbner, G. & L. Gross (1976) "Living With Television: The Violence Profile," *Journal of Communication*, 26, 172-194.

Iyengar, S. (1991) *Is Anyone Responsible?: How Television Frames Political Issues*, University of Chicago Press.

Iyengar, S. & D. R. Kinder (1987) *News that Matters: Television and American Opinion*, University of Chicago Press.

McCombs, M. E. & D. L. Shaw (1972) "The Agenda-Setting Function of Mass Media," *Public Opinion Quarterly*, 36, 176-187.

Tichenor, P. J., G. A. Donohue & C. N. Olien (1970) "Mass Media Flow and Differential Growth in Knowledge," *Public Opinion Quarterly*, 34, 159-170.

unit 18

メディアの悪影響
——検証の方法論を中心に

　ホラービデオやシューティングゲームの残虐な映像が少年犯罪の一因だとか，ネットや携帯電話が生身の触れ合いを失わせ人間関係を希薄化させているとか，メディアが人々に悪影響を及ぼすという話を，誰もが一度は聞いたことがあるだろう。それらの話は確かにもっともらしく聞こえることも多い。

　だが，それぞれのメディアが実際に悪影響を及ぼすのかどうか，はっきりしたことは，やはり検証しないとわからない。unit 17 ではメディアの影響力に関する理論・学説を中心に紹介したが，ここでは検証の方法に重点をおいて，どうすれば悪影響の真偽を明らかにできるのかをみていくことにしたい。

実験による研究方法

　暴力映像の悪影響に関する実証研究は，テレビの登場以来，半世紀以上にわたって各国で数多く行われてきた。とりわけ注目されたのは，子どもへの悪影響である。そこで以下では，それらの研究を参照しながら，"暴力的な内容の番組やシーンが子どもを攻撃的で乱暴な性格にするか"の検証方法を例にとって，話を進める。

　この分野での実証研究の手法は，大きく**実験研究**と**調査研究**の2つに分けられる。それぞれに異なる利点と欠点・限界をもち，互いに補い合うところも大きい。まずは実験研究の方からみてみよう。

　実験研究の基本となるのは，比較対照という手続きである。例えば，子どもたちに暴力シーンを含む番組を見せた後，遊びの様子を観察していたら，友だちをたたいたりする攻撃的な行動が何度かみられたとする。これによって暴力映像の影響が確認されたと言えるだろうか？ 少し考えてみればわかるように，

> **用語解説**
>
> **統計学的に有意**（statistically significant）
> 　限られた数の標本（サンプル）を対象に実験や調査を行う場合，無作為（ランダム）に対象を選んだとしても，偶然，偏りが生じる可能性がある。例えば，A大学とB大学でそれぞれ100人ずつ学生を無作為に選んで，身長を調べたとする。かりに全員を調べれば身長の差はなかったとしても，たまたまA大学で選ばれた100人には背の高い者が多く，B大学では低い者が多ければ，調査結果としては差があることになってしまう。このように本来はないはずの差や関連がたまたま生じる確率を計算する方法があり，その確率が5％未満であるとき，統計学的に有意な差・関連であるという。詳しくは統計学の入門書を参照してほしい。

　子どもたちには，普段から乱暴なふるまいがある程度は見られるはずだ。したがって，攻撃的行動が観察されたとしても，それだけでは，普段と変わりない程度なのか，暴力映像の影響によるものなのか，わからない。

　そのため，ある子どもたちのグループには暴力映像を見せ，別のグループには見せずに，その後の攻撃的行動の出現頻度を比較するといった手続きが必要になる。前者のグループを**実験群**，後者を**対照群**（または**統制群**）と呼ぶ。対照群よりも実験群の方に攻撃的行動が多く見られたならば，暴力映像の影響であることがよりはっきりするわけだ。

　こうした手続きのもとで行われた初期の研究としては，幼児を対象としたA. バンデューラらの実験がよく知られている（Bandura et al., 1963）。そこでは，大きな人形をなぐったり，けとばしたりする映像を見せるグループ（実験群）と，見せないグループ（対照群）に子どもたちを分けて，その後の行動が観察された。その結果，攻撃的なふるまいは実験群の方が**統計学的に有意**（→用語解説）に多く，また，人形をなぐる映像を見せられた子どもはなぐる行動を多く示すというような模倣傾向がみられた。映像を見ただけでまねして覚えるという**観察学習効果**（→unit 17）が確認されたのである。

　しかしながら，現実のテレビ視聴は，この実験のように1回限りではなく繰り返されるものであるし，直後に現れる暴力行動ばかりが問題になるわけでもない。また，わざわざ幼児を集めて映像を見せるという，日常的にはあまりない状況が，子どもたちを興奮させ，攻撃的なふるまいを誘発した可能性も残るだろう（実際，その後の研究では，暴力映像に限らず，生理的興奮を促す映像が攻撃性

を高めることを示した実験もある)。

　そこで，次のように，なるべく日常的なテレビ視聴状況に近づけるように考慮された実験も行われている (S. Feshbach & R. D. Singer, 1971)。その研究では，寮で生活する男子生徒を2つのグループに分け，一方には暴力描写のある番組の中から視聴するものを選ばせ，他方は暴力描写のない番組から選ばせた。そして，何週間にもわたって彼らの行動記録がとられた結果，意外なことに，暴力的な番組を視聴したグループの方が，むしろ攻撃的行動が少なかったのである。これは当初，攻撃性を高めるストレスが暴力映像を見ることで発散されるという，**カタルシス効果**によるものと解釈された。いわば「ガス抜き」効果のようなものだ。

　だが，これに対しては，他の研究者からいくつかの批判が投げかけられた。もっとも問題だったのは，暴力的な番組に分類されたものの中に当時の少年たちに人気の高かった番組が含まれていたことだ。暴力的な番組の視聴を制限された子どもたちは，それが見られないことに大きな不満をもち，しばしば抗議にも及んでいた。その不満が攻撃的行動の増加につながった可能性が強く疑われたのである。そのため，現在ではカタルシス効果説を支持する研究者は少なくなっている。

　ここからもわかるように，日常生活に近い自然な状況を保って実験を行うことは，案外難しい。実験はその性格上，人為的に設定された状況に被験者（実験協力者）を置くものであるため，多かれ少なかれ自然な状況とは異なってしまう。その状況の違いが実験結果に影響する可能性には十分注意しなければならない。これが実験研究の1つの限界である。

　加えて，実験研究では基本的に短期の影響しか検証できないという難点もある。一般に心理学の実験では，何らかの悪影響が実験協力者に残ることが予想される場合，それを防ぐための措置が実験終了後に行われるが，長期にわたる影響を検証しようとすると，実質的にそうした予防措置ができなくなってしまう。これは研究倫理面で深刻な問題を生じる。そのため，長期の悪影響を検証する実験は，考案することはできても，倫理的問題を無視しない限り，実施することはできないのである。

調査による研究方法

こうした実験研究の難点を補うのが，調査による研究アプローチである。

調査研究では，人為的に実験状況を設定するようなことがなく，日常生活の中で暴力的な番組をどれくらい見るか，攻撃的な行動をどれくらいするか，等々がまず調べられる。具体的な手法としては，調査員が行動を観察して記録することもあるが，きわめて多くの時間と労力がかかるので，**質問紙調査**（アンケート調査）がとられることが多い。

そこから得られたデータをもとに，暴力的な番組をよく見る人たちとあまり見ない人たちで，攻撃的行動に差があるかを分析する。あるいは，暴力的な番組を視聴する時間と，攻撃的行動の量・頻度との間に**相関**があるかを分析することになる。分析手続きの基本となるのは，実験研究の場合と同じく，比較対照する／関連の有無を検証するという考え方だ。

これまでに行われた調査研究をみると，総体的には，暴力的な番組を多く視聴するほど，攻撃的な行動傾向もしくは心理傾向が高いという関連を示したものが多い。日本での研究から例を1つ挙げておこう。渡辺功（1996）は，中学生を対象に質問紙調査を行い，暴力的なシーンを含む番組の中でも，お笑いバラエティ番組をよく視聴する者ほど，攻撃的で，暴力に許容的な傾向が高いという関連を見出している。そうした番組では，芸人がいじめにも似たことをして笑いを誘うことがよくあるだろう。笑いとともに暴力が容認されるシーンが，視聴者の暴力に対する抵抗感を麻痺させるという，**脱感作効果**（→unit 17）を示唆する分析結果である。

ただし，こうした結果を解釈する際には注意すべき点が2つある。

1つは，暴力番組視聴と攻撃的傾向との間に見られた関連が，潜在的な第3の要因によってもたらされた**見かけ上の関連**（擬似的関連ともいう）である可能性だ。例えば調査の結果，表18-1のようなデータが得られたとしよう。これをもとに，暴力番組を多く視聴していた人たちと少ない人たちで，それぞれの攻撃的傾向スコアの平均値を計算してみてほしい。視聴の多い人は平均2.7点，少ない人は2.3点になるはずだ。つまり，暴力番組をよく見る人のほうが攻撃性が高いことを示す結果である。次に，男女別に，それぞれの平均値を計算してみよう。男性の場合，視聴の多い人たちは3.0点，少ない人たちも3.0点であり，女性の場合も視聴の多い人・少ない人ともに2.0点で，まったく差がな

い。男女で分けると，暴力番組視聴と攻撃的傾向との関連は消えてしまうのだ。

これは，男性の方が女性よりも暴力番組をよく見る者が多く，また，攻撃的傾向も高い者が多いことによる。この性別という第3の要因を考慮せずに，単純に暴力番組視聴の多い／少ないで攻撃的傾向を比較すると，見かけ上は差（関連）が出てしまうのだ。

表18-1 暴力番組視聴と攻撃的傾向に関する架空データ

暴力番組視聴＝多い		暴力番組視聴＝少ない	
	攻撃的傾向		攻撃的傾向
Aさん（男）	4点	Kさん（女）	4点
Bさん（女）	3点	Lさん（女）	1点
Cさん（男）	2点	Mさん（男）	4点
Dさん（男）	3点	Nさん（女）	2点
Eさん（男）	1点	Oさん（男）	3点
Fさん（男）	4点	Pさん（女）	1点
Gさん（男）	3点	Qさん（女）	1点
Hさん（男）	2点	Rさん（女）	2点
Iさん（女）	2点	Sさん（男）	2点
Jさん（男）	3点	Tさん（女）	3点

こうした第3の要因による影響を取り除いて，本当に関連があるかどうかを分析する統計手法としては，多重クロス表分析や偏相関分析，重回帰分析などがある。ただし，現実的には調査で把握される項目には限度があるし，把握していなかった要因によって見かけ上の関連が生じる可能性は多かれ少なかれ残る。実験研究でも第3の要因の影響可能性を完全に排除できるわけではないが，実験群と対照群でなるべく同質的な人を選ぶなど，条件を比較的コントロールしやすい。それに対して調査研究においては，この見かけ上の関連の問題は，より注意すべき点の1つと言えるだろう。

さらに大きな問題は，第3の要因の影響をできるだけ取り除いたうえで，関連が認められたとしても，それだけでは**因果関係の向き**が明らかでないことだ。実験研究の場合，かりに実験群のみで攻撃的行動が増えたとすれば，それは対照群にはなかった条件（すなわち暴力映像を視聴させたこと）が原因となって生じたという解釈が成り立つ。一方，調査データの分析から，暴力的な内容の番組をよく見る人ほど，攻撃的な行動をしがちという関連がみられたとしても，それは，"暴力番組視聴が［原因］→攻撃的傾向を強めた［結果］"からだとは限らない。"もともと攻撃的なふるまいをしがちな人は［原因］→視聴する番組も暴力的なものを好む［結果］"という，逆向きの因果関係も考えられよう。1回きりの調査では，関連を確認することはできても，因果の向きまで特定する

ことはきわめて困難なのである。

そこで調査研究において因果の向きを明らかにしようとする場合には，同一対象者に対して一定期間をおいて繰り返し調査を行う手法——**パネル調査**もしくは**縦断的調査**という——がしばしば用いられる。

図18-1　2時点間における暴力番組の選好と攻撃性の相関

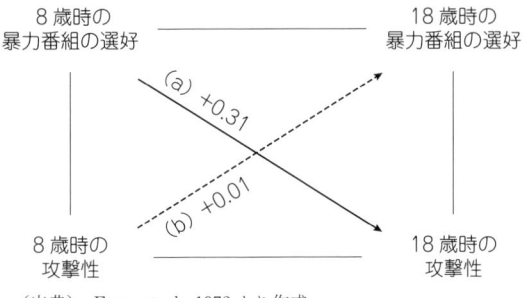

```
8歳時の                          18歳時の
暴力番組の選好 ─────────── 暴力番組の選好
         ╲(a) +0.31 ╱
          ╲         ╱
           ╲       ╱
          (b) +0.01
         ╱         ╲
8歳時の                          18歳時の
攻撃性   ─────────────   攻撃性
```

（出典）　Eron et al., 1972 より作成。

実際にアメリカで行われた研究を例に説明しよう。L. D. イーロンらは，1960年に8歳の子どもを対象として，暴力的な番組の選好と攻撃的行動傾向に関する調査を行い，10年後の1970年にも同一の対象者に再調査を実施した（Eron et al., 1972）。そのうちの男子に関する分析結果を要約したものが，図18-1である。数値は相関係数であり，±1.0に近づくほど関連が強く，0.0に近づくほど弱いことを意味している。また，符号の＋は一方が増えると他方も増える正比例的な傾向を，－は一方が増えると他方は減る反比例的な傾向を表す。

さて図中の（a）〈8歳時の暴力番組の選好と，18歳時の攻撃性との相関〉をみると，＋0.31の統計学的に有意な値が示されている。これは，"暴力番組を好んで見ていた少年は→10年後により攻撃的な人物になる"という因果の向きを示唆していると考えるのが自然だろう。18歳時の攻撃性が10年前の番組視聴の好みに影響するといった時間を遡るような因果関係は考えられないからだ。一方，（b）〈8歳時の攻撃性と18歳時の暴力番組の選好との相関〉は＋0.01であり，ほとんど無関連である。つまり，"攻撃的だった少年は→10年後により暴力番組を好むようになる"という因果関係は認めにくい。このように，2時点間での相関を比較分析することで，因果の向きを明らかにすることができるわけだ。

社会的・文化的な背景要因を考慮することの重要性

イーロンらはさらに分析を加えて，この2時点間の相関が第3の要因による

見かけ上の相関とは考えにくいことも示している。しかしじつは，これでも暴力映像の悪影響について決定的な結論が出たわけではないのである。彼らはアメリカ以外でも同様のパネル調査を行ったが，オーストラリアとイスラエルでは暴力番組の視聴が攻撃性を高めるという因果関係は認められなかった。日本でも別の研究者がパネル調査を行っているが，そこでもそうした因果関係は確認されていない（鈴木裕久他，1986）。また，男女で結果が異なることも，いくつかの調査研究で示されている。

　このように必ずしも一貫した結果がみられない理由の1つとして考えられるのは，社会的・文化的な背景要因の違いだ。例えば，子どもはケンカするくらい元気があった方がよいとみなされる社会・文化の場合と，そうでない場合とでは，同じように暴力番組を視聴していても，その影響の現れ方は何かしら違ってくるだろう。自然科学の場合と違って，社会的・文化的な存在としての人間を対象とする研究の難しさは，その点にあると言えるだろう。

　暴力映像の悪影響とは別の研究から，もう1つ例を挙げておこう。

　アメリカの社会心理学者R. クラウトらは，約100世帯の家庭を対象に，インターネットが人間関係や精神的健康状態にどのような影響を与えるかを明らかにするため，1995～1997年にかけてパネル調査を行った（Kraut et al., 1998）。その結果，ネットをよく利用することが，家族間のコミュニケーションや地域での付き合いを減少させ，抑鬱感や孤独感を強めるという因果関係が認められたのである。当時のアメリカでは，インターネットは人々のつながりやコミュニケーションを豊かにするだろうと考えられていたが，それとは逆の結果である。そのため，この現象は「**インターネット・パラドクス**（逆説）」と名づけられ，メディア研究や**ソーシャル・キャピタル論**（→unit 23）などの分野を中心に，広く大きな注目を集めることとなった。

　だが，さらに1年後に追跡調査を行ったところ，分析結果は大きく異なっていた（Kraut et al., 2002）。ネット利用は，家族間のコミュニケーション，地域での付き合いの増減とは関連しなくなり，抑鬱感についてはむしろ減少させる傾向がみられたのだ。

　この分析結果の違いを，クラウトらは次のように解釈している。初期の段階では，地域でネット利用者も少なく，個人間でのコミュニケーションに役立つネットサービス・機能も限られていた。そのため，家族や地域での付き合いが

薄れ，抑鬱感・孤独感を高めることにもなった。しかし，ネットの普及が進み，サービス・機能の種類も増えていくことによって，実生活や身近な人間関係とより密接に結びついた利用がなされるようになり，家族や地域のつながりを強める（ひいては精神的健康にも悪影響を及ぼさない）方向に変化したのではないか，と。

ちなみに日本でも2001〜2003年に同様のパネル調査が行われ，インターネット・パラドクスに否定的な結果が示されているが（橋元良明他，2004），クラウトらの研究が示唆している重要な点は，たとえ同一の地域においてであっても，インターネットというメディアの社会的な意味づけが変わる——情報や娯楽にアクセスするメディアから，個人間のコミュニケーションをつなぐメディアへ——ことによって，その影響も大きく変化する可能性があるということだ。

同じメディアであっても，その社会的な意味づけが時とともに変化するならば，影響のありようも変わりうる。過去の研究の知見が，現在もそのまま通用するとは限らないのである。それでは，いつになっても確たる結論にはたどり着けないように思えるかもしれない。だが，メディアが（悪）影響を及ぼすプロセスに，どのような社会的・文化的背景要因が関わっているのかを，一気に明らかにすることは無理でも，少しずつ確かめていくことはできる。

そもそも何かを科学的・学問的に検証するとは，より確からしい答えに少しずつ近づいていくような歩みなのであり，科学・学問を学ぶとは，たんに何が正解かを知ることではなく，そうした一歩一歩を地道に積み重ねていく方法を知ることなのだ。それを忘れないようにしてほしい。

ホームワーク

- **work 1** 実験研究と調査研究について，それぞれの長所と短所を整理してまとめてみよう。
- **work 2** たんに関連（相関）があることと因果関係があることの違いは何か，因果関係の向きを特定するためにはどういう点に注意すべきか，整理してまとめてみよう。
- **work 3** 近年は，暴力的な内容のテレビゲームの悪影響，携帯電話，スマートフォンやSNSの人間関係への悪影響などについても研究が活発になりつつある。どのような実験や調査が行われているか，調べてみよう。

読書案内

ここで取り上げた暴力映像の悪影響に関する諸研究は，無藤隆編『テレビと子どもの発達』（東京大学出版会，1987年）の第5章で，より詳しく紹介されている。坂元章編『メディアとパーソナリティ』（ナカニシヤ出版，2011年）では，テレビゲームやネット，携帯電話の影響に関する研究が要領よくまとめられており，インターネット・パラドクスにも触れられている。メディアの影響研究と直接の関係はないが，科学的検証について考えを深めたい方には，戸田山和久『「科学的思考」のレッスン——学校で教えてくれないサイエンス』（NHK出版，2011年）がわかりやすく，一読をすすめたい。

参考文献

鈴木裕久・村田光二・川上和久・茂呂田七穂・石井健一（1986）「テレビの幼児に及ぼす影響の多重パネル研究——予備的研究（一九八三〜八五）」『東京大学新聞研究所紀要』34, 107-166.

橋元良明・石井健一・木村忠正・辻大介・金相美（2004）「パネル調査によるインターネット利用の影響分析」『東京大学社会情報研究所調査研究紀要』21, 305-454.

渡辺功（1996）「テレビ暴力番組の反社会的行動に与える効果」『教育研究（国際基督教大学学報 I-A）』38, 225-263.

Bandura, A., D. Ross & S. Ross (1963) "Imitation of Film-mediated Aggressive Models," *Journal of Abnormal and Social Psychology*, 66, 3-11.

Eron, L. D., L. R. Huesmann, M. M. Lefkowitz & L. O. Walder (1972) "Does Television Violence Cause Aggression?," *American Psychologist*, 27, 253-263.

Feshbach, S. & R. D. Singer (1971) *Television and Aggression: An Experimental Field Study*, Jossey-Bass.

Kraut, R., M. Patterson, V. Lundmark, S. Kiesler, T. Mukophadhyay & W. Scherlis (1998) "Internet Paradox: A Social Technology That Reduces Social Involvement and Psychological Well-being?," *American Psychologist*, 53, 1017-1031.

Kraut, R., S. Kiesler, B. Boneva, J. Cummings, V. Helgeson & A. Crawford (2002) "Internet Paradox Revisited," *Journal of Social Issues*, 58, 49-74.

第4章

コミュニケーションと社会

- 19 マーケティング・コミュニケーション
- 20 コーポレート・コミュニケーション
- 21 スポーツ文化とコミュニケーション
- 22 バーチャル空間のコミュニケーション
- 23 情報社会とコミュニケーション・ネットワーク
- 24 災害とコミュニケーション

第4章 コミュニケーションと社会

Introduction 4

この章の位置づけ

　第4章は応用編である。あらゆる社会の組織，社会現象において「コミュニケーション」はさまざまな役割を果たしている。エンターテイメント，企業活動，スポーツ，災害などさまざまな分野を取り上げ，社会の組織あるいは社会現象の中におけるコミュニケーションの役割について考えていく。また現代社会ではコミュニケーション活動そのものが社会現象や人間関係を生み出している。メディア，コミュニケーションがつくりあげる社会現象，人間関係のつながりについても考える。

この章で学ぶこと

unit 19 メディアに関わるビジネスは，何らかの形で「広告」を含んでいたり，「広告」されることによって成り立っている。市場におけるコミュニケーションの中核である広告に焦点をあてて学んでいく。

unit 20 企業などあらゆる組織体はそれ自体が内部の人，外部の人とコミュニケーションをとりながら，関係性を構築している。この組織を主体とするコミュニケーションの考え方，理論を学んでいく。

unit 21 近代スポーツは，ルールをつくり，コミュニケーションによってコントロールすることで成立してきた。またスポーツは「見ること」「語ること」によって，われわれの文化の中に定着している。これらスポーツとコミュニケーションの関わりについて考えていく。

unit 22 情報技術（複製技術）の発展に伴い，われわれは直接体験していないことでも経験として共有することが可能になり，実在しないものが現実社会に影響を与えるようになった。このことを考えていく。

unit 23 現代社会のコミュニケーションや人間関係は，電話やインターネットというコミュニケーション・メディアを前提に成立している。これらメディアと人間関係のつながりについて考える。

unit 24 災害時には不安が高まり，コミュニケーションのニーズが急増する。そして情報を適切に伝達する必要がある。だが災害時に平時のようなコミュニケーションをとるのは難しい。災害時のコミュニケーションの特殊性について考える。

unit 19

マーケティング・コミュニケーション

　「いい日旅立ち」(1978年，山口百恵)，「クリスマス・イブ」(1983年，山下達郎)。「2億4千万の瞳——エキゾチック・ジャパン」(1984年，郷ひろみ)，「Choo Choo TRAIN」(1991年，ZOO)。この4つの音楽の共通点は何であろうか。何の脈絡もないように思えるが，この4曲の共通点は，「鉄道」のCMに使われた歌であるという点である。

　ZOOの「Choo Choo TRAIN」は，JR東日本「JR Ski Ski」という1991年から展開されているスキー旅行のキャンペーンで使われた**CMソング**（スポンサーとの関係を意識してCMのためにつくられる楽曲）として発売された。鉄道を使って，スキーに行きましょうということを連想させるために「TRAIN」なのである。1990年に開業したガーラ湯沢スキー場への集客キャンペーンとして開始されたキャンペーンで，CMでは「Heat Heat (The) beat's like a skip skip」(JASRAC 出1401029-401) のskipの部分が「スキー　スキー」と聴こえるように歌われている。

　山下達郎の「クリスマス・イブ」は，1988年から毎年クリスマスの時期に合わせて行われたJR東海のCM「クリスマス・エクスプレス」の**イメージソング**（CMとは直接関係ないが，CMに使われる楽曲）になり，ヒットするようになった。遠距離恋愛のカップルが新幹線でクリスマスに再会するというストーリーで，JR東海を人気企業ランキングで上位にするなどの効果をもたらした。

　郷ひろみの「2億4千万の瞳——エキゾチック・ジャパン」は日本国有鉄道（現JRの前身）最後の観光キャンペーンとなった「エキゾチック・ジャパン」のCMソングとして，山口百恵の「いい日旅立ち」も日本国有鉄道の観光キャンペーン「いい日旅立ち」のCMソングとしてつくられたものである。

これは，特殊な例だけを集めたわけではない。日本においては現在に至るまで，テレビCMのキャンペーンソングか，もしくはドラマや映画の主題歌として売り出すというのが，J-POPの販売促進戦略の主流である。私たちは，このことをほとんど意識しないまま，これら音楽を聴き，歌っている。
　このことを2つの側面から考えてみよう。
　1つはスポンサー企業の側からである。企業は究極的には利益を上げるため，商品やサービスを知ってもらおうと広告宣伝を行う。結果として，それが自社の商品やサービスのマーケティングになるから，そのようなコミュニケーション活動を行う。JRならば，観光客が増え，鉄道利用者が増えることを狙っている。そのために，印象深い音楽，有名タレントの出演，踊りなどさまざまな手段を使って，コミュニケーションを喚起するのである。
　今ひとつは，歌手の側からである。CMやドラマなどで認知されるようになった楽曲は，それだけ，その楽曲に興味をもつ人が増え，CD（昔はレコード）の購買につながり，売り上げが上がる。今ならダウンロード数に反映し，売り上げが上がる。もちろん私たちは，数年経てばその歌がCMの歌であったことを覚えていない。だが，人々の記憶には残り続ける。結果的に，コンサートで歌われ，カラオケで歌われ続け，著作権収入などで収益に結びついていく。
　どちらの視点においても，重要な点は，収益を増やすために行われている活動という点である。CMに限らず，収益を上げるために，人々が商品・サービスと対価を交換するマーケット（市場）において行われるさまざまなコミュニケーション，それを「マーケティング・コミュニケーション」と呼ぶのである。

🔲 マーケティングとコミュニケーション

　そもそもマーケティングとはどういう意味であろうか。
　「マーケティング（marketing）」とは，「マーケット（市場）」に「ing」がついた言葉である。平たく訳せば「市場づくり」である。マーケティングとは，経営体の活動として，ある商品やサービスが人々に受け入れられるように，すなわち市場が生み出されるように活動することである。
　マーケティング活動は営利組織が商品やサービスを広めようというものに限らない。自治体が「地域の魅力」を高めようと，観光振興を図ろうとしたり，特産品が売れるようにキャンペーンを展開したりすることも「マーケティン

グ」の一種である。非営利組織が行ったりすることもありえる。

　マーケティング・コミュニケーションはもっとも広い意味にとらえれば，マーケティング活動全般において行われるコミュニケーションのことであり，マーケティングそのものである，という言い方もできる。マーケティングにおいては4P戦略の策定が重要であると言われている。4Pとは Product（商品：製品，サービス，デザイン，パッケージをどうデザインするか），Price（価格：値段や割引をどうするか），Place（流通：商品の流通範囲や販売方法をどのようにするか），Promotion（販売促進）のことである。これらすべての要素を消費者，顧客とのコミュニケーションの一種ととらえることもできる。

　例えば，ポッキーという商品を考えてみよう。狭い意味でのマーケティング・コミュニケーション，広告を中心とする販売促進としては，テレビや看板などでさまざまな広告やプロモーション活動が行われている。グリコのポッキーの広告には，山口百恵，松田聖子，本田美奈子，南野陽子，吉田栄作，田中麗奈，本上まなみ，池内博之，妻夫木聡，モーニング娘。，松浦亜弥，石原さとみ，仲間由紀恵，柴咲コウ，新垣結衣など，その時々の人気のあるタレントが出演している。

　だが，広い意味で企業と顧客との間で行われているコミュニケーションはそれだけではない。赤い箱にポッキーの写真のパッケージ，200円弱という値段，コンビニやスーパー，キオスクでは必ず売っていることを私たちはすでに知っている。製品パッケージ，価格や販売場所についてのイメージやブランドは，コミュニケーションの結果として私たちの頭の中に構築されている。例えば「高級感」の訴求効果をもたせるため，やや価格が高く設定されているポッキーもある。10個1パックで安くなっている場合もある。すなわち価格（Price）にも，高級感や値ごろ感を伝えるコミュニケーション効果があるといえる。観光地の土産物屋には，ご当地ポッキーやジャンボポッキーが売られている。ご当地キューピー，ご当地キティとともに定番の土産ものの1つである。土産物屋という流通（Place）に合わせて特徴的な製品（Product）を組み合わせてつくられている。これらも広い意味でのマーケティング・コミュニケーションの戦略の1つなのである。

　また狭い意味でのマーケティング・コミュニケーションは，このマーケティング活動のうち，Promotion（販売促進）の一貫として，消費者，顧客への情

報伝達をさすという考え方もある。具体的には広告，店頭でのディスプレイ，デモンストレーション，サンプル，クーポンなどといったセールス・プロモーション，広告以外の手段で番組や記事として取り上げてもらうパブリシティ，営業などの人的販売，イベント，ホームページなどである。

　もともと，広告とは「**コマーシャル・メッセージ**（CM：Commercial Message）」，すなわち商業的なメッセージのことである。本来は，テレビの CF（コマーシャル・フィルム）や新聞広告に限らず，商品やサービスを連想させるすべてのものがコマーシャル・メッセージ（CM）である。広告枠以外の手段で企業活動や商品を宣伝することをパブリシティというが，広告代理店を通してテレビ局に CF を流してもらわなくとも，番組の中で商品やサービスが紹介されることによって，結果的に宣伝効果があれば，それはマーケティングに関するコミュニケーションとなりうる。なお，この意味では，新聞記事や報道番組なども，企業にとって「広告効果」をもたらしうる情報伝達手段となるのである。

　ただし，マーケティング・コミュニケーションは，他の場面で使う「コミュニケーション」とは，2つの点で，若干，異なることも理解しておこう。

　1つ目の点は，コミュニケーションとは，何らか情報なり経験なりを共有する行為のことをさすが，マーケティング・コミュニケーションとして行われる手法は，送り手側が一方向的に何かを提示する行為であるという点である。マーケティング・コミュニケーションの中核である広告は，「advertising」「advertisement」の訳語で，その動詞「advert」とは注意を向けさせるという意味である。つまり，マーケティング・コミュニケーションは，最終的には消費者・顧客との相互作用や，何らかの情報なり経験なりを共有することを目指してはいるものの，その過程は一方向的なものでもかまわないのである。

　2つ目の点は，マーケティング・コミュニケーションは，企業を主とした営利団体が市場において行う営利活動として「売り上げにつながるかどうか」という目的をもったコミュニケーションであるという点である。ゆえに，コスト（費用）をかけたメッセージがどれくらい伝わったかというベネフィット（利益）すなわち効果に関心があり，その効率性や，またメディアにおける視聴率・聴取率・閲読率，販売部数，広告費換算といった指標が重視されるのである。

IMC（統合的マーケティング・コミュニケーション）

このように，マーケティング・コミュニケーションという観点からみると，たんなる広告だけがコミュニケーションのツールとは限らない。営利活動の一貫として行われるさまざまなイベント，環境報告書や広報誌，口コミ，人的な営業活動などのプロモーション活動，さらに製品そのもの，価格設定など，ありとあらゆる企業の消費者へのマーケティング活動は，すべて企業からの情報発信・コミュニケーション活動ととらえることも可能である。狭い意味での「広告」を超えて，ありとあらゆる企業の情報発信は「宣伝活動」ととらえることができる。これらは統合的に考えていくべきである。これを強く意識した考え方を **IMC**（integrated marketing communication：**統合的マーケティング・コミュニケーション**）と呼ぶ。

この IMC という考え方は，1990年代後半からマーケティングや広告の業界での中心的な概念で，「消費者とブランドや企業のすべての接点をメッセージ伝達のチャネルと考え，ターゲットの購買行動に直接影響を与えることを目的とする。消費者から出発し，あらゆる手法を駆使して，説得力のあるコミュニケーションを実践するプロセスである」（D. E. シュルツ他，1994）とされている。

ここ数十年の不況や，近年のインターネットの普及により，テレビ，新聞，雑誌，ラジオといったマスメディアの広告費は総体的に減少傾向にある。テレビ以外の雑誌，新聞，ラジオやさまざまな SP（セールス・プロモーション）広告も統一的に扱えば，全体として広告の売り上げは増加する。また企業の宣伝活動としても効率的である。よってこの考え方が広告代理店を中心に浸透してきた。

このように企業が行うあらゆる活動は企業の発信するメッセージであり，それらすべてを「広告（コマーシャル・メッセージ）」として統一的なイメージを展開すべきという考え方を IMC というのである。

メディアとマーケティング・コミュニケーションの関係

次にメディアの側から，マーケティング・コミュニケーションを考えてみよう。私たちはテレビ，新聞，インターネット，携帯電話などさまざまなものをさして，「**メディア**（media）」ということばをよく使う。メディアということばは「中間（medium）」ということばの複数形である。現在は，メディアとは

送り手と受け手の間にあるもののことで，このメディアが媒介するものは，「メッセージ」「コンテンツ」ととらえられている。

だが，もともとは，メディアとはこのような意味ではない。オックスフォード英語辞典によれば，メディアという言葉の初出は1923年の『広告と販売 (*Advertising & Selling*)』誌である。メディアという言葉は広告代理店の人々の職業用語として使われ始めた言葉であり，メディアが媒介するものは「メッセージ」ではなく「広告」であって，もともとの意味は「広告を媒介するもの」という意味であった。つまり，原義から厳密にいえば，メディアという言葉は，もともとは「広告」を掲載することができる「広告媒体」という意味である。だから，「広告媒体」「マスコミ4媒体（テレビ・新聞・雑誌・ラジオ）」という言い方をするのである。

1953年8月28日，東京初の民放テレビ局として開局した日本テレビ放送網（NTV）の開局式の挨拶で，正力松太郎社長は「テレビを通じてわが国の政治，経済，文化の各方面に寄与するとともに，新しい広告宣伝の媒体として役立ちたいと念じておる次第であります」と挨拶をした（室伏高信，1958）。民間放送局としてのテレビは，紛れもなく広告宣伝の媒体としてスタートしたのである。

そもそもマスメディア，エンターテイメントなどのメディア産業とこの広告宣伝活動は切っても切り離せない。そもそも，メディア産業は大きく分けて2つの手法で収益を上げている。

1つの方法は，広告収入である。テレビ，新聞，雑誌，ラジオ，インターネットのポータルサイトなどの主たる収入源は「広告収入」である。意味のある報道，面白いドラマやバラエティなどのコンテンツを作成して，見てくれる人を増やし，そこに広告を挟みこむ。その広告枠を商品として売るのである。

今ひとつの方法は，メディアの宣伝力を活用し，コンテンツそのものを売り，直接的な売り上げをあげることである。映画やDVD，イベント，音楽などはコンテンツ自体のエンターテイメント性を前提に，これらを積極的に広告・宣伝して販売するのである。つまり，これも広告・宣伝の力を活かした収入である。メディアを通して繰り広げられるビジネスはあらゆるところで「広告」が関係する。

例えば，芸能人はどうやってお金を稼いでいるか。日本ではCMの出演料がきわめて高く，日本においては芸能人の目標は，収入面に限っていえば，い

コラム

プロレスとメディア

1953年,テレビ放送が開始された当初,テレビは高価であったため,多くの人が街頭テレビで番組を見た。なかでも,力道山・木村政彦組とシャープ兄弟のプロレス中継という格闘技イベントの人気は,どのテレビ史の概説でも出てくる有名な逸話である。1954年2月19日,力道山・木村政彦組とシャープ兄弟が日本初のプロレスの国際試合として蔵前国技館で対戦し,これを日本テレビとNHKが同時中継した。新橋駅西口広場の街頭テレビには2万人の群衆が集まったという。このように関東一円に街頭テレビおよそ220台が設置された。1955年10月のNHK放送文化研究所の調査では,街頭テレビを「1ヶ月の間にわざわざ見に行った人」は30％で,その中でプロレスを見た人が80.2％,野球が36.1％,相撲35.4％,劇映画12.4％,舞台中継11.5％であったという（橋本一夫,1992）。これはメディアの歴史では必ず出てくる逸話である。

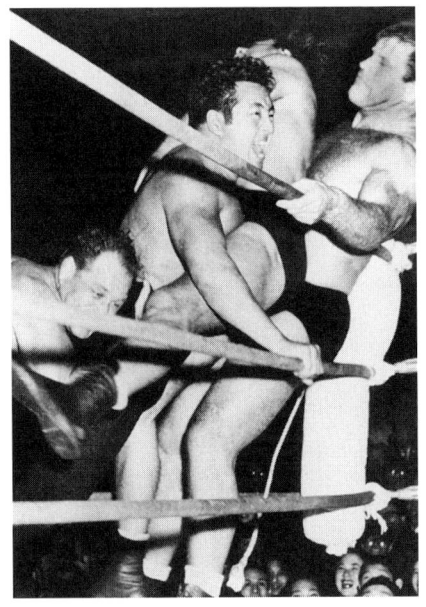

力道山（写真提供：毎日新聞社）

このプロレス中継をマーケティング・コミュニケーションという観点からみると興味深いことがみえてくる。力道山のスポンサーは,八欧電機（現在の富士通ゼネラル）である。このシャープ兄弟のスポンサーは,早川電機工業（現在のシャープ）である。1957年には,日本テレビが『プロレス・ファイトメン・アワー』（土曜夕方）を開始した。途中から,三菱電機が提供スポンサーとなり,1958年には『三菱ダイヤモンド・アワー』（金曜20時）で,三菱電機の単独提供で日本プロレスの試合の独占中継を始めた。いずれもテレビのメーカーである。

プロレスラー,またテレビ番組として人気の高かったプロレス中継番組に「テレビ」のメーカーがスポンサーとしてつくことで,テレビ販売のためのマーケティング・コミュニケーションを行おうと試みたのである。テレビの草創期もマーケティング・コミュニケーションから始まっているのである。

かに CM での出演料が高くなるかということになる。ゆえに，ハリウッド俳優はアメリカでは CM に出ることはあまりないが，日本の CM には出演する。撮影が短時間にもかかわらず巨額の出演料（数千万から億単位）が得られるからである。俳優，女優やタレントはこの CM を頂点とするシステムに強く依存しており，有名になるとドラマやバラエティにはあまり出演せずに，CM を中心に活動をする人も多い。山口智子や松嶋菜々子などはその例である。テレビドラマの出演料は，1 時間あたりでも最大で 300 万円程度である。かつ拘束時間は長い。しかし，俳優はこぞってテレビドラマに出演し，主演したがる。好感度が上がり，視聴率を上げる人と認められることによって CM 出演につながることを目指すのである。

　歌手，ミュージシャンは，CD の売り上げやコンサートでの動員がすべてである。それゆえテレビ，ラジオなどでの出演料は安い。だが，安い出演料でもさまざまな番組に出演する。なぜなら自らが出演し，歌うことがその歌のマーケティング活動となるからである。伝統的に，テレビ局やラジオ局において音楽の著作権利用の敷居が低い理由も同様である。音楽番組，ランキング番組や情報番組などに取り上げられることによる広告効果を狙っているのである。

　なおアメリカの場合は，ハリウッドを中心とするコンテンツ制作そのものがメディア産業における最大の収益源である。有力コンテンツはスタジオ（制作会社）で作られ，ネットワークへ販売，各 CATV 会社へ販売，海外への輸出，DVD 販売などを行う。テレビドラマ俳優や映画俳優は，その出演料が最大の収入源となる（吉野次郎，2006）。一方，日本では，それらの出演の実績・人気を前提にして，広告というマーケティング・コミュニケーションの素材となることが最大の収入となるのである。

　テレビ，ラジオ，雑誌などのメディアは，放送枠のスポンサー収入「CM」や広告収入によって成立している。また本，音楽，映画などの基本「CM」の要素がそこにないものに関しては，テレビ，ラジオ，雑誌などのメディアを通していかに「広告」されるかによって，その利益を確保する。メディアに関わるビジネスは，何らかの形で「広告」を含んでいたり，「広告」されることによって成り立っている。つまり，マーケティング・コミュニケーションという仕組みによって，われわれは，企業からの情報を知り，またメディア産業は成立しているのである。

ホームワーク

- [ ] **work 1** ある企業を取り上げて，YouTube や企業のホームページなどで，その会社がどのような広告宣伝を行っているのかを考えてみよう。
- [ ] **work 2** あるメディアを取り上げて，それがどのような収益構造をもっているのか，また広告とどのような関係をもっているのかを考えてみよう。
- [ ] **work 3** スポーツ，映画，ドラマなどがどのように広告宣伝しているか，広告費とどのように関係しているかを調べてみよう。

読書案内

マーケティング・コミュニケーションには，広義にマーケティング活動全般におけるコミュニケーションをとらえる立場と，狭義に広告宣伝という意味でとらえる立場がある。コミュニケーションに関心のある人は，後者，とくに広告に関するさまざまな考え方を学んでいくのがよいだろう。亀井昭宏・疋田聰編『新広告論』（日経広告研究所，2005 年），岸志津江・田中洋・嶋村和恵『現代広告論〔新版〕』（有斐閣，2008 年），嶋村和恵監修・電通『新しい広告』（電通，2011 年）がある。また広告の文化論的なことについて山田奨治編『文化としてのテレビ・コマーシャル』（世界思想社，2007 年）なども参考になる。

参考文献

小川博司・粟谷佳司・葉口英子・小田原敏・小泉恭子・増田聡（2005）『メディア時代の広告と音楽――変容する CM と音楽化社会』新曜社

亀井昭宏・疋田聰編（2005）『新広告論』日経広告研究所

岸志津江・田中洋・嶋村和恵（2008）『現代広告論〔新版〕』有斐閣

嶋村和恵監修・電通（2011）『新しい広告』電通

シュルツ, D. E., R. F. ロータボーン＆S. I. タネンバーム／有賀勝訳（1994）『広告革命 米国に吹き荒れる IMC 旋風――統合型マーケティングコミュニケーションの理論』電通

関谷直也（2009）「広告媒体・宣伝媒体としての『放送』」島崎哲彦・米倉律・池田正之編『放送論』学文社

橋本一夫（1992）『日本スポーツ放送史』大修館書店

水野由多加（2004）『統合広告論――実践秩序へのアプローチ』ミネルヴァ書房

室伏高信（1958）『テレビと正力』大日本雄弁会講談社

吉野次郎（2006）『テレビはインターネットがなぜ嫌いなのか』日経 BP 社

unit 20

コーポレート・コミュニケーション

　村田製作所という電子部品を製造しているメーカーがある。セラミックコンデンサなど，携帯電話やパソコンに使われる部品をつくっている会社である。村田製作所の製品は企業が買い，さまざまな製品の部品となる。直接，私たちが村田製作所の商品を買うことはない。

　2005年に村田製作所は「ムラタセイサク君」という自転車型ロボットを製作し，CMを作成した。ただ，このムラタセイサク君をつくっても，村田製作所の売り上げが伸びるわけではない。村田製作所は，企業間取引（B to B: Business to Business）を業務とし，消費者取引（B to C: Business to Consumer）を業務とする会社ではないからである。

　では村田製作所は，なぜこのような広告を始めたのであろうか。

　「村田製作所」という会社そのものを知ってもらうためである。村田製作所は，もともと積極的な広告活動は行ってこなかったし，新卒者の中では認知度は低かったという。関西の会社なので関東の学生にはあまり知られていなかった。大学生は，CMなどを通じ素朴にもっているイメージで就職先を決める。1980年代を通しバブル時代は理工学生のメーカー離れも進んでいた。

　そこで村田製作所は1991年から，企業の認知度を上げるための企業広告を始めたのである。一般的な企業イメージをよくするために，企業の認知度を上げ，将来の就職希望者を増やし，より優秀な従業員を多く獲得することを目的として宣伝活動が始められた。そして十数年の宣伝活動の中で生まれたのが「ムラタセイサク君はいるよ」という広告であった。この「ムラタセイサク君」は，村田製作所の社員にとって誇りともなり，モチベーションを上げる契機ともなったという。

ムラタセイサク君はいるよ（写真提供：株式会社村田製作所）

　このように，企業はたんなる人々が集まる組織であるだけではなく，外部の人とコミュニケーションをとる主体であり，また内部の人，つまり組織を構成する社員ともコミュニケーションをとる主体でもある。組織体ないし経営体（コーポレート）がどのようにコミュニケーションをとるか，これを考える分野が「**コーポレート・コミュニケーション**」なのである。

コーポレート・アイデンティティ

　私たちは，企業や学校，団体にさまざまなイメージをもっている。「従業員を大切にする企業」「ブラック企業」「堅い企業」，「上品な大学」「バンカラな大学」「真面目な大学」,「ちゃらいサークル」「真面目なサークル」。これらは，個人の性格や個人の特徴をさすわけではないし，その企業や学校，団体に集まっている人すべてがそういう人だというわけではない。またその企業や学校，団体のトップがそのような人であるという意味ではない。

　つまり，組織は全体としてペルソナ，キャラクターなど人物にたとえられるような特定のイメージをもっている。人が集まって構成される組織である以上，何らかの特徴をもっていて，またそれを意図的に演出しようとすることもある。それを「**コーポレート・アイデンティティ（CI）**」という。

　そして，これを形成していく活動を **CI 活動** と呼ぶ。この CI 活動とは企業の経営理念や経営方針，目標や将来ビジョンの再構築（再確認）を行っていくことである。具体的にはこの活動と関連づけて，コーポレートカラー，スローガン，メッセージ，社名，ロゴマーク，ロゴタイプ（字体），社旗，社歌などの制定，統一や改変などが行われることもある。これらはビジュアル面での統一（改変）が強調されることも多い。とくにビジュアル面の統一だけをさして

ビジュアル・アイデンティティ（VI）といわれることもある。

アメリカでは1950年代くらいからこのCI活動は始まった。1960年代〜1970年代には，石油会社や薬品会社など工業メーカーを中心に盛んにCI活動が行われた。これらの企業は公害問題，食品添加物の問題などを背景に，無公害の製品をつくっているという企業イメージや製品の安全なイメージを形成する必要があったからである（松田陽一，2011）。

日本では，1980年代に盛んにCI活動が行われた。これは景気がよくなり広告活動に企業が力を入れられるようになってきたこともあるが，多くの場合は，企業規模が拡大し，自分たち組織の向かう方向性が不明確になり求心力がなくなっていったからである。企業が大きくなると，従業員も内部のあらゆる人とコミュニケーションをとっていくことが難しくなる。そうすると一体感もなくなっていくし，また，どのような理念，指針に基づいて活動をすればよいのかがよくわからなくなってくる。多くの従業員によって構成される組織であるならば，組織が向かう方向を明確にし，価値観を共有する必要がでてくる。そこで，あえてCI活動を行い，存在基盤を確認することが重要になる。

このように組織体ないし経営体は常に外部や内部とコミュニケーションをとっているのである。

マーケティング・コミュニケーションとコーポレート・コミュニケーション

ではマーケティング・コミュニケーション（→unit 19）とコーポレート・コミュニケーションは何が違うのであろうか。企業に絞って考えてみよう。

企業は商品やサービスを提供することによって，利潤を追求して営利を目的とする組織である。利潤を追求することを目的に市場でのコミュニケーション戦略を考えることは，マーケティング・コミュニケーションである。

一方，企業は社会の中で責任を果たし，社会の中で存在する一組織でもある。売り上げに直接つながらなくとも，企業そのものを知ってもらおうとしたり，それによって社会と良好な関係を築こうとしたりする。それが長期的には企業にとってメリットになるからでもある。利潤の追求を目的として売り上げに直接関わる人だけにコミュニケーションをとろうとするのではなく，社会のさまざまな利害関係者（**ステークホルダー**）とのコミュニケーション戦略を考えることがコーポレート・コミュニケーションである。

組織名でいえば，前者は宣伝部の仕事であり，後者は広報部の仕事である。媒体としては前者は広告が中心になるのに対して，後者は関連するありとあらゆるメディアがその媒体となる。また主体としても，後者は企業に限らず政府，自治体，NPOなど非営利組織も含まれることになる。

⑩ パブリック・リレーションズとコーポレート・コミュニケーション
――広報の2つの訳語

コーポレート・コミュニケーションは日本語では**広報**または**広報広聴**と訳される。一般的に広報（関係者に広く報せること）の前提には広聴（関係者から広く聴くこと）があり，この2つの業務は一連のものと考えるのが通例であるので，「広報＝広報広聴」ととらえて差し支えない。そしてこの広報の訳語としてコーポレート・コミュニケーションと並んで使われることばに**パブリック・リレーションズ**（public relations）という概念がある。

パブリック・リレーションズとは「組織体と，その組織の存続を左右する人々（パブリック）との間に，双方に利益をもたらす関係性を構築し，維持する経営機能である」という意味である（S. M. カトリップ他，2008）。端的には組織が関わり合いをもつ利害関係者との良好な関係性を構築・維持しようとすることである。

コーポレート・コミュニケーションは主体としての「組織体ないし経営体（コーポレート）」とプロセスとしての「コミュニケーション」に焦点があてられる一方，パブリック・リレーションズは客体としての「パブリック（公衆）」と構築される結果としての「リレーション（関係性）」に焦点があてられるというニュアンスの違いがある。

また「コーポレート・コミュニケーション」は1972年に*Fortune*誌で編集主幹マックスウェイズが使い始めてから定着してきたことばで（フォーチュン編集部，1981），国内では営利企業の組織名としてよく使われることばである。パブリック・リレーションズ（PR）は19世紀から使われていることばで，世界的にはより一般的なことばではあるが，日本語では就職活動用語の「自己PR」や「都合がよいことを一方的に告知する」「プロモーション」などといったニュアンスで本義とは異なる意味で理解されていることが多いことばでもある。

パブリック・リレーションズはその対象ごとに戦略を考えていく。これを**ステークホルダー・マネジメント**という。これには以下のものなどがある。

①**メディア・リレーションズ**（media relations）：メディア・リレーションズとは，報道機関およびその取材者，記者との関係性を構築・維持することである。人々や多くの利害関係者はメディアを通じてさまざまな企業イメージを形成している。そのため，さまざまなメディアで組織そのものや組織に関する話題をいかに取り上げてもらうか，また不祥事を起こしたときにいかにメディアに情報を適切に公開し，伝えていくかは，企業の業績や組織の存続そのものを左右する問題である。

記者会見，プレスリリース，取材対応，記者会見前の取材対応者のためのメディアトレーニング，プレスキット（メディアにそのまま使ってもらえる映像，写真素材）の作成など，広報部の業務の多くは，このメディア対応が占める。

②**インベスター・リレーションズ**（IR: investor relations）：インベスターリレーションズとは，投資家，株主や出資者，そこに関わる金融・証券関係者などの投資側と適切な関係性を構築・維持することである。敵対的買収などM＆Aの活発化は企業の存続そのものを危ぶませることがある。

また個人投資家のみならず，企業間の株式所有，NPO・大学など非営利目的の組織にとっての安定的な資金・ファンドの獲得は，安定的な事業継続のために必要不可欠である。かつ，株式公開を行ったり，ファンドを得たりしている以上は，さまざまな企業情報・組織情報を投資家，株主や出資者，ファンド提供者に開示・説明していく義務がある。インベスター・リレーションズは，これらの業務をさす。

③**ガバメント・リレーションズ**（government relations）：ガバメント・リレーションズとは政府・行政と適切な関係性を構築・維持することである。製薬会社，人材派遣会社は厚生労働省，建設会社は国土交通省，情報・運輸関係なら総務省，銀行なら金融庁などさまざまな企業にはその業態に応じて監督官庁が存在する。そして，あらゆる企業・団体は，法律・規制や補助金などを通じて行政官署と関係している。官庁から発注される公共的な事業が業務の多くを占める業種・企業もある。日本においては，接待，わいろ，癒着，献金，談合といったよくないイメージがつきまとう分野ではあるが，さまざまな企業が，さまざまな公共事業・公共サービスに参入するためにさまざまなレベルの行政官署

と常に接触しており，そのため政府・行政から情報を入手しなければならない。

この分野でとくに重要な活動が**ロビー活動（ロビイング）**である。対象となる行政機関や公的機関の関係者，政治家に対して陳情を行ったり，さまざまな情報を提供して自分たちに有利な政策や意思決定へと導こうとすることである。アメリカではロビー法という法律に基づいて，正式に認められたものであるし，国際的にもオリンピックやワールドカップ誘致，地球温暖化や環境問題などの国際会議のときには，さまざまな主体によって行われるものである。

④**インターナル・リレーションズ**（internal relations），**エンプロイー・リレーションズ**（employee relations）：組織がその構成員，従業員との良好な関係を構築することをインターナル・リレーションズ，エンプロイー・リレーションズという。具体的には社内報をつくることや，労働組合への対応などをさす。社名入りのカレンダー，手帳，手ぬぐい・フキンの配布，運動会や社内レクリエーションなどが昔から行われ，日本においては**終身雇用制**と相まって日本独特の「企業一家」形成の装置となってきた。

つまるところ，組織が外部とコミュニケーションをとるというのは，その構成員たる社員がコミュニケーションの担い手となる。その社員の士気高揚，企業における帰属意識や一体感を高めることそれ自体が組織の評価を上げ，組織の信頼の獲得につながるのである。ゆえに，内部の従業員との関係性を構築することが重要になるのである。

⑤**その他**：他にも，関係する業界団体との関係性を構築することを目的とした**アソシエーション・リレーションズ**（association relations），「施設見学会」など，組織が立地する地域との関係性を構築することを目的とした**コミュニティ・リレーションズ**（community relations），「お客様相談センター」など，消費者との関係性を構築するための**カスタマー・リレーションズ**（customer relations）なども重要なパブリック・リレーションズの業務である。

不祥事とコーポレート・コミュニケーション

ところで，企業のイメージが大きく変化するのは，企業が事件や事故，不祥事を起こしたときである。世の中に企業は何十万，何百万とあり，私たちはその1つひとつの活動を認識している訳ではない。企業に接するのは，商品を購入するとき，サービスの提供を受けるとき，広告を見るとき，その従業員と関

わるとき，また企業，その企業の人が何か事件や事故，不祥事を起こしたときだけしかないからである。

その事件や事故，不祥事は必ずしも，客観的に「人々の生命・財産に損害を与えたかどうか」「安全かどうか」は関係がない。何となく「印象が悪いかどうか」「信用できそうかどうか」が重要となる。極端にいえば，記者会見がいい加減だからとか，ささいなことでも印象が悪くなれば，その企業に対する影響は大きい。

さきに，組織は全体としてペルソナとかキャラクターとでもいうべき人物にたとえられるような特定のイメージをもっていると説明した。私たちは，はじめて人と接するとき，その人の財産・学歴・経歴・性格などを客観的にみて判断している訳ではない。その人と気が合いそうかどうか，信用できそうか，その人を好きかどうか，イメージや雰囲気で判断する場合が多い。企業の場合も同様なのである。ある企業が事件や事故，不祥事などを起こしたとき，あまり知られていない企業ならばその業績や，商品の安全性など客観的な指標はあまり関係がない。真実はどうあれ，マスメディアでそれらのことが報道され，人々が抱く企業の印象が悪くなり，人々から信用できなさそうな企業というイメージを抱かれるようになれば，人々との関係性（パブリックとのリレーション）は悪化，崩壊していってしまうのである。

長く付き合っている友人・知人のことは，その人のよいところだけではなく，欠点もよく知っているものである。企業の場合も同様である。よく知られた有名企業や人々がよく購買するメーカーなどの場合は，消費者はその企業，商品の良い点，悪い点をよく理解している。長く取引のある企業ならば関係者はその企業の良い点，悪い点を理解している。短期的にイメージが悪化しても関係性はそう簡単には変わらない。長期的に関係性はもとに戻っていくのである。

これらは，事件・事故，不祥事のそのものの問題のように思えるが，むしろその後のコミュニケーションの適切さがより大きな影響力をもっている。例えば福島第一原子力発電所事故によって東京電力の印象が悪くなる，福知山線の列車事故によってJR西日本の印象が悪くなるというのは，事故そのものの問題ではあるのだが，その後の記者会見，対応，さまざまなメディアでの発言などが人々の印象の形成に大きく影響している。ゆえに，人の生命・健康の安全に関わることでなかったとしても，ささいな従業員の不祥事であったとしても，

その後の対応によっては大きな問題に発展する場合もあり，企業はこれら事件・事故，不祥事対応には極力神経質になるのである．

さまざまな組織とコーポレート・コミュニケーション

なお，この分野の研究の多くは企業組織を対象にしている．だが，それはたんに世の中に組織の数として「企業数」が多いだけにすぎない．「コーポレート」というと一般的には「企業の」という意味になるが，もともとは「協同する組織」のことをさす．政府，自治体など公的な組織であっても，団体，組合，病院，学校，NGO・NPOなどの非営利組織であっても，部活，サークル，OB会などの任意団体であっても，組織である以上は，必ず「組織内部の構成員」や「組織外部の関係者」が存在し，この関係者とコミュニケーションをとりながら，関係性を構築したり，維持しようとしているという点においては何ら変わりがない．

そして，その関係には，「良好な関係」もあれば，「敵対的な関係」「無関係」という関係もある．コミュニケーションを介して関係を構築したり，維持したり，また時には壊れたりしながら社会は成立している．

また，コーポレート・コミュニケーションないしパブリック・リレーションズ（広報）の形態は組織によって異なる．大学にはスチューデント・リレーションズ（student relations），入試広報（admission relations），同窓会対応（alumni relations）など特殊な広報業務もある．NPOや非営利団体，慈善団体には，出資者との関係性を構築する資金調達（development/advancement）という業務がある．これらは組織の存続を決める重要な業務である．

広義のコーポレート・コミュニケーションないしパブリック・リレーションズは，必ずしも広報課，広報部の業務とは限らず，他の部署が行う場合もあるが，組織を運営するうえでは重要な概念であることには変わりがない．組織がステークホルダーとの関係性を構築して維持することに関わるさまざまな業務が含まれるのである．コーポレート・コミュニケーションないしパブリック・リレーションズと呼ばれる実務は，あらゆる組織に存在する．つまり，コーポレート・コミュニケーションとは，つまり組織を単位にみたコミュニケーションを考えることなのである．

ホームワーク

- **work 1** ある企業を1つ取り上げて，ホームページなどを参照し，どのような CI 戦略を行っているかを考えてみよう。
- **work 2** 本来 CM が必要ないのに CM を行っている企業がある。そのような企業を探し，なぜ CM を出稿しているのかを考えてみよう。
- **work 3** 「不祥事」が問題となった事件を1つ取り上げ，何がコミュニケーション上の問題なのかを考えてみよう。

読書案内

この分野でもっとも簡単に書かれている本は猪狩誠也編『広報・パブリックリレーションズ入門』（宣伝会議，2007年)，用語から理解するには電通パブリックリレーションズ編『戦略広報――パブリックリレーションズ実務事典』（電通，2006年）がよい。この分野は歴史的経緯を踏まえて発展してきた分野なので，猪狩誠也編『日本の広報・PR 100 年――満鉄から CSR まで』（同友館，2011年）も読むことをすすめる。

参考文献

カトリップ, S. M., A. H. センター & G. M. ブルーム（2008）日本広報学会監修『体系 パブリック・リレーションズ』ピアソン・エデュケーション

猪狩誠也編（2007）『広報・パブリックリレーションズ入門』宣伝会議

猪狩誠也編（2011）『日本の広報・PR 100 年――満鉄から CSR まで』同友館

電通パブリックリレーションズ編（2006）『戦略広報――パブリックリレーションズ実務事典』電通

バーネイズ, E./中田安彦訳（2010）『プロパガンダ〔新版〕』成甲書房

フォーチュン編集部／最上潤訳（1981）『企業の心を伝えろ――重視されるコーポレート・コミュニケーション』知道出版

松田陽一（2011）『組織変革のマネジメント――人の意識・行動と CI 活動』中央経済社

unit 21

スポーツ文化とコミュニケーション

近代スポーツ文化の成り立ち

　現代において，スポーツを見ることが，メディアなどを通じてごく普通の日常的な経験となっている一方で，さまざまな競技と種目が専門的に展開するとともに，スポーツで行われていることは，一般の社会と切り離された，それぞれの分野に特化して考えられるべき複雑な対象になっている印象がある。

　こうしたなかで，コミュニケーションという視点から，スポーツについて考えていくことがどのような形で可能になるだろうか。この unit ではとくに身体とコミュニケーションに関わる部分に注目しつつ，現代におけるメディア上での見られ方や語られ方との関係も考慮しながら，この課題について考察する試みを展開していく。

　そのきっかけとして，ここでは 19 世紀にイギリスで行われていた「フットボール」の様子を描いた図 21-1 を見てみることにしよう。この時期のフットボールは，現代のサッカーともラグビーとも似つかないもので，まだ手を使うことについてはっきりした決まりがなく，端的に言えば集団でゴールにボールを「運ぶ」という形のゲームであった。特筆すべきなのは，その集団の大きさで，学校の中で行われていたものでさえ，1 チーム 50 名以上が 1 度にボールに向かう形で行われることが珍しくなく，その人数も，60 対 120 など，一方が他方の倍以上いるようなケースもあった。それもそのはず，この競技は，もともと中世から村落で行われていた祭事に由来しており，それは町や村の区内全域を使って 500 人から 1000 人の人々が 1 つのチームとして，時には数日をかけて互いの決めた目的地に向かってボールを奪い合いながら運ぶという，壮大なスケールのものであった（中村敏雄，2001；奥村隆，2001）。

図 21-1　19 世紀のフットボールの様子

（出典）　中村, 2001 より。

このような集団で皆がいっせいにボールを蹴り合うことになったとき, 何が起こるかといえば, 当然, 体同士が無秩序にぶつかり合い, ボールの代わりに相手を蹴ってしまうような事態も容易に想像できるだろう。つまり, フットボールは相手との身体的な接触を進んで行う競技であるという点で, 簡単に「暴力」に発展するものであり, それゆえに法令で禁止されることもあった。

この点から, 格闘技の例などにも顕著なように, 近代におけるスポーツとは, それまでの人々による暴力的な行為を, **文明化**という枠組みの中で独自の文化に発展させたものとしてとらえられることがある (N. エリアス & E. ダニング, 2010, 原著 1986 年)。この文明化には, 暴力そのものやそれにつながる粗暴なふるまいを禁じるようなルールの成文化や, チームメートや対戦相手に対する尊重や平等性の浸透, そのための第三者 (審判) による裁定の導入, といったことが挙げられる。実際にイギリスにおけるフットボールも, 学校で行われるスポーツとして定着するなかで, こうした側面が整備されていったという (中村, 2001)。

以上を確認したうえで, この unit では, あらためてこのような歴史の中でスポーツが変化する様子に照らしながら, スポーツがコミュニケーションとしてもつ意味を, 人々における身体的な接触, および, 個人の身体への注目というそれぞれの側面について見ていく。

身体的な接触と密集

スポーツでの身体的な接触といった場合, 先にみた「暴力」の例のように, むき出しの体のぶつかり合いがイメージされ, それを制度的にコントロールしていくことが, とくに近代的なスポーツの特徴であるような印象がある。日常においても, そうした人々による, 抑制のきかない衝突が生じる可能性があり,

それをコントロールすることが，コミュニケーションの果たす機能として考えられてきた。

とくに近代社会においては，マナーやエチケットと呼ばれるものを通じて，自己の行動を一定の形で律することによって，他人にむやみに関わらないやり方が，よりはっきりと理解できる形で示されるようになっている。さらには，たとえ実際には接触しないとしても，相手をじっと見つめたり，逆に自分の存在が相手の視界を圧迫することがないようにすることも含めて，身体の接触や衝突を避ける方法（関与のルール）が人々それぞれにおいて実践される（→unit 12）。こうした実践は，すべてが直接暴力に関わることではないが，少なくとも個々のふるまいが相手に対して暴力的な意味をもたらすような事態を回避することになるし，逆に相手に視線を向けていただけで「ガンをつけた」などとしてケンカが始まることもあるように，その調整いかんによっては暴力に発展することも起こりうる（薄井明，1991）。

近代の学校でルールが整備されていったことも，プレー中に発生する暴力そのものや，身体的接触を抑制するようにコントロールして，競技の上でなされる身体の動きを「スポーツ」という形に整えていったもの（スポーツ化）とみなすことができる（奥村，2001）。

しかしながら，その一方で，近代以前からみられたスポーツにおける身体的接触とは，必ずしも暴力的な意味をもつものに限られるのではなく，またプレーヤー間の関係に限定されるものではなかった。図21-1からも，少しその様子がうかがえるが，当時はプレーヤーがつくり出す密集のすぐそばを，見物人の群衆がさらに取り囲むなかで競技が行われており，競技が行われるフィールドと見物人がいる場所の区別もはっきりせず，競技の進行は，周囲にいる見物人にボールが接触（タッチ）すること（現在の「タッチライン」という言い方もこれに由来する）に従って調節されていたことから，むしろ見物人そのものがフィールドの境界線のような役割を果たしていた（中村，2001）。

さらに一説によれば，近代の中で整備されたルールにもまた，身体的な接触を合理的にコントロールするためだけではなく，逆に競技者同士の接触を促進するために存在していると考えられるものがある。それがラグビーやサッカーにみられる「オフサイド」というルールで，これは競技者がつくり出す密集から，個々のプレーヤーが離れてプレーする状態になることを防ぐためのもので，

図21-1に示されたような身体的な距離がつくり出す密集の状態をできるだけ長い期間にわたって楽しむという、いわばお祭り的な感覚を享受する意味を残すものだという（中村，2001）。

このように、近代以前からのスポーツでは、プレーヤーがつくり出す密集に加えて、プレーヤーと見物人の距離的な近さによる身体的接触もコミュニケーションとして大きな意味をもっていた。競技がもたらす「興奮」の感覚もまた、競技者同士の荒々しいぶつかり合いなどのプレーによって一方的にもたらされていたのではなく、競技者と観客、および観客同士が保つ身体的な距離の近さ（密集）という、身体間のコミュニケーションに由来するものとしてとらえられる。こうした点は現代においても、都市における**対人距離**（→unit 11）を置いたコミュニケーションとは異なり、互いに見知らぬ者同士が肩を寄せ合う位置にいながら観戦するスタイルが一般的であることや、あるいはサポーターという形で意図的に密集した集団をつくり上げていくことなどから確認できるものであるだろう。

以上のような近代スポーツの歴史において、ルールや競技場の整備を通じて、身体的な接触が抑制されてきた一方で、人々同士の身体的な接触がもたらす一体感や興奮も追求されてきたことは、現代のスポーツをコミュニケーションから考えるうえでの新たな視点を投げかけるものだろう。

個人の身体への注目

その後20世紀にかけてのスポーツ文化は、以上の過程の中で、集団から個人がより中心となる方向へ変化していった。具体的にはルールの精緻化に加えて、学校などにおける組織活動としての運営により、プレーヤーが権威などによる人格的な支配を受けることなく、自主性を発揮しながら平等に競技を行う背景が整えられていった。そのような変化は、競技における身体に求められるものについても現れており、フットボールにおいても、集団的な身体のもたらす感覚を楽しむものから、勝利という目的に対する、個人としての動きにみられる「技能」が次第に評価されることになった（中村，2001）。

このような変化に加えて、20世紀におけるメディアの発達は、とくに映像メディアの普及（→unit 8）において、個人の身体への注目をより深めていった。例えば、1936年の**ベルリン・オリンピック**の記録として撮影されたレニ・リー

フェンシュタールによる映画『オリンピア』(『民族の祭典』『美の祭典』)では,個人の肉体の動きや,その美しさを強調した映像がスローモーションなどの当時の最新技術により構成されており,後世のスポーツ映像に大きな影響を与えたといわれている。

その後の 20 世紀後半におけるテレビは,スポーツそのものの大衆的な普及に貢献しただけでなく,スポーツにおける優れた技能を「身振り」として映像的に提示し,そのように**一般化された他者**(→unit 9)を人々の意識に取り込ませる役割を果たしたと考えられる(→unit 8)。現代における俳優と並ぶ形でのスポーツ選手への注目は,たんなる有名性ではなく,映像を通じて身体をみるというコミュニケーションにより形成されているとみなせる。

専門的にスポーツを見ること

以上にみた映像技術を含む,科学技術の高度な発達は,スポーツの大衆化を進める一方で,さらに身体技能・戦略の解析や加工といった形で,スポーツにおける専門性を高めていくことになった。

以降ではこうした専門性が,映像やことばなどのコミュニケーションを通じた専門的な見方すなわち**プロフェッショナル・ヴィジョン**の成立に支えられていることを通じて,現代におけるコミュニケーションとスポーツの関係を新たな形で明らかにしていきたい。

専門家が専門の技能をもつことの証しになるコミュニケーションにある特徴を,C. グッドウィンは,①コーディング,②ハイライティング,③グラフィック表現,の大きく 3 つに分けて指摘している(グッドウィン,2010)。

まずコーディングとは,スポーツにおける物理的な動作を,さまざまなことばで「分類」したり,その分類を実際にみる対象に当てはめる活動をさす。1 つのプレーをどのように分類するかは,ルール以上の総合的な知識を必要とし,またその分類の仕方も千差万別あるなかで,ふさわしいことばをふさわしい場面に当てはめるコミュニケーションとしての能力が,専門的にスポーツをみることにまず関わってくる。

次にハイライティングとは,スポーツの中で実際に行われている活動について「見るべき部分」および「見る必要のない部分」を区分けしたうえで,そのときの活動に関連あることを際立たせながら,動作を見ることをさす。

最後のグラフィック表現とは，たんに1つひとつの動作をことばに置き換えるだけでなく，むしろそうしたバラバラに見える動作を1つの連鎖をもった活動の流れとして図示的に表現することをさす。

　ここでいったん視点を切り替えて，私たちがより日常的な形で行っている，競技場で観客として観戦したり，テレビやネットで中継を視聴したりすることについて考えてみても，私たちは多かれ少なかれ，以上にみたようなプロフェッショナル・ヴィジョンと関わっていることに気がつくだろう。その典型といえるのが，スポーツの解説を基本とした実況中継の形式である。解説者とはすなわち専門家であり，解説および実況が行っていることの多くは，先にみたコーディング，ハイライティング，グラフィック表現の3つに関わっている。次のような実際のスキーのモーグル競技（コブのある斜面を滑り，ターンの安定性とジャンプ技術，滑り降りるスピードによって競う競技）の実況放送の例（岡田光弘，2002を一部改変）から確かめてみよう。

　A：さあ　ここからはちょっと攻めてほしい。
　C：あっ深い吸収ですねぇ，板の回し込みも非常にいいです。
　A：非常にはやいターンです。

　映像として放送されている試技での滑りに対して，解説者Cは「深い吸収」というコーディングを行い，コブの衝撃を吸収して安定した滑りを行っていることを示している。さらに，その描写に加えて「板の回し込み」という別の部分をハイライティングしながら「見るべき部分」として提供している。そして，試技の後に放送されるスローモーション映像をグラフィック表現としながら，解説者は個々の動作を一連の流れにおける評価として意味づけていく。こうした実況により，視聴者は専門性をもった視点から映像上のプレーを見ることになる。

　一般的な視聴者として「スポーツを楽しむ」という感覚からすると，こうした視点は特殊なものに映るかもしれない。しかしながら，このような見方は，必ずしもスポーツという競技すなわち**ゲーム**を楽しむということと無関係ではない。このことを，コミュニケーションに関する社会学者であるE. ゴッフマンによるゲームへの考え方から確かめてみよう。

　ゴッフマンはゲームというものを，人々が互いにコミュニケーションを取り

結ぶこと（**出会い**）で生じる特定の状況として考えており，ゲームにおける「面白さ」というものは，このような状況そのものが参加者（プレーヤーと見る者）に対してもたらす意味に従って理解されるという。ゴッフマンは野球でみられる「三塁に打ち取ってアウト」という状況を例に，このように述べる。

> （そうした）「出来事は野球の場合だけしか起こらない。三塁手というポジションがあり，彼が一連の難しい状況に直面する可能性が多く，また，これらの状況に十分に対処するための精神と肉体の資質を持っていなければならないということを知ることができるのも，野球の中だけである」（ゴッフマン，1985）

つまり，「三塁に打ち取る」ということにまつわる一連の動作がもつ意味は，あくまで野球というゲームについて，そこにいる参加者のコミュニケーションがつくり出す特定の状況に従ってもたされるものであり，そうした動作または選手自身の「凄さ（面白さ）」といったものは，そのような状況の成立がなければ意味をなさないことになる。例えば，もし選手自身や観客がそのコミュニケーションに十分な形で参加できていない場合，それはたんに動作に集中していないだけでなく，そのことによって同時にゲームとしての「面白さ」そのものを失うことになる。往年のプロ野球の名三塁手として，国民栄誉賞にも輝いた長嶋茂雄は，平凡な打球に対して守備をするときも，非常に大きなアクションを見せていたといわれているが，そのような表現は，劇的な表現として目立つという意味をもっていただけではなく（大村英昭，1985），ゲームにおける三塁手のプレーを見るコミュニケーションそのものへ，周囲の参加を促す意味もあったと考えられる。

その一方で，スポーツにおける動作への集中や，それによる「面白さ」を知る可能性というものは，コミュニケーションにどれだけ「忠実に」参加できるかによって決まってくるといえる。その忠実さは，試合を開始から見ているなどの出来事との関わり方に応じて決まることもあるが，やはり個々の動作をどれだけ深く（専門的に）見られるかどうかによって判断されるものでもある。ゴッフマンの例にもあるように，三塁手がどういった意味で「難しい状況」にいるかといったことは，彼・彼女に向かう打球の運動を，「鋭い当たり」なのか「平凡な当たり」なのかを見極めることに始まり，捕球の動きに「ムダがない」など，どれだけ専門的な意味で合理的に行われているかを，やはり見ることによってはじめて理解される。

こうした関係から，ゲームを見る側にとっても，このような見方を身につけることで，選手の「自己」と一体化（同化）することが可能になる。このように，実際に自分の身体を動かすことがなくても，見る側がプロフェッショナル・ヴィジョンをある程度まで共有することで，コミュニケーションの上では「同じゲーム」に参加することが可能になる。こうした関係について，見る側，むしろ見ているだけの者がゲームに熱中し，楽しむということが実際のものとして理解できるだろう。

スポーツを語ること

以上から，現代のスポーツ文化は，プロフェッショナル・ヴィジョンという，個々の動作を専門的に見る方法のもとに，プレーをする選手と見る側（観客）が同化することによって成り立っていることがわかるだろう。現代社会において，選手だけでなく監督なども含めたアスリートへの社会的関心が高まり，それがさらにビジネスとして成り立つのは，このようなプロフェッショナル・ヴィジョンを維持できること自体が，文化的にも高い価値を認められてきているためと考えられる。

しかしそれでもなお，私たちが日常的にスポーツを見る場合，このような部分についてのみ，文化的な価値を認めているわけではない。例えば「日本」といった特定の対象と結びついた**ステレオタイプ**（→unit 17）が働いており，また「日本人といえば組織力」といった言い方が受け入れられ，また受け継がれやすい文化的背景などを指摘することもできるだろう（森田浩之，2009）。

しかしながら，そうした背景の強調は，ともすれば「スポーツを見ること」それ自体から離れていくことにつながりかねないことに注意する必要があるだろう。「語り方」に注目する場合，人々がコミュニケーションとして実際どのように「スポーツを見ること」をしているかという問題意識の延長に，「スポーツを語る」ことがどのように行われるのかについて，詳細な形で検討がなされる必要があるだろう。

ホームワーク

□ **work 1** さまざまなスポーツについて，観客同士，またはプレーヤーと観客の間でどういったコミュニケーションが行われているのか観察してみよう。

□ **work 2** スポーツ実況や解説の中で，選手の動きや戦術を表すために特定のことばがどういう形で用いられているのかについて，記録をとりながら分析してみよう。

読書案内

中村敏雄『オフサイドはなぜ反則か〔増補版〕』（平凡社，2001年）はフットボールを題材に，近代スポーツがどういうふうに社会の中で形づくられていったのかを明らかにしている。スポーツの歴史と近代社会との関係については，N. エリアス & E. ダニング『スポーツと文明化――興奮の探求〔新装版〕』（法政大学出版局，2010年）が詳しい。ゲーム（試合）としてのコミュニケーションについては，E. ゴッフマン『出会い――相互行為の社会学』（誠信書房，1985年）が参考になる。

参考文献

薄井明（1991）「〈市民的自己〉をめぐる攻防――ゴフマンの無礼，無作法論の展開」安川一編『ゴフマン世界の再構成――共在の技法と秩序』世界思想社

エリアス，N. & E. ダニング／大平章訳（2010）『スポーツと文明化――興奮の探求〔新装版〕』法政大学出版局（原著1986年）

大村英昭（1985）「ゴッフマンにおける〈ダブル・ライフ〉のテーマ――演技＝儀礼論の意義」『現代社会学』19, 5-29.

岡田光弘（2002）「スポーツ実況中継の会話分析」橋本純一編『現代メディアスポーツ論』世界思想社

奥村隆（2001）『エリアス・暴力への問い』勁草書房

グッドウィン，C.／北村弥生・北村隆憲訳（2010）「プロフェッショナル・ヴィジョン――専門職に宿るものの見方」『共立女子大学文芸学部紀要』56, 35-80.

ゴッフマン，E.／佐藤毅・折橋徹彦訳（1985）『出会い――相互行為の社会学』誠信書房

中村敏雄（2001）『オフサイドはなぜ反則か〔増補版〕』平凡社

西山哲郎（2006）『近代スポーツ文化とはなにか』世界思想社

森田浩之（2009）『メディアスポーツ解体――〈見えない権力〉をあぶり出す』日本放送出版協会

unit 22

バーチャル空間のコミュニケーション

バーチャル空間

2009年3月,ある歌手のアルバムが初登場で週間ヒットチャートの4位にランクインし,10万枚以上の売り上げを記録して同年の日本レコード協会ゴールドディスクに認定された。この現象には1つの大きな画期的な事実が含まれていた。それは,この「歌手」が実在する人物ではなかったということである。ボーカロイド(VOCALOID)と呼ばれるソフトウェアを用いた,「初音ミク」という仮想上の歌手の歌声による作品が,2007年以来,インターネット上を中心に,CD,ゲーム,DVDなどあらゆるメディアを席捲する形で次々と発表されていった。

「初音ミク現象」とも言われる(永井純一, 2011),ボーカロイドという仮想上の「歌手」による作品が注目を集めるこうした一連の現象は,いわゆるバーチャル・リアリティ(仮想現実)と呼ばれるものを現実の社会にもたらしたという点で1つの特色をもっているように思われる。バーチャル・リアリティとは,本来,高度なテクノロジー(情報技術)によって視覚的なディテールや立体感が補助的に提供されることで,その場に実在しないものがあたかも現実のもののように扱われることを意味し,一般的にはゲームやネット上に展開する社会空間(バーチャル・コミュニティ)の中で生じる出来事について指摘されることが多い。この現象は,むしろそうしたバーチャルな世界のものが,実際に現実の出来事にも影響を及ぼしているような事態として考えることができる。

しかしながら,少し視点を変えてみれば,こうしたバーチャルな社会空間は必ずしも視覚などに関わるテクノロジーの高度な発達だけによってもたらされるものではない。例えば**ステレオタイプ**(→unit 17)についてみたように,

人々は，直接経験することのない，あるいはそれが不可能なものについて，「頭の中で描く世界（イメージ）」を構築しながら，認識を行うことがある。このとき，実在しないものをあたかも実在するように扱うこともまた，そのようなイメージの1つとなることが考えられる。

　また，より積極的には，**擬似社会的相互作用**（パラ・ソーシャル・インタラクション）（→unit 8）と呼ばれる，画面上の人物と視聴者があたかも個人的にやりとりをしているように想定される状態もまた，一種のバーチャルな空間として考えることができるだろう。いわゆるビデオゲームでは，ゲームを操作することで画面上の人物と直接にやりとりすることが可能であるし，その内容もテクノロジーの進展に従って細部にわたるものとなっている。しかしこの場合も，そうしたやりとりが行われているという認識そのものは，あくまで擬似的に想定されているものであり，ゲームの中での操作もまた，やはり限られた選択条件について，やりとりをしているという限定から逃れることはできない。後にまた触れることになるが，テクノロジーによる新たな現実は，あくまでそれを受け入れる人間によって，一定の形で意味づけられることで，はじめて成立するともいえる。

　むしろ，ここで重視すべきなのは，バーチャルなコミュニケーションが広く社会的に成立するような条件をテクノロジーが提供していることである。この点で，情報技術がいわゆる**複製技術**であることをその基本的な特徴としていることが注目される。つまり，上記のコミュニケーションをもたらす情報が，ほぼ無限に近い形で複製されることで，その情報がもたらす経験の広がりは圧倒的な規模をもつとともに，その経験自体もまた，より洗練された魅力をもつことになる。例えば，スポーツのイベントで選手の生の姿をはじめて目にするときも，「この選手のプレーはすでに動画で見た」ように感じている人も多いことだろう。こうした経験もまた，複製されたものに対し，生の姿よりも圧倒的に長く頻繁に接触することによってもたらされたものと考えられる。

　さらに，メディアで普段接しているものの方が，生で経験するよりも，「よいものに感じられる」といった事態までも引き起こすことがある。ここに圧倒的な規模の複製への接触がつくり出す，「オリジナルのないコピー」というものが生じるきっかけをみることができるだろう。

　社会学者のJ. ボードリヤールはこのようなオリジナルのないコピーがつくり出す世界全体を**シミュラークル**と呼んで，圧倒的な複製の流通を背景にした

消費の行動が人々の慣習となっている社会（消費社会）では，社会の中での現実が不確実なものとなり，シミュラークルの方に吸収されてしまう作用が強くなることを指摘した（ボードリヤール，1992）。

このような情報技術の複製作用が，社会の現実を不確実にするなかで，バーチャルな空間が意味を強める可能性が見出される。しかしながら，複製技術としての情報技術は，あくまでそうした社会の変化をもたらすきっかけの1つにすぎず，後に述べるような，何かを共有している感覚や共同性といったものとして，人々がその中に強い経験を認識することについては，さらに社会の側の特徴についてみながら考えていく必要があるだろう。

社会的空間の融合と共有感覚

それでは，人々に強い経験の共有をもたらすようなバーチャル空間が成立する社会とは，何によってどのように形づくられているのだろうか。

その1つの手がかりとなるのが，J. メイロウィッツ（→unit 8）の議論である。メイロウィッツは，映像メディアがもたらす影響として，人々による表出（→unit 3）の次元が強調されることを指摘していたが，その影響はたんに個人に対するものではなく，彼自身が「状況」と呼ぶ社会的な空間に作用することにおいて重要な意味をもっていた。そして，このような状況に対する影響作用は，映像メディアが登場する以前の，活字メディアが中心として使用される時期と対照的なものとして特徴づけられていた。つまり，映像メディアが登場する以前の，活字メディアが中心であった時期においては，ある情報を得ることは，社会的に区分されていた空間に従っていた。そのもっとも大きなものは，いわゆる大人と子どもの区分であり，その区分は文字を読んで，さまざまな意味を理解できる**リテラシー**（→unit 7）をもつかどうかによって成り立っていた。すなわち，大人にとっての社会的空間は，活字メディアによって，子どもの空間とは分断されていたのだった。そのため，大人と子どもが何かを共有するという機会は少なく，その中で，大人がもつ権威や大人だけの資格というものも大きな意味をもつことになった。さらに，このような社会的空間の区分は男女間や統治者と民衆の間の関係などにも存在していたとされる。

しかし，メイロウィッツによれば，20世紀におけるテレビの登場と普及は，まさにそのような状況を一変させることになったという。テレビは，それまで

分断されていた社会的空間を，新たな1つの状況として融合することになった。なぜなら，テレビは映像メディアとしてイメージを伝達することにおいて，活字においてみられたような識字能力や知識による区分なく，大人も子どもも等しく同じ情報を共有することを可能にしたからだった。さらに，テレビは国会や記者会見場など，これまで個人としては視覚的にアクセスできなかったさまざまな社会的空間における情報への接近を可能とした。それらの映像による表出のコミュニケーション（→unit 8）を通じて，人々はそれまで権威として存在していたさまざまなものに対して，その表面的なイメージの裏にある情報にアクセスし，その情報を広く共有するなかで，権威による一方的な支配に対して疑問や異議などをさしはさむ余地をもつことにもなった。実際にテレビが普及した1960年代は世界各地で政治的な権威に対する異議申し立てが行われたが，メイロウィッツはこれをテレビがもたらした影響の1つとして挙げている。

　実際にテレビが単独でそれだけの効果をもたらしていたかどうかはともかく，ここで重要なのは，それまで分断されていた社会的な空間が，テレビにより1つの状況として融合するなかで，人々が視覚的な情報を中心に同じ形でアクセスし，時にはそれを強い経験として共有することが可能になっていたということである。

　こうした共有経験は同時に，人々において，共通した「時代経験」や，集団的な記憶といったものを共有する社会現象にも関連している。例えば日本では2000年代に入り，「昭和30年代」というものが一種のブームとなり，映画『ALWAYS 三丁目の夕日』（2005年公開）の他，各地に当時を再現した展示が博物館やテーマパークで催されるといった現象がみられた。この「昭和30年代」というイメージを「懐かしい」「あこがれ」といった経験として共有した人々には，とくに当時に暮らしていた年配者だけでなく，十代の若者までも含まれていたという（浅岡隆裕，2012）。メディアが社会にもたらす効果として，人々が共通したメディアの利用をきっかけに想像上の関係を築き上げ，その結果として**想像の共同体**（→用語解説）が形成されることが指摘されてきた。さらに「昭和30年代」のような共有経験は，たんに同じメディアを共通して利用するだけでなく，メディアの中にあるイメージの解釈を，歴史的な流れや世代として共有する実践から生じることから，**解釈共同体**と呼ばれる。

　こうした解釈共同体が社会的なものとして認められる過程には，どのような

> **用語解説**
>
> **想像の共同体**（imagined community）
> 　人類学者の B. アンダーソンが提唱した考え方で、マスメディア等を通じて、人々の意識の中に、「1つの国家を共有する国民」の意識が形成される過程を示すものである。彼によれば、20世紀における通信・印刷技術と流通手段の飛躍的な発展によって、世界各国において、毎朝決まった時間に日替わりの新聞紙面が見られることが可能になった結果、朝に新聞を開いて読むという行為そのものが、国家の一員であることを確かめるための重要な儀式となったという。その後、この考え方はテレビやネットなど、さまざまなメディアにおいて想定されるとともに、解釈共同体にみられる歴史のような長い時間感覚や、国家の枠組みを超えた共同体意識にも展開することになった。

要因が働いているのかについては、文学理論を含めたさまざまな見方がある。少なくとも、ここで確かめるべきなのは、世代や属性を超えた共有が可能になることそのものが、メイロウィッツの述べる「状況」のような、社会における人々の関係の変化に基づいているということだろう。そのとき、メディアはたんに個々のメッセージについてだけではなく、その社会関係への作用を通じて、情報の受容の仕方における変化を促進することになる。

日本社会におけるメディア上の共有経験

　さらに、ここではもう1つの視点として、実際に人々がメディアの利用を通じて、それぞれの経験をどのように共有していったのかについて、とくに日本社会におけるメディアの普及状況と結びつけながら考えていくことにしたい。

　1960年代後半からすでに、世帯のテレビ普及率は90％を超えており、年末の歌番組や、スポーツ中継などが60％を超える驚異的な視聴率をあげるなど、一種のメディア・イベントとして、国民規模で娯楽を共有することが一般化していた。しかしながら、これらのイベントは一時的なものでもあり、テレビ視聴はあくまで1世帯に1台という形で、家族との共同視聴を前提としていた。そのため、個人が家庭といった、これまでの社会空間を超えて独自のつながりをもつような形式で何らかの文化的なコンテンツを共有するといった機会は非常に少なかったといえる。

　この点でむしろ注目されるのが、テレビの前に社会的な普及を終え、さらに

機器の低価格化・小型化により，若年層においても個人的な所有を可能にしていたラジオの存在である。1970年代から80年代にかけて，AMラジオでは，とくに深夜の番組において，曲目のリクエストとともにメッセージを投稿し，パーソナリティにそれを読み上げてもらうことで，番組出演者だけでなく，リスナー同士が間接的にコミュニケーションをすることが行われていた。リクエストの他にも，いわゆる投稿ネタとして，自作のジョークや身のまわりの笑える話などを投稿し，それをリスナーの前で披露してもらうことを競うことも行われていた。とくに「ハガキ職人」と呼ばれる常連投稿者は，出演者以上に存在感を強め，そうした投稿者同士のコミュニケーションの場としても番組が機能していたとされる。

1980年代のテレビにおいても，以上のような投稿形式の番組が登場し，ラジオ番組からテレビに展開した『欽ドン！良い子悪い子普通の子』（1981〜83年）という番組では，視聴者の投稿により制作されたコントが行われ，その面白さを司会者が判定する趣向が人気を集め，82年の個人視聴率では全体での2位を占めていた（NHK個人視聴率調査より）。この番組が以前とは異なる意味で重要なのは，投稿形式によって出演者と視聴者のコミュニケーションが行われていたという点だけではない。80年代に入ってもテレビの世帯普及台数が伸長を続け，居間で家族全員そろって見るテレビ（メインテレビ）の他に，個室で見られる2台目のテレビ（サブテレビ）が普及しつつあったために，若者を中心とした受け手側が，従来のラジオと同様な形で，個人として投稿番組のコミュニケーションに参加することができ，そこでの共有経験を独自のものとしてもつことができた点も指摘できる。

このような投稿による番組形式は，1990年代に入ってさらに多様に展開していった。この時期の投稿は，投稿者自らが撮影したビデオ映像によるもので，子どもやペットが引き起こしたハプニングなどの，いわゆる「おもしろ映像」が紹介されていた（木島由晶，2011）。その背景には，80年代からのビデオ（VTR）普及に加え，家庭用ビデオカメラの世帯普及がある。

以上のように，1970年代以降に定着・発展したメディアへの投稿は，メディアの受け手にとって，送り手（出演者）とコミュニケーションをとる手段であると同時に，受け手同士がお互いの投稿を通じてコミュニケーションを行うことによって，リスナーあるいは視聴者としての共有の経験をもつ機会をもた

らすものであったといえる。

さらに注目されるのは，こうした投稿活動は，それ自体が1つの創作活動であり，作品に対する評価という側面について，受け手自身が間接的に創作に関わっているということを，たんに作品を聴取・視聴する以上の経験としてもたらしていたという点だろう。つまり，受け手はこうした創作活動を通じて，現実としては受動的に関わるだけの当時のマスメディアがもたらすメッセージに対し，評価をする立場を共有することで，能動的に関わる機会を見出していたのだった。このようにして投稿活動は，独自の「お笑い」という文化とともに，能動的な受け手としての立場を人々に広く共有させることになったといえる。

メディアを解読し，操作するリテラシーの広がり

このような投稿を典型として，1970年代以降の受け手は，メディアの内容に対して間接的に能動性を見出していたといえるが，その一方で，録音・録画機器の普及は，人々が直接メディアの内容を操作することも可能にしていた。

そのはじめとなるのが，高音質の録音ができる，ラジオつきのカセットレコーダー（ラジカセ）の1970〜80年代における普及である。当時の若年層のリスナーには，ラジオ番組中の音楽を録音（エアチェック）し，それを編集した録音テープを作成するなど，ある種のコンテンツの2次的な加工を行う行動もある程度一般化していた。

一方，1980年代以降のビデオ（VTR）については，利用時間の全国平均が数分程度と非常に短かったというデータ（NHK「国民生活時間調査」）もあることから，録画内容を編集・加工すること自体は，ほとんど一般化していなかったとみられる。しかし，ラジオでエアチェックを活発に行っていたような人々には，さらにテレビで放送されていたミュージック・ビデオを収集的に録画するという行動がそのまま受け継がれていた（溝尻真也，2006）。その後，90年代後半からパソコンが普及するに従って，これまでの機械技術に傾倒してきた人々の関心は，パソコンを操作することに結びついていったと考えられる。

しかしながら，実際にパソコン上で創作された動画が，現在のような形で自由に投稿・視聴できるようになるには，動画を送受信できるだけの大容量の回線（ブロードバンド）や，動画の投稿先となるYouTubeやニコニコ動画などのサイトが整備される2000年代後半まで待たなければならなかった。

そのため，1990年代から2000年代前半までの時期にかけては，後の「初音ミク」現象に見られるような，動画やそれに関連した部分を作品として創作し，それを投稿し合うことで共有する文化が一般的に成立していたとはみなせない。むしろ，その時期においてテクノロジーに傾倒していた人々が，既存のメディア作品の内容を大量に収集して解読し，その知識をもとに自分で編集や加工の技術を駆使して新しい作品をつくり出していたように，個々の作品分野についての文化的なリテラシーが，雑誌などによって徐々に広まっていた時期としてとらえる方がよいだろう。

　そうした創作文化の典型がコンピュータのソフトウェアである。ソフトウェアには，最初から商品として一貫して企画・開発されたものはむしろ少なく，自発的に創作されたものを共有し合うことによって改良が進み，それが最終的に商品化されるケースの方が圧倒的に多い。

　一方で，実際にソフトウェアを操作する専門的なリテラシーをもった人々はかなり限定されていた。したがって，ソフトウェアが直接に共有される文化として定着したというよりも，むしろ，そのような人々が1990年代以降にパソコン通信とインターネット上における電子掲示板でやりとりしていたような，作品の解読リテラシーや評価に基づいて，作品についての話題（ネタ）を交換することが，文化的に広がりをみせていったと考えられる。実際，2000年代当初のインターネット利用者には，高学歴の男性で専門技術を職業とする者が多くを占めていた。現在の2ちゃんねるという巨大電子掲示板の前身となるものも，この時期のパソコン通信で行われていた電子掲示板のコミュニケーションであり，その中でのさまざまな分野において，作品の評価について独自のリテラシーをもって笑い合うような「ネタ」のやりとりが，日本におけるネットワークでの共有文化の基礎を形づくっていたと考えられる（北田暁大，2005）。

　以上のように，現代においてもかなり新奇なものに映る，初音ミクのような現象も，そこに至るまでのさまざまな形での共有文化と，それを媒介するメディアの歴史の中で，1つの形として社会的につくり上げられたものとして考えることができるだろう。そこから，いかに高度なテクノロジーの展開を伴うバーチャルな文化であっても，それを基本的に支えているのは，実際の人々によるコミュニケーションの実践であることが確かめられる。

ホームワーク

- **work 1**　動画投稿サイトなどに投稿されている特定の作品について，作者とその他の人々がどのようなコミュニケーションをしているのか，観察してみよう。
- **work 2**　1980年代以前の若者向け雑誌の投稿欄や，「読者の広場」などを調べて，そこでの交流の様子と今のネットを通じた交流の特徴について比較してみよう。

読書案内

飯田豊編『メディア技術史——デジタル社会の系譜と行方』(北樹出版，2013年) では，それぞれのメディアにおいて，テクノロジーの発展とともに，このunitでみたようなメディア文化の共有がどのように展開していったのかを紹介している。北田暁大『嗤う日本の「ナショナリズム」』(日本放送出版協会，2005年) では，1970年代以降の若者文化の変化を，現在のネット文化形成の過程を示しながら描いている。メディアが「状況」を変化させるプロセスは，J. メイロウィッツ『場所感の喪失（上）——電子メディアが社会的行動に及ぼす影響』(新曜社，2003年) の中でゴッフマンのコミュニケーション理論なども用いながら詳しく説明されている。

参考文献

浅岡隆裕 (2012)『メディア表象の文化社会学——〈昭和〉イメージの生成と定着の研究』ハーベスト社

アンダーソン，B./白石隆・白石さや訳 (2007)『定本 想像の共同体——ナショナリズムの起源と流行』書籍工房早山

木島由晶 (2011)「デジタルメディアで創作する」土橋臣吾・南田勝也・辻泉編『デジタルメディアの社会学——問題を発見し，可能性を探る』北樹出版

北田暁大 (2005)『嗤う日本の「ナショナリズム」』日本放送出版協会

永井純一 (2011)「動画共有サイトでは何が共有されないか」土橋臣吾・南田勝也・辻泉編『デジタルメディアの社会学——問題を発見し，可能性を探る』北樹出版

橋元良明 (2011)『メディアと日本人——変わりゆく日常』岩波書店

ボードリヤール，J./今村仁司・塚原史訳 (1992)『象徴交換と死』筑摩書房

溝尻真也 (2006)「日本におけるミュージックビデオ受容空間の生成過程——エアチェック・マニアの実践を通して」『ポピュラー音楽研究』10, 112-127.

unit 23

情報社会とコミュニケーション・ネットワーク

🔲 電話と人間関係

　固定電話しかない頃，携帯電話を誰も持っていないときには，連絡をとるとしたら家に電話をかけるしかなかった。もちろん本人が電話に出るとは限らず，家族が電話をとることもある。恋人に電話するときは，緊張しながら電話をかけることもある。

　また待ち合わせ場所に行っても会えないことも少なくなかった。待ち合わせにはたいてい，遅れる人がいる。今なら携帯電話に電話するなり，LINEやメールで連絡をとればよいが，そのような手段はない。実家に電話をかけ，家族に家を出たかどうかを聞く。もしくは待ち合わせに遅れた人を我慢強く，延々と待つのである。

　友人・恋人と，どこかに出かけていって，そこではぐれたら悲劇である。もう会えないかもしれない。今なら，ケンカをして，どこかへ行ってしまっても，数十分経ったら携帯電話に電話をかけて，「ゴメン，今どこ」と言えばよいが，それはできない。

　電話がなかった頃は，学校や喫茶店で待ち合わせの場所を決めておくなり，たむろしている場所に行って会うしかなかった。昔から続く会合は月の「第4木曜日の夜」などと決めておく場合が多いのはそのためでもあった。

　今は，多くの場合，「渋谷で2時」とだけ決めておいて，その時間になったら，近くに行って携帯電話に電話するなり，LINEやメールで連絡をとる。夕方，携帯電話に電話して「今晩，ヒマ？　これから飲みに行こうか？」，飲み会の最中に友人に電話して「今何しているの？　今から池袋，集合ね！」これもよくある会話である。このような人間関係の前提になっているのは，まぎれも

なく電話，携帯電話というメディアがあるからこそなのである。

この電話や最近のメール，ソーシャルメディアといったコミュニケーション・メディアが人々のネットワーク，人々の関係性にどのように影響を与えているかを考えてみよう。

なぜ電話が使われるようになったのか

社団法人電気通信事業者協会によれば，2013年9月末現在，携帯電話・PHSの加入台数は，1億4019万（回線）である。日本の人口は約1億2700万人。もちろん，子どもやお年寄りの方で持っていない人はいるが，1人1台以上持っているということになる。なぜ，これだけ普及してきたのだろうか。

「電話」のメディアとしての技術的特性は，距離を越えること，「遠くの人と即時に連絡がとれる」ことにある。これに加えて携帯電話の技術的特性は，発信者・受信者双方における場所と時間の制約の解放である。電話回線を常に携帯するということは，場所の制約をなくすということのみならず，いつでもつながるという時間の制約をも解放することになる。

ただし，メディアのありようは，このような技術的特性によって決まるのではなく，社会における人々の利用のされ方によって規定される。この，人々がメディアをどのように利用して，そこからどのような効用や満足感を得ているかについての研究を**「利用と満足」研究**という。これは，例えば目的をもって利用したり，ある状態を獲得したりするような利用の仕方をさす**「道具的利用」**とその行為それ自体に目的がある**「自己充足的（コンサマトリーな）利用」**との2つに分ける場合が多い（川浦康至，1989; 吉井博明，1993; 中村功，1997）。

「電話」の道具的な利用の形態としては，①安全・安否：病気や事故などいざというときの緊急連絡手段，②利便・用件：手紙を書いたり，会ったりすることの代わりとして連絡手段としての使い方が挙げられる。「携帯」電話の場合はこれに加え，③他人がいつでも連絡をできるようにすること，④待ち合わせなど外出時における連絡手段などが挙げられる。③は携帯電話の普及初期から顕著に見られたが，学生が就職活動時に企業との連絡手段として所有すること，営業を職種とする人や災害時の緊急対応要員が会社の携帯を所持することなどがこの例として挙げられる。つまり便利だから利用しているのである。

だが，「電話」が利用されるのはそれだけが理由ではない。今ひとつ，電話

の自己充足的（コンサマトリーな）利用というものがある。これは，①おしゃべり：精神的カタルシスとしての気晴らし，ストレス解消を目的とする使い方や，②擬似環境：孤独感の解消などのために，あたかも同じ場所にいるような雰囲気をつくるために使われる使い方である。たいした用事もなく電話をかけるのはまさに①としての使い方である。帰宅途中に歩きながら携帯電話をかけたり，スマートフォンを操作しながら歩くような場合は②の使い方である。すなわちコミュニケーションの観点から電話というメディアの心理的効用や心理的特性を考えると，たんなる「時間と場所の制約」を超えたさまざまなメディアの利用のされ方がみえてくる。

また「視覚的手がかり」「視覚的相互作用」が欠如していることも電話というメディアの利用形態に大きな影響を与えている。この「手がかりがない」状態も電話を用いたコミュニケーションの特徴である。声が耳元に達するために擬似的な性的関係をつくりやすい（渡辺潤，1989），感覚を耳に集中させるために通常の身体感覚がなくなり異なる触れ合いの感覚をつくりだすということが言われている（吉見俊哉他，1992）。

この特徴を活かした電話の特殊な利用例として「電話相談」や「いのちの電話」が挙げられる。電話で人々の悩みを聴き，心の支えになろうという試みである。これは会話の相手が誰かわからないという匿名性だけではなく，面と向かっては相談しにくいことが電話だと相談しやすいという特長をもたらす。

電話，携帯電話と親密な人間関係

電話というメディアを介してつくられるネットワークも特殊である。電話がない頃，コミュニケーションをとれる相手とは，直接会う人々，自分が物理的に移動する範囲の人々であった。しかし電話というメディアは，その物理的な距離を越え，人々が心理的に結びつくことを可能にした。このような普段はあまり会わないが電話によって結びつく相手を「**サイコロジカル・ネイバフッド（心理的近隣）**」という（S. H. Aronson, 1971）。

だが，電話というメディアで結びつく形としては，親密度が明らかに異なるものが含まれている。詳細には，同居はしていないが，普段よく会いおしゃべりするとともに，電話でもよく話をする「**心理的家族**」，普段はあまり会わないがよく電話で話す「**心理的近隣**」，普段はあまり会わず，たまに電話をかけ

たりする「**心理的コミュニティ**」というように区別できるという（吉井博明，1993;図23-1）。

この「心理的家族」も，携帯電話が登場したことによって，その質が変化してきている。学校で話し，会っていないときもメールや電話，SNSやTwitter等のツールを使い，今，何をしているか，常に確認し合っているよ

図 23-1 心理的コミュニティ，心理的近隣，心理的家族の概念図

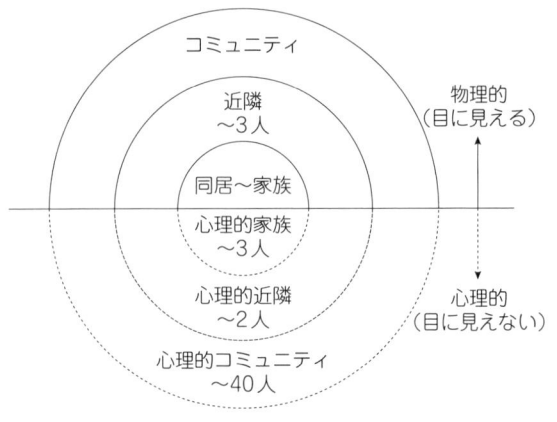

```
      コミュニティ
       近隣
       〜3人
      同居〜家族
      心理的家族
       〜3人
      心理的近隣
       〜2人
    心理的コミュニティ
       〜40人
```
物理的（目に見える）
心理的（目に見えない）

（出典）吉井，1993 を一部改変。
（注）人数は各カテゴリーのおおよその人数を示す。

うな人間関係も現れてきた。これを FTIC（フルタイム・インティメイト・コミュニティ）と呼ぶ。携帯電話によって，いつでも連絡をとり合える手段ができたことによって，このような人間関係を形成することが可能になったのである。

電話でやりとりすることは，プライベートであれ，仕事であれ，親密性（→unit 11）そのものの維持・構築の行為でもある。すなわち「電話」が，心理的コミュニティの外側の人との人間関係，心理的コミュニティの内側の人との人間関係を区別するということになる。

携帯電話があたりまえに使われるようになった現在，人間関係を構築するという行為においても携帯電話は非常に重要な要素である。仕事上の相手の携帯電話番号などは，必要に応じて，仕事上や緊急連絡用として簡単に得ることができる。だがプライベートな人間関係において，携帯電話の番号を知るという行為はこれとは異なる。友人や恋人になろうとするときは，まず携帯電話の番号やメール，LINEのアドレスを交換することから始まる（これがスムーズにいくかどうかが第1関門である）。その連絡先の交換自体が相手との「コミュニケーションの回路を開く」ことの意志の確認にほかならない。携帯電話の「携帯」性はいつでも相手からの電話を受けられる（メールやLINEを受けられる），また相手に電話をかけられる（メールやLINEを送れる）状態にあるということであり，その相手との「コミュニケーションの回路」を確保することになる訳であ

る。携帯電話で連絡をとること，メールやLINEでやりとりすることは，いまや人間関係構築の初期段階そのものである。そしてその上で，そこでのやりとりやセンスによって，その相手と関係性が決まってくる。電話やメディアを介した人と人のやりとりをみていくと，そこに多種多様な密度の人間関係のネットワークの構築と維持をみることができるのである。

ソーシャルメディアと「弱い紐帯」

普段は，あまり会わないがときどき電話をかけたりする「心理的コミュニティ」のさらにその外側には「弱い紐帯」といえるものが存在する。電話，携帯電話でも普段あまり連絡をとることはないが，パソコンでのメールのやりとりをする人，たまに会う知人などとして接点をもつ相手などである。同級生，古い友人，仕事上のみ付き合うような人である。近年は，これに加え，直接会うわけでもなければ，もともと面識のない人，もともと知らない「匿名」の人も含めて，インターネットを通じたコミュニケーションが行われるようになってきた。

1990年代に入り，インターネットの商用利用が開始されるようになってからは，ネットニュース（不特定多数の人が書き込むことができる），メーリングリスト（特定の登録している人のみが投稿・書き込みできるもの）などさまざまな形態をとりつつ，情報のやりとりが行われるようになった。

2000年代に入り，パソコンの普及，インターネットの商用利用が本格化するとともに利用者が増加し，さまざまなメディア（アプリケーション）が登場してきた。匿名で書き込み，誰もが見られる巨大な2ちゃんねるなどの電子掲示板，限られた知り合い同士のコミュニティにおける情報交換であるmixi，匿名かどうかは個人に任されつつも，140字という限られた字数で「つぶやく」ミニブログとしてのTwitter，実名を前提とした情報交換であるFacebook，特定の親しい人同士でやりとりをするLINEなど，さまざまなソーシャル・ネットワーク・サービス（SNS）が時代を経て生まれてきた。これらブログや動画の書き込みからSNSまで，インターネット上での人間同士のコミュニケーションのやりとり，それ自体を主たるコンテンツとしたものが「**ソーシャルメディア**」と呼ばれる。

このソーシャルメディアは，過去のメディアとまったく異なる2つの側面を

有する。1つは、緩い結びつきの人々との関係性を維持するシステムであるという側面である。小学校・中学校の同級生、昔の仕事仲間、仕事で数回だけあった人、趣味のつながりの人々など、普段直接、顔を合わせない人々とのコミュニケーションは、昔は限定的であった。同窓会、同級会、OB会のときに顔を合わせる、会報誌などで近況を知るという程度であった。だが、現在ではソーシャルメディアのさまざまなツールを用いて、普段、会わない人々であっても近況を知り、またコミュニケーションをとることが可能になった。つまり人間関係のネットワークを維持する機能がある。

今ひとつは、まったくそれまでは出会う可能性のなかった人々を結びつけるシステムであるという側面である。インターネットで検索をすることによって、興味・関心のあるイベント、団体、個人を探すことが可能であり、その人々と連絡をとることが容易、即座にできるようになった。つまり新たな人間関係を構築する機能である。

これによって、デモや社会運動の形態も変わりつつある。

2009年ジャスミン革命（チュニジア）、エジプト革命、リビアの内戦など民主化を要求する大規模な反政府デモや抗議活動が中東諸国に広がっていった。この「中東の春」といわれる現象には、ソーシャルメディアが非常に大きく関わっていたと言われる。

2011年9月には「#Occupy Wall Street」（ウォール街を占拠せよ）といわれる格差是正運動が、若者層を中心にFacebookやTwitterを通じて呼びかけられた。その後、世界各地へ飛び火した。

2011年8月にはイギリスで、ロンドン北部にあるトッテナムにて黒人男性が警察官に射殺されたことをきっかけに若者層を中心に暴動やデモが始まった。これは背景として、イギリスではその前年から大学学費値上げに対する不満からデモや抗議行動がくすぶっていたこともあるが、またBlackBerryのメッセージ機能、FacebookやTwitterというソーシャルメディアがこの暴動やデモの呼びかけるツールとなり、暴力、略奪などを広げたとされている。これはイギリス全土に、またさまざまな世代に広がっていった。

日本でも2011年、フジテレビの番組編成において韓流ドラマが多く、韓国の芸能人をよく取り上げるのは偏向であるとして、いわゆる「フジテレビ・デモ」が発生し、またそのデモがフジテレビの大手スポンサー花王に飛び火して

「花王デモ」が発生している。その後，反原発デモなども起こっている。

これらが発生した背景としては，ソーシャルメディアの浸透があるといえる。それまでインターネット上のトラブルといえば，ネット上の批判的な書き込みが相次ぐ「炎上」というネット上での問題がその中核であった。だが，近年，ソーシャルメディアを通じて情報や感情，問題意識などが共有化され，デモや抗議行動の日時や場所を伝え，それに共感する人々を良い意味でも悪い意味でも結びつけ，動かすことが可能になりつつある。

つまりソーシャルメディアとは人間関係のネットワークを維持するだけではなく，構築する機能をも有しているメディアなのである。

人間関係とコミュニケーションのネットワーク

電話や携帯電話に加えて，このソーシャルメディアというツールができてきたことによって，人間関係，コミュニケーションのネットワークを考えるうえでこれらのメディアは切り離せないものになってきた。

ソーシャルメディアは人のつながり，すなわちコミュニケーションのネットワーク，それ自体がメディアとしての価値をもつ。よって，どのような人間関係を構築・維持するかがコントロール可能なこともソーシャルメディアの1つの特徴である。近しい特定の限定された人々，「心理的家族」「心理的近隣」にあたる人とのやりとりとしてはLINEやmixi，自分が承認した特定の人々，「心理的コミュニティ」や「弱い紐帯」にあたる人とのやりとりとしてはFacebook，仕事上の「弱い紐帯」に対してはLinkedIn，またそれらすべてを含みかつ匿名，顕名の人が混在しつつ不特定多数の人に向けた情報発信や不特定多数の人からの意見を受けることについてはTwitterなどがある。つまりどのソーシャルメディアを利用するか，どのような人まで情報を公開するか，情報のやりとりをするかを自分自身でコントロールすること（メディアを選んで利用すること）が可能という特徴をもっている。

携帯電話，とくにスマートフォンの普及によって，それを介してインターネットへ常時，接続することが可能になった。また携帯電話やスマートフォンを用いた写真の撮影と，「写真」データをソーシャルメディアを用いて簡易に共有することが可能になってきた。このような要因から多くの人がこれらを利用するようになってきている。

> **コラム**
>
> **ソーシャル・キャピタル（社会関係資本）**
>
> 　人間関係そのものは，民主主義の発展，また社会の発展の基礎である。この社会における人と人の間に存在する関係性の蓄積のことをソーシャル・キャピタル（社会関係資本）という。R. D. パットナムによれば，ソーシャル・キャピタルとは「人々の協調行動を活発にすることによって社会の効率性を高めることのできる『信頼』『規範』『ネットワーク』といった社会組織の特徴」であるという。一般的には人々のネットワーク，信頼関係，社会における守るべき規範などに代表されるような，人々の間のつながりをさす概念であり，これが豊かなことが民主主義にとって重要であるという。
>
> 　ゆえに，これら人間関係にメディアがどう影響を与えるかということはきわめて重要な意味をもっているのである。

　電話，携帯電話やスマートフォンといったモバイルツール，パソコンを用いたソーシャルメディアを通じたパーソナルなコミュニケーションが活発化していることは間違いない。そして，これらのメディアは，人間同士の関係性のネットワークを構築・維持し，また人間の行動を変革させる力をもつ。

　しかしながら，当然1人ひとりの人間関係は異なり，1人ひとりのメディアの利用の仕方も異なる。ゆえにそこでやりとりされる情報，コンテンツを把握することは難しく，そのネットワークの様相も把握・分析しにくい。

　とはいえ，これらを分析することは現代社会のコミュニケーションや人間関係を考えるうえではきわめて重要である。日々移り変わるそのパーソナルなコミュニケーションの浸透や利用形態を分析することは，人間関係のネットワーク，またその構築と維持という人間の生存基盤そのものを分析することに他ならないからである。

ホームワーク

- **work 1**　郵便，電話，携帯電話，インターネットなどが存在していないとき，人々のコミュニケーションや生活は今とどう異なっていたか，考えてみよう。
- **work 2**　自分の身の周りの人々とどのようなメディアを通じてやりとりしているか，そこからパーソナルなメディアの使われ方の違いを考察してみよう。
- **work 3**　さまざまなソーシャルメディアの技術的特性の違いと，コミュニケーションスタイルの違いについてまとめ，その関係を考えてみよう。

読書案内

電話と現代社会の関係については，吉井博明「電話利用の新しい形態と電話ネットワークの社会的意味」川浦康至編『メディア・コミュニケーション』（至文堂，1993年）が理解を助けてくれる。歴史的研究としてはC. S. フィッシャー『電話するアメリカ——テレフォンネットワークの社会史』（NTT出版，2000年）が参考になる。

弱い紐帯，社会関係資本などについては野沢慎司編・監訳『リーディングス ネットワーク論——家族・コミュニティ・社会関係資本』（勁草書房，2006年）で学ぶのがよいだろう。

参考文献

川浦康至（1989）「電話行動に関する社会心理学的研究」『1988年度情報通信学会年報』81-91.

グラノヴェター，M./渡辺深訳（1998）『転職——ネットワークとキャリアの研究』ミネルヴァ書房

津田大介（2012）『動員の革命——ソーシャルメディアは何を変えたのか』中央公論新社

中島一朗・姫野桂一・吉井博明（1999）「移動電話の普及とその社会的意味」『情報通信学会誌』59, 79-92.

中村功（1997）「生活状況と通信メディアの利用」水野博介・中村功・是永論・清原慶子著『情報生活とメディア』北樹出版

野沢慎司編・監訳（2006）『リーディングス ネットワーク論——家族・コミュニティ・社会関係資本』勁草書房

パットナム，R. D./河田潤一訳（2001）『哲学する民主主義——伝統と改革の市民的構造』NTT出版

フィッシャー，C. S./吉見俊哉・松田美佐・片岡みい子訳（2000）『電話するアメリカ——テレフォンネットワークの社会史』NTT出版

吉井博明（1993）「電話利用の新しい形態と電話ネットワークの社会的意味」川浦康至編『メディア・コミュニケーション』現代のエスプリ306, 至文堂

吉見俊哉・若林幹夫・水越伸（1992）『メディアとしての電話』弘文堂

渡辺潤（1989）『メディアのミクロ社会学』筑摩書房

Aronson, S. H. (1971) "The Sociology of the Telephone," *International Journal of Comparative Sociology,* 12, 153-167.

unit 24

災害とコミュニケーション

　災害時・危機時には，人々のコミュニケーションのニーズが急増する。身体・生命の危機が迫っている以上は災害から難を逃れるために「避難」しなければならず，そのために災害の情報を知ろうとする。また，皆が家族や友人が無事かどうかを確認しようと電話をかけ，つながりにくくなる。

　そして停電やさまざまな要因によって，通常のようにメディアは使えないにもかかわらず，情報へのニーズ，コミュニケーションのニーズは高くなり混乱に陥る。災害という，もっともコミュニケーションが求められるときに，なぜ，コミュニケーションがとれないのか。考えてみよう。

災害時の情報伝達

　災害時にはどのようなことがコミュニケーション上の課題となるのであろうか。日本では，重大な災害が起こるおそれがあるときには警報が発表され，また災害直後には自治体から**避難勧告・避難指示**が発表され，また自身で判断して人は避難する。護岸や堤防，ダムなどの構造物によって人の命を守ることも重要である。だがこれだけではすべての災害を防ぐことはできないため，人々に呼びかけて，避難行動をとってもらうことにより人の生命を救おうとしているのである。

　もちろん避難行動といってもさまざまある。地震は災害後に逃げることになるわけだし，津波は地震の揺れをトリガーとして発生前に逃げる，火山は噴火前に逃げることになる。水害の場合はおおむね河川の増水中や内水氾濫の発生しているときに逃げることが多くなる。その避難を促す要因を考えてみよう。

　第1に，人々の直接的な認知である。家が浸水するかもしれない，津波が来

るかもしれない，川があふれるかもしれないという危険の認識に結びつきやすいのは，やはり直接的な認知である。地震で揺れれば，周囲が冠水すれば，危険を感じるのは当然である。

　第2に，災害情報や避難情報の伝達である。災害時には，①避難勧告・指示，呼びかけ，②気象警報，火山警報，洪水警報，緊急地震情報，東海地震予知情報，土砂災害警戒情報などの警報やアラート的な情報，③避難，また災害への備えを促すための情報などが報道機関を通じて行政から提供される。これはテレビ・ラジオや防災行政無線，広報車などで伝達される。

　第3に，周囲の人々の影響，すなわち「コミュニケーション」である。過去の災害研究の知見からは，消防団，警察，自治体，町内会や家族の勧めなどの直接的な周囲の人々との「コミュニケーション」が，避難を促進するもっとも大きな要因となることがわかっている。このことから「地域の防災力」向上や，「地域の災害文化の醸成」が唱えられるのである。

🔟 災害時の心理——人は逃げない，怖がらない

　とはいえ，災害時に問題になるのは「人は逃げない」ということである。人は情報を受け取っても，危険が近づいていても，逃げないことも多い。多くの場合，危険が切迫しているわけではないと思えば，その状況について様子を見ているだけだったり，危険を伝える情報を無視したりする。ゆえに，豪雨災害や台風災害では，河川や田畑を見に行ってしまって亡くなる人が多いのである。先に説明した災害情報や避難情報の伝達，周囲の人々との「コミュニケーション」によって人々が難を逃れられるかというと，そう簡単ではないのである。

　そもそも，人は自分自身の危機に鈍感で，危機を危機としてとらえない傾向がある。通常，危機を感じていない段階では，災害を自分に被害が及ぶものとは受け止めず，危険を低く見積もるからである。日常生活を送るうえで，心を平静に保とうと，さまざまな出来事が起こっても些細な事態であるとみなそうとする傾向がある。このようなリスク認知のゆがみを**正常化の偏見（ノーマルシー・バイアス）**」と呼ぶ。これは災害前に顕著である。

　また，その逆に危機を過度に恐れる傾向を「**カタストロフィ・バイアス**」という。これは災害後に顕著である。災害後には人々は不安になりコミュニケーションが活発化し，うわさ（→unit 14）やさまざまな混乱が生じることになる。

だが，これは災害後のことであって，やはり災害の発生前は，危険を低く見積もることの方が問題になる。

また「災害情報や避難情報の伝達」を妨げるものが，それらの情報を信じない心理（「**オオカミ少年効果**」）である。災害警報が出されたが，後に何も起きなかったという事態が繰り返されてしまうと，次に警報が出されたときにその警報が信用されなくなってしまうのである。1982年に起きた長崎水害では，水害発生前の約2週間で4回ほど大雨洪水警報が出ていたが，大きな災害が発生しなかったこともあって，水害発生時に大雨洪水警報が出されていたものの，その警報を聞いて「本当に水害になる」と思った人は警報を聞いた人のうち3割に満たなかったことが，その後の調査でわかった。

もちろん，実際には災害が発生せずに，「空振り」（予想が外れること）することももちろんある。この空振りを恐れると，本当に重要な警報を出しそびれてしまう「見逃し」（予想しないこと）が発生する可能性がある。基本的には人の生命に関わることである以上は，警報や災害に関わる情報は「見逃し」のないように「空振り」を恐れずに出される方がよいとされている。

災害情報の発信が遅れたり，発信を躊躇してしまうことはよくあるのだが，この理由は「オオカミ少年効果」だけではない。自治体など警報や避難勧告・避難指示など情報を出す側は，人々が**パニック**に陥るのではないかというイメージをもちやすいというのがもう1つの理由である。しかし先述したように，人々は，災害に直面していたとしてもなかなか危機感を感じ取れない。つまりパニックは起こりにくいのだが，起こると信じられている。これを**パニック神話**と呼ぶ（→コラム）。

災害時のメディア利用

では次に災害時のメディア利用を考えてみよう。災害時のコミュニケーション，メディアの使われ方は特殊である。通常時のコミュニケーションができないからこそ，災害時のコミュニケーションであるといってよい。

2011年東日本大震災ではどうだったのであろうか。

津波の被災地では，直後の津波情報の伝達としては防災行政無線，ラジオ，時間が経過してからはラジオ，新聞，口コミという，電気によらないオールドメディアが役に立っていたことは，記憶されておくべきことであろう。被災地

> コラム

パニックとパニック神話

　社会心理学では，「パニック」はたんなる心理的混乱のことではなく，集合的逃走（または獲得）行動のことをさす。パニックには，刺激臭や叫び声などの「きっかけ」，匿名性や連帯感のない集団であること，社会不安，煙や暗闇，流言などの認知的ニーズ，限られた脱出路（資源）の存在などの条件が満たされて発生するというのが社会心理学的な知見である。映画館やライブハウスでの火災など，発生するのは限定的であり，災害時にはほとんど発生しない。

　むしろ，問題になるのは「パニック神話」という問題である。災害が起こると，人々がパニックとなり，大混乱が生じるという「パニックイメージ」をもつ人は多い。警報や災害の危険性を知らせると，人々は混乱する，そのため情報は慎重に出さなければならないと考えがちである。このパニックを過度に恐れることを「パニック神話」と呼ぶ。

　これはマスコミの報道，映画やコミックなどメディアの影響も大きい。例えば「パニック映画」と呼ばれるものがある。地球外生命体が地球に攻め込んできたり，発病後の致死率100％の伝染病が発生したりしたとき，映画の中の人々はパニックに陥り，我先にと，他人を蹴落としてでも逃げたりしようとする。だが，そのような事態は簡単には発生しない。「実際には，人々が考えているほど，パニックは起きていない」。これは，アメリカの社会学者 E. L. クアランテリらの研究グループが約60年前（1954年頃）から指摘していることである。クアランテリと共同研究者 R. ダインズは，その後，「災害時にはパニックが発生しやすい，というイメージは『神話（皆が信じているが実際には事実ではないこと）』であり，マスコミがそれを増長している」とした。災害時には，生命や財産が危険にさらされる一方で，「正常化の偏見」が強く働き，また，厳しい状況を前に互助的な活動が活発になりパニックは生じにくいのである。

　これにとらわれた行政側の判断により，生まれてしまった悲劇もある。1985年，コロンビアのネバド・デル・ルイス山噴火のときには，前兆現象があったにもかかわらず，避難勧告をギリギリまで出さなかった。行政当局が，住民のパニックを警戒したためである。その結果，犠牲者は約3万人にものぼってしまった。パニックを恐れてしまうことで避難勧告が遅れることも少なくないのである。人々はそう簡単には混乱しない。非常時には，リスク情報や災害に関する情報を積極的に開示することが重要なのである。

は停電でテレビはあまり，直後においては活用されていない。携帯電話やインターネットはほぼ使われていない。

　2011年9月から，被災地沿岸54市町村1万601名を対象として行った国土

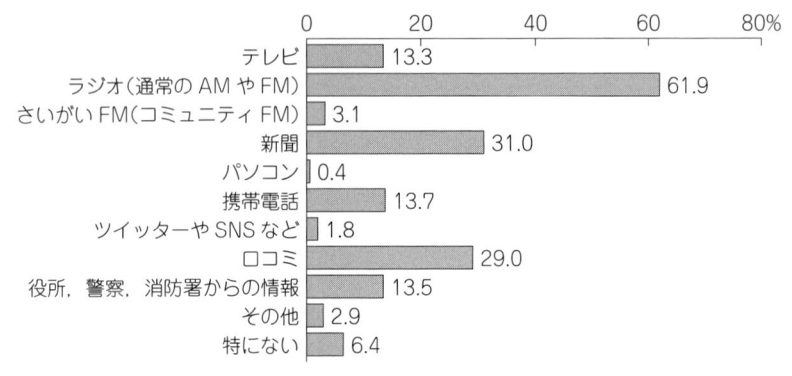

図24-1　地震発生後の数日間の災害に関する情報源（N=451）

- テレビ　13.3
- ラジオ（通常のAMやFM）　61.9
- さいがいFM（コミュニティFM）　3.1
- 新聞　31.0
- パソコン　0.4
- 携帯電話　13.7
- ツイッターやSNSなど　1.8
- 口コミ　29.0
- 役所，警察，消防署からの情報　13.5
- その他　2.9
- 特にない　6.4

（出典）　サーベイリサーチセンター，2011 より作成。

交通省の第3次現況調査によれば大津波警報を聞いた5345人中，「大津波警報を知った媒体」としては，防災行政無線51.9%，民放ラジオ16.9%，NHKラジオ11.4%に対し，インターネットは0.2%にすぎない。また，「地震発生後から日没までの間，避難や津波に関する情報を得るのに次にあげる情報源はあなたにとって役にたったと思いますか」という問いについて，ラジオと回答した人39.8%，近所や家族と回答した人25.0%に対して，ホームページと回答した人は0.3%，ソーシャルメディアと回答した人は0.3%にすぎない（国土交通省都市局街路交通施設課，2012）。

　また，「地震発生後の数日間の災害に関する情報源」としてはラジオ，新聞，口コミといった，電気によらないメディアが機能した。2011年4月，宮城県において避難所に避難した20歳男女451名を対象に，サーベイリサーチセンターが行ったアンケート調査では，「地震発生から数日間，情報入手の手段が限られるなかで，災害に関する情報は主にどこから入手しましたか」との問いに対して，回答は，ラジオ61.9%，新聞31.0%，口コミ29.0%，テレビ13.3%，TwitterやSNS 1.8%となっている（サーベイリサーチセンター，2011；図24-1）。

　テレビ，携帯電話やインターネットといったパソコンなど電気を使う必要のあるメディアは，被災地では地震の揺れの数秒後から停電により使うことができなかった。津波の来襲によって，電話・携帯電話など通信に関わる通信回線や基地局などが被災し，多くの地域で通信はできなくなった。また被災の難を逃れたところも，非常用電源が枯渇し，燃料不足のため長期間機能しなかった。

テレビ放送による伝達も難しかった。津波情報を被災者に対して詳細に報道すること，多くの住民の情報ニーズに応えることは難しかった。
　例えば，テレビ朝日系列では電源供給が途絶え東日本放送局（宮城県）が停波した。津波の映像をとらえるために宮城・岩手・福島に設置してあった情報カメラ17台のうち，沿岸部にあった8台すべてが停止してしまった。仙台空港からヘリコプターが飛び立つこともできなかったという。そして，残された手段である現地カメラマンの取材映像も，現地との交通網が寸断してしまったため，初期において津波の映像や現地の様子の放送が難しかった。多かれ少なかれ，どの報道機関も，直後は被害の概要を被災者，また多くの全国の人に伝えることは困難であった。そして，テレビ受像機そのものが津波で流されたり，もしくは停電だったりして使えなかった。
　災害後に通常通りのメディアを使って情報を得ようとすることは難しい。災害後は，情報を手に入れることは難しいということを前提に災害対応しなければならないのである。

災害直後の情報ニーズ——安否確認

　被災者にとって，またその近隣の人々にとって，その生命の危機が過ぎた段階で，次に問題になるのは，家族，友人，知人の安否を知りたくなるという**「安否確認」**である。災害に遭ったとき，不安にかられた被災者は，まず家族や親しい友人の安否を知って安心しようとする。その主な手段となるのが，電話である。災害の発生とほぼ同時に皆が一斉に電話をかけるので，電話がつながりにくくなる。これを**「通信の輻輳（ふくそう）」**という。
　災害時，被災地においては，お互いの安否を確認するため，緊急救助を求めるために住んでいる人同士の通話が増える。そして，災害の状況がマスメディアなどで知られることによって被災地外から被災地への電話も増える。被災地に住んでいる親戚や友人を気づかい，電話をかけるのである。通常，電話の設備は，私たちが普段携帯電話や固定電話から利用している通信の量を基準に設計されている。被災地を中心としてコミュニケーションへのニーズが増大し，災害時に安否の確認や，状況を把握しようと多くの人々が一斉に固定電話，携帯電話を使おうとすると，想定されている平時の通信量を超えてしまい電話がかかりにくくなるのである。

この通信の輻輳は，災害時でなくても，平時の通信量を超えれば発生する。例えば，コンサートのチケット発売開始直後に電話がつながりにくくなったり，大晦日から元日になった瞬間の「あけましておめでとう」コールで，回線がパンクしたり，といったものも輻輳である。これは「災害輻輳」に対して「イベント輻輳」と呼ばれている。災害輻輳は，自然災害を発端としているだけに，いつ起こるか想像がつかず，その輻輳の規模も大きくなる傾向がある。一方，イベント輻輳はほとんどが人為的なものなので，いつ起こるのか予想を立てやすいし，起こったとしても局所的な問題として済むケースがほとんどである。

この通信の輻輳は，被害が大きい場合，人口が多い都市部の被害である場合，昼間に発生した場合，輻輳の程度が大きくなることが知られている。また地震の場合には，揺れの直後に安否ニーズが集中するので輻輳は激しくなる。

この災害輻輳を前提として，このとき生じる安否確認のコミュニケーションのニーズを減らして，輻輳を減らそうとするサービスが，**安否確認情報システム**である。これは，輻輳が長期間続いた阪神・淡路大震災の反省を受け，徐々に整備されてきた。NTT 東日本，西日本が提供する「災害用伝言ダイヤル (171)」，「災害用伝言板 (web171)」，NTT ドコモや KDDI (au) など携帯電話会社が提供している「災害用伝言板」，Google が設置した「Google Person Finder」などがある。ただし，安否確認をするためのサービスは，安否を知りたい人同士が災害時にそのツールを使うことを事前に確認しておかなければならないという難点がある。

また，もともと災害用伝言ダイヤル (171)，災害用伝言板などの災害用安否確認システムは，輻輳という通信の混乱を抑えることと，人々が安心を伝えあうということを目的としている。すなわち，安否確認で重要なことは「安（無事）」であった。「生きていること」を伝え，お互いに無事であることを伝え合ってその不安を解消させて人々に安心を与えること，電話・通信の輻輳を減らすことが大きな目的であった。そして何より，これらは電話が使えること，電気・通信が使えることが前提であった。

ところが，2011 年の東日本大震災のときには，電話局や携帯電話の基地局も被災してしまい，一部地域では，長期間，電話がほぼ使えない状態になった。そして，被災地同士で，また被災地と連絡をとりたい人が長い間連絡がとれない状態が続いた。

過去十数年の災害で問題になった安否確認は生きている人との連絡がとれないことであったが，東日本大震災で問題になった安否確認は，むしろ，亡くなられた方が見つからないために安否を確認できないということであった。またソフトの問題というより，ハードの問題としてそもそも携帯電話や電話がつながらない地域の人の安否をいかにして知るかということが問題になった。被災後1，2か月を経過して，行方不明者が実際に見つかったということも少なくなかった。

　そして「安（無事）」の情報として，現実的に有効だったのは，やはり電気によらないオールドメディアとしての「紙」であった。気仙沼市・南三陸町を拠点とする『三陸新報』は，震災直後に避難所の名簿だけを載せた新聞を発行した。4，5，6月の段階で，避難所や市役所に行けば，安否情報を求める貼り紙の脇に，地域紙や地方紙を中心として（全国紙も含め），避難者名簿だけで構成された特別紙面が貼り出されていた。そして，そこで見つからない場合，遺体安置所や警察からの情報で「否」の情報を探すことになる。

　GoogleにNHKなどが情報提供を協力して実現した「Google Person Finder」は，「災害用伝言ダイヤル（171）」「災害用伝言板」のもつ，自分が登録しなければならないという安否確認システムの問題点を克服するものではあったが，現地で電気，通信網が被災し，電話，パソコン，スマートフォンが使えない状態では有効活用できた場面は限られていた。

　すなわち，本来の大規模災害で混乱の状態の中，本当に身近な近隣者の生死を知るという切実な課題に応えるシステムという点に関しては，何もできていなかった。つまるところ新聞の号外を役場や避難所などに貼り出したもの，役場のファイル，警察が発表した電子ファイル（PDF）などを印刷した「紙」が役に立ったのである。

そして，災害は忘れられる

　最後に，被災者以外の人々の心理を簡単に見ておこう。災害直後は不安を感じる人が多くなり，また正しい情報が得にくいなかで流言・誤報が発生する。ある程度時間が経ってからは「今私たちにできることは何か」「どのような支援が可能か」ということを考え，皆がボランティアに行こうとし，義援金を送る。そして，不安や自分の心のわだかまりを解消しようとする。直後には緊迫

した状況の中で誰もが利他的になり，自身や身内のみならず隣人や見も知らぬ人々に対してさえ，まず思いやりを考えるようになる。いわゆる「**災害ユートピア**」（R. ソルニット，2010）という状態である。そして，何となく報道や人々の間で話題に上らなくなり，コミュニケーションの中で話題とならなくなるに従って不安は解消され，災害への関心は薄れ日常へと戻ってしまうのである。そして，災害やその教訓は忘れられ，繰り返されるのである。

このように，災害時のコミュニケーションや災害時の人々の心理は特殊である。だが，それらをきちんと理解しなければ，災害時に効果的なコミュニケーションを行うことはできない。防災グッズや備蓄をすることも重要であるが，これら災害時のコミュニケーションについて理解しておくことも，災害に備えることになるのである。

ホームワーク

- **work 1** 地震，津波，水害など災害ごとに，災害時の情報伝達の問題を考えてみよう。
- **work 2** 災害時の心理，コミュニケーションにはどのような特徴があるか。平時と比べることで，その特徴を考えてみよう。

読書案内

災害時の情報伝達や人々の心理について書かれたものとしては，浦野正樹・吉井博明・大矢根淳・田中淳編『災害社会学入門』（弘文堂，2007年），田中淳・吉井博明編『災害情報論入門』（弘文堂，2008年）が参考になる。軽い読み物としては，関谷直也『「災害」の社会心理——うわさ・流言の仕組みから報道の負の効果まで』（KKベストセラーズ，2011年）がある。災害時特有のコミュニケーションのあり方を描いたものとしては，R. ソルニット『災害ユートピア——なぜそのとき特別な共同体が立ち上がるのか』（亜紀書房，2010年）なども参考になる。

参考文献

浦野正樹・吉井博明・大矢根淳・田中淳編（2007）『災害社会学入門』弘文堂

国土交通省都市局街路交通施設課（2012）『津波避難を想定した避難路，避難施設の配置及び避難誘導について』国土交通省
サーベイリサーチセンター（2011）「東日本大震災『宮城県沿岸部における被災地アンケート』」（http://www.surece.co.jp/src/press/backnumber/pdf/press_30.pdf）
関谷直也（2011）『「災害」の社会心理――うわさ・流言の仕組みから報道の負の効果まで』KKベストセラーズ
関谷直也（2012）「東日本大震災と安否確認」『Nextcom』vol. 11, KDDI総研
ソルニット，R．／高月園子訳（2010）『災害ユートピア――なぜそのとき特別な共同体が立ち上がるのか』亜紀書房
田中淳・吉井博明編（2008）『災害情報論入門』弘文堂

事項索引

（太字の数字は，Keywords としてゴシック体になっているページを示す）

あ 行

合図（キュー） 33
アソシエーション・リレーションズ（association relations） **187**
アナウンスメント効果（announcement effect） **147**
アンダードッグ効果（underdog effect）→判官びいき効果
安否確認 **223**
安否確認情報システム **224**
暗黙知（tacit knowledge） 16, **37**
意見の不一致（dissensus） **145**
意見分布（distribution of opinion） **144**
　　──の無知（多元的無知；pluralistic ignorance） **146**
一枚岩の合意（monolithic consensus） **145**
一貫性規則 73
一貫性原理による説得 118
一般化された他者（generalized other） 71, 80, **195**
意図（intention） **7**
イノベーション（innovation） **139**
意味論（semantics） 6
イメージソング 173
因果関係の向き（direction of causality） **165**
印象操作（impression management） **72**, 80, 109
インターナル・リレーションズ（internal relations） **187**
インターネット 213
インターネット・パラドクス（Internet paradox） **167**
インタラクション・シンクロニー →相互シンクロニー
インベスター・リレーションズ（IR: investor relations） **186**
隠喩（メタファ；metaphor） 41, **45**
ウェルテル効果（Werther effect） **158**
受け手性の表示（display of hearership） 33
ウ　ソ 30, **122**
うなずき 33
裏チャネル（backchannel） 33
うわさ **124**, 219
　　──の社会的機能 127
映　画 68
映　像 68, 194, 203
エピソード型フレーム **156**
絵文字 **65**
演技（performance） **81**
炎上（framing） **215**
エンブレム（emblem） **34**
エンプロイー・リレーションズ（employee relations） **187**
オオカミ少年効果（false alarm effect） **220**
オピニオン・リーダー（opinion leader） **137**
音象徴（sound symbolism） **36**
音　読 **61**
女ことば **89**

か 行

解釈共同体（interpretive communities） **203**
街頭テレビ 179
会　話 48, **84**
会話上の含み（conversational implicature） **42**

会話ボット　48
顔文字（emoticons）　65
価格（price）　175
カスタマー・リレーションズ（customer relations）　187
家族的類似（family resemblance）　4, 5
カタストロフィ・バイアス（catastrophic bias）　219
カタルシス効果（cathartic effect）　157, 163
勝ち馬効果（バンドワゴン効果；bandwagon effect）　148
学校教育　63
活版印刷技術　60
カテゴリー集合　73
ガバメント・リレーションズ（government relations）　186
カメラアングル　44
鴨川（等間隔）の法則　106
関係の格率（maxim of Relation）　40
観察学習効果（observational learning effect）　157, 162
慣習的な含み（conventional implicature）　43
感　情　25
感情操作　80
間接言語行為（indirect speech act）　19, 42, 88
感染説　135
関与（involvement）　107, 193
関連性理論（Relevance Theory）　42
危　機　218
擬似社会的相互作用（パラ・ソーシャル・インタラクション；parasocial interaction）　70, 201
擬似的関連　→見かけ上の関連
擬似プロクセミクス　70
希少性　121
議題設定効果（agenda setting effect）　155
キネシクス（kinesics）　30

規　範　143
キャラ　83
キュー　→合図
共在の技法　104
協調原則（cooperative principle）　40, 42
共有経験　203
儀礼（ritual）　99, 100, 105
儀礼的無関心（civil inattention）　105
クレイズ（craze）　135
敬意（deference）　99
　回避による——　101
警戒音声　22
敬　語　88
経済規則　73
携帯電話　209
ゲーム　196
言外の意味　17
研究倫理　163
言　語　6, 23
言語外的な手がかり（extra-linguistic cues）　30
言語行為（論）（speech act〔theory〕）　17, 18
言語習得　27
言語随伴的な手がかり（para-linguistic cues）　30
言語相対性仮説（linguistic relativity hypothesis）　14
限定効果説（limited effects theory）　155
行為連鎖（シークエンス）　50, 52, 65
効果研究（media effects theory）　151
公共圏（public sphere）　143
広告（advertising）　176
広告媒体（advertisement）　178
公衆距離（public distance）　32
構造主義言語学（structural linguistics）　13
広　報　185
広報広聴　185
合意性の過大視（false consensus）　145

交話的機能（phatic function）　9, 27, 86
ゴシップ（gossip）　126
個人空間（パーソナル・スペース）　96
個体距離（personal distance）　32
コード（code）　5
孤独（ロンリネス；loneliness）　10
ことば　12
コード―メッセージ図式　5
コピーキャット（copycat）　→模倣犯
コーポレート・アイデンティティ（CI: corporate identity）　183
コーポレート・コミュニケーション（corporate communication）　183
コマーシャル・メッセージ（CM: commercial message）　176
コミュニケーション　3
　――のネットワーク　215
　動物の――　21
コミュニケーション二段の流れ研究（two steps flow of communication model）　137, 154
コミュニティ・リレーションズ（community relations）　187
孤立への恐怖（fear of isolation）　147
コンサマトリーな利用　→自己充足的利用
コンテクスト（context）　8

さ 行

災害　218
災害時のメディア利用　220
災害ユートピア　226
サイコロジカル・ネイバフッド（心理的近隣；psychological neighborhood）　211
サイレント・マジョリティ　→物言わぬ多数派
指し手（ムーヴ；move）　55, 118
サピア―ウォーフの仮説（Sapir-Whorf hypothesis）　14
恣意性（arbitrariness）　14, 23
ジェスチャー（gesture）　34

ジェンダー（gender）　26, 90
識字率　61
シークエンス　→行為連鎖
自己（self）　77
自己開示（self-disclosure）　81, 98
自己充足的（コンサマトリーな；consummatory）利用　210
自己論　10
支持回路　→裏チャネル
視　線　32, 96
実況放送　196
実験群（experimental group）　162
実験研究（experimental research）　161
質の格率（maxim of Quality）　40
質問紙調査（questionnaire survey）　164
指標的ジェスチャー（indexical gesture）　34
シミュラークル（simulacrum）　201
社会運動　214
社会関係　87
社会関係資本　→ソーシャル・キャピタル
社会距離（social distance）　32
社会集団　78
社会的影響　116
社会的微笑（social smile）　27
社会的表示規則（social display rules）　26
社　交　98
宗教改革　60
終身雇用制　187
縦断的調査（longitudinal survey）　166
手話（sign language）　24
状況の再定義（redefinition of the situation）　130
状況の定義づけ（definition of the situation）　130
上下関係　87
商品（product）　175
情報伝達　5
情報の新旧性　15
譲歩的依頼法　120

シンクロニー（同調；synchrony） 33
人工無脳　49
身体接触　32, 192
シンボリック相互作用論（Symbolic Interactionism）　69
親密化　95
親密性（intimacy）　95, 212
心理的家族　211
心理的近隣（psychological neighborhood）　211
心理的コミュニティ　212
図像的ジェスチャー（iconic gesture）　34
スタイル（style）　135
スティグマ（stigma）　83, 84
ステークホルダー（stakeholder）　184
ステークホルダー・マネジメント（stakeholder management）　186
ステレオタイプ（stereotype）　75, 153, 198, 200
スポーツ　191
スポーツ化　193
成員カテゴリー化装置（membership categorization device）　73
聖　書　60
正常化の偏見（ノーマルシー・バイアス）　219
生理的微笑　26
責任の分散　109
接続詞　43
説得（persuasion）　110, 115
説得的コミュニケーション（persuasive communication）　153
世　論　136, 142
戦　争　151
全体論（ホーリズム；holism）　7
洗　脳　116
相関（correlation）　164
相互（インタラクション）シンクロニー（interaction synchrony）　34
相互行為儀礼　99, 121
想像の共同体（imagined community）

60, 203, 204
相対サイズ（relative size）　74
創発性　83
組　織　189
ソーシャル・キャピタル（社会関係資本；social capital）　110, 167, 216
ソーシャル・サポート　110
ソーシャルメディア　213
即興のニュース（improvised news）　131
ソリチュード　→独居

た　行

対照群（contrast group）　162
対人距離（interpersonal distance）　32, 96, 105, 194
大分水嶺理論（Great Divide Theory）　14, 62
タイミング　107
多元的無知　→意見分布の無知
脱感作効果（desensitizing effect）　157, 164
脱状況性　62
段階的依頼法　118
弾丸効果（magic bullet theory）　153
単純接触効果（mere exposure effect）　97
談話（ディスコース；discourse）　15, 40
　　──の構造化　43
チケット　110, 119
知識ギャップ研究（knowledge gap）　157
チューリング・テスト　49
調査研究（survey research）　161, 164
直示的ジェスチャー（deictic gesture）　34
直接性　98
沈黙の螺旋（spiral of silent）　147
通信の輻輳　223
つながりのサイン（tie signs）　108
出会い（encounter）　197
ディスコース　→談話
滴下効果　→トリクルダウン説

適切性条件（felicity conditions） 19
適用規則 73
デザイン 52, 101, 119
デジタルデバイド（digital divide） 158
デマ（demagogy） 126
テーマ型フレーム 156
デモ（demonstration） 214
テレビ 202
伝達（communicate） 26, 31
道具的（instrumental）利用 210
統計学的に有意（statistically significant） 162
投　稿 205
統合的マーケティング・コミュニケーション →IMC
統語論（syntax） 6
統制群（control group） 162
同調（シンクロニー；synchrony） 33, 136
都市空間 104
都市伝説（urban legend） 126
独居（ソリチュード；solitude） 10
トラブル・トーク 101
トリクルダウン説（滴下効果；trickle-down theory） 136
取り付け騒ぎ 127

な 行

長い革命 61
日本語 88
ニュース伝播（news diffusion） 127
ニュースフレーム 156
人間関係 212
認知意味論（cognitive linguistics） 36
ノイズ 6
ノーマルシー・バイアス →正常化の偏見
ノン・バーバル →非言語的

は 行

背景的知識（background knowledge） 17, 41

培養効果（cultivation effect） 157
パーソナルコミュニケーション 65, 138
パーソナル・スペース →個人空間
バーチャル・リアリティ 200
発語行為（locutionary act） 19
発語内行為（illocutionary act） 19
発語媒介行為（perlocutionary act） 19
初音ミク現象 200
発話（utterance） 15, 16
パニック（panic） 127, 220, 221
パニック神話（panic myth） 220, 221
パネル調査（panel survey） 166
パブリック・リレーションズ（public relations） 185
パラ・ソーシャル・インタラクション →擬似社会的相互作用
判官びいき効果（アンダードッグ効果；underdog effect） 148
反射的微笑 26
バンドワゴン効果 →勝ち馬効果
販売促進（promotion） 175
皮下注射効果（hypodermic effect model） 153
非言語的（ノン・バーバル；nonverbal） 30
非言語的コミュニケーション 96
ビジュアル・アイデンティティ（VI: visual identity） 184
非同調 136
避難勧告（evacuation advice） 218
避難指示（evacuation order） 218
描写的ジェスチャー（depicting gesture） 34
表出（express） 26, 31, 71, 202
表情（expression） 6, 25, 69
　　──の文化差 25
ファッション（fashion） 135
ファッド（fad） 135
不　安 130
風評被害 127, 128
フェイス（face） 91, 120

ネガティブ・―― 92
ポジティブ・―― 92
普及（研究）(diffusion of innovations) 139, 154
複製技術　69, 201
不祥事（scandal）　187
ブーム（boom）　135
プライミング効果（priming effect）　156
フレーミング効果（framing effect）　156
フレーム（frame）　45
ブログ　213
プロクセミクス（proxemics）　30
プロフェッショナル・ヴィジョン　195
プロレス中継　179
文（sentence）　15, 16
分節（articulation）　13
文法（grammar）　24
文脈効果　7
文明化　192
ベルリン・オリンピック　152, 194
返報性（の規範）(reciprocity)　82, 101, 117
方向づけのメタファ（orientational metaphor）　37
暴力　192
暴力映像　161
ボーカロイド　200
ポライトネス（politeness）　91
　ネガティブ・―― 92
　ポジティブ・―― 92
ホーリズム　→全体論

ま 行

マガーク効果（McGurk effect）　35
マーケティング（marketing）　174
マーケティング・コミュニケーション（marketing communication）　174, 184
マスメディア（報道）　147, 151
見かけ上の関連（擬似的関連；spurious relationship）　164

密集　194
密接距離（intimate distance）　32
ミツバチのダンス　21
ミドルメディア　138
身振り　69, 79, 195
ムーヴ　→指し手
メタファ　→隠喩
メディア（media）　60, 177
　――の影響力　151
メディアリテラシー（media literacy）　46
メディア・リレーションズ（media relations）　186
メール　65, 210
黙読　61
文字　59
　――の電子化　64
文字通りの意味（literal meaning）　17
モード（mode）　135
物言わぬ多数派（サイレント・マジョリティ；silent majority）　146
模倣　27, 69
模倣説　135
模倣犯（コピーキャット；copycat）　158

や 行

役割（role）　79
役割期待　79
有意味シンボル（significant symbol）　69, 79
様態の格率（maxim of Manner）　40
読み書き能力（literacy）　59
輿論　142
世論調査（opinion poll）　144
弱い紐帯（weak ties）　213

ら 行

ラジカセ　206
リテラシー（literacy）　59, 202
流言（rumor）　125
　――の基本法則　129

流　行　133
流通（place）　**175**
利用と満足研究（use and gratification theory）　**154, 210**
量の格率（maxim of Quantity）　**40**
隣接ペア（adjacency pair）　**17, 52, 118**
類人猿の言語能力　**24**
レピュテーション（評判）管理（reputation management）　**129**
ロビー活動（ロビイング；lobbying）　**187**
ロンリネス　→孤独

アルファベット

CI　→コーポレート・アイデンティティ
CI 活動　**183**
CM　→コマーシャル・メッセージ
CM ソング　**173**
FTIC（full-time intimate community）　**212**
IMC（統合的マーケティング・コミュニケーション：integrated marketing communication）　**177**
IR　→インベスター・リレーションズ
SNS　**65, 213**
VI　→ビジュアル・アイデンティティ
VTR（ビデオ・テープ・レコーダー）　**206**

人名索引

あ行

アイエンガー (S. Iyengar)　156
アッシュ (S. E. Asch)　137
アレント (H. Arendt)　10
アンダーソン (B. Anderson)　204
イーロン (L. D. Eron)　166
ウィトゲンシュタイン (L. Wittgenstein)　5, 18
ウィーバー (W. Weaver)　5
ウィルソン (D. Wilson)　42
ウォール (R. Wohl)　70
エクマン (P. Ekman)　25, 26
オースティン (J. L. Austin)　18
オルポート (G. W. Allport)　129, 130
オング (W. J. Ong)　61, 62

か行

カッツ (E. Katz)　137
ガーブナー (G. Gerbner)　157
カプフェレ (J. N. Kapferer)　131
喜多壮太郎　35
キャントリル (H. Cantril)　153
クアランテリ (E. L. Quarantelli)　221
グッドウィン (C. Goodwin)　195
グーテンベルク (J. Gutenberg)　60, 61
久野暲　15, 44
グライス (P. Grice)　40, 42
クラウト (R. Kraut)　167, 168
小泉八雲　26
ゴッフマン (E. Goffman)　26, 55, 91, 92, 99, 105, 196, 197
コール (M. Cole)　63
コンドン (W. S. Condon)　33

さ行

佐々木俊尚　138
サックス (H. Sacks)　73
サドナウ (D. Sudnow)　107
ジェファーソン (G. Jefferson)　101
シブタニ (T. Shibutani)　131
シャノン (C. E. Shannon)　5, 6
ショー (D. L. Shaw)　155
ジョンソン (M. Johnson)　36
ジンメル (G. Simmel)　98, 136
スクリブナー (S. Scribner)　63
鈴木孝夫　88
スペルベル (D. Sperber)　42
ソシュール (F. de Saussure)　13

た行

ダインズ (R. Dynes)　221
ダーウィン (C. Darwin)　25
タルド (G. Tarde)　135
ダンバー (R. Dunbar)　86, 87
ティチナー (P. J. Tichenor)　157

な行

ノエル゠ノイマン (E. Noelle-Neumann)　136, 147

は行

パットナム (R. B. Putnam)　216
ハーバーマス (J. Habermas)　143
ハーン (L. Hearn)　26
バンデューラ (A. Bandura)　162
ファイン (G. A. Fine)　131
藤代裕之　138
ブラウン (P. Brown)　91, 92
フリーセン (W. V. Friesen)　25
ブルーマー (H. Blumer)　69
ホヴランド (C. I. Hovland)　116, 153
ポストマン (L. Postman)　129, 130
ボードリヤール (J. Baudrillard)　201

ホートン（D. Horton） 70
ホール（E. T. Hall） 32

ま 行

マクルーハン（M. McLuhan） 61, 72
マコームズ（M. E. McCombs） 155
正高信男 27, 28
マタラッツォ（J. D. Matarazzo） 33
ミード（G. H. Mead） 78, 79, 80, 83
南 博 135
メイロウィッツ（J. Meyrowitz） 70, 71, 72, 202, 203, 204
メルツォフ（A. N. Meltzoff） 27
モラン（E. Morin） 131

や 行

ヤーコブソン（R. Jakobson） 86
安野智子 143
山崎敬一 90

ら 行

ラザースフェルド（P. F. Lazarsfeld） 137
リースマン（D. Riesman） 136
リップマン（W. Lippmann） 153
ルソー（J.-J. Rousseau） 143
ルター（M. Luther） 60
ル・ボン（G. Le Bon） 135
ルリヤ（A. R. Luria） 63
レイコフ（G. Lakoff） 36, 37
レイコフ（R. Lakoff） 89, 90
レヴィンソン（S. C. Levinson） 91, 92
ロジャース（E. M. Rogers） 139
ロック（J. Locke） 143

わ 行

渡辺功 164

■ 著者紹介

辻　大介　大阪大学大学院人間科学研究科教授
是永　論　立教大学社会学部教授
関谷直也　東京大学大学院情報学環総合防災情報研究センター長・教授／東日本大震災・原子力災害伝承館上級研究員

TEXTBOOKS
TSUKAMU

コミュニケーション論をつかむ
The Essentials of Communication Studies

2014 年 5 月 10 日　初版第 1 刷発行
2024 年 11 月 20 日　初版第 8 刷発行

著　者	辻　　　大　介
	是　永　　　論
	関　谷　直　也

発行者　　江　草　貞　治

発行所　　株式会社　有　斐　閣
　　　　　郵便番号 101-0051
　　　　　東京都千代田区神田神保町 2-17
　　　　　https://www.yuhikaku.co.jp/

印刷・株式会社理想社／製本・牧製本印刷株式会社
© 2014, D. Tsuji, R. Korenaga, N. Sekiya. Printed in Japan
落丁・乱丁本はお取替えいたします。
★定価はカバーに表示してあります。

ISBN 978-4-641-17720-8

[JCOPY]　本書の無断複写（コピー）は、著作権法上での例外を除き、禁じられています。複写される場合は、そのつど事前に（一社）出版者著作権管理機構（電話03-5244-5088, FAX03-5244-5089, e-mail:info@jcopy.or.jp）の許諾を得てください。